GÉOGRAPHIES DU MONDE
sous la direction de Frank Lestringant
40

Présence de la voix dans les scènes mystiques coloniales

Andrea Daher

Présence de la voix dans les scènes mystiques coloniales

Brésil, XVIe et XVIIe siècles

PARIS
CLASSIQUES GARNIER
2025

Andrea Daher est professeur émérite de l'Institut d'histoire de l'université fédérale de Rio de Janeiro. Elle est l'auteure de *Les Singularités de la France Équinoxiale. Histoire de la mission des pères capucins au Brésil (1612-1615)* (Paris, 2002 et 2022) et de *L'Oralité perdue. Essais d'histoire des pratiques lettrées (Brésil, XVIe-XIXe siècles)* (Paris, 2016).

ISBN 978-2-406-18045-6 (livre broché)
ISBN 978-2-406-18046-3 (livre relié)
ISSN 1279-8428

Pour Roberto.

On est toujours à la fin d'un monde.
Paul ZUMTHOR, *Introduction à la poésie orale.*

AVERTISSEMENT

Ce livre contient quelques citations en langue tupi provenant des *corpora* textuels qui constituent son objet d'étude. En ce qui concerne les passages des catéchismes et des *autos* jésuites du XVIe siècle, compte tenu de mes connaissances insuffisantes du tupi ancien, j'ai traduit en français le texte de la version portugaise, lui-même traduit du tupi par Armando Cardoso et Maria de Lourdes de Paula Martins. Dans tous les cas, j'ai préféré la version plus littérale de ces traductions, fournie, dans le cas particulier du catéchisme, dans des notes par leur traducteur. La ponctuation ainsi que l'emploi des guillemets dans les transcriptions, ajoutés par ces spécialistes, ont également été conservés.

De la même manière, dans les éditions disponibles de la correspondance des jésuites portugais, le texte a été modernisé par les éditeurs selon des critères syntaxiques et orthographiques de la langue portugaise du XXe siècle. Sans plus de rigueur, le passage du discours indirect au discours direct dans ces lettres, par exemple, n'est pas systématiquement marqué par l'emploi des guillemets à chaque occurrence. Il faut également considérer que de nombreuses lettres ont été traduites du castillan vers le portugais dans ces éditions contemporaines, introduisant ainsi des modifications supplémentaires au texte original. Respectant donc les mêmes critères adoptés dans ces éditions disponibles, tous les passages traduits en français dans cet ouvrage ont été réalisés par mes soins.

Quant aux transcriptions des textes français des XVIe et XVIIe siècles, j'ai choisi de remplacer les lettres « u » par « v » et « i » par « j », en vue d'une lecture plus immédiate, sans interférer dans la syntaxe des passages cités.

PROLOGUE

La présence des voix coloniales

Si familière que puisse paraître l'expression « présence de la voix », elle témoigne de la grande distance qui nous sépare d'un passé où la nécessaire convenance entre les mots et les choses était exposée non seulement aux yeux mais aussi aux oreilles[1].

Tout d'abord, la présence. Dans les conceptions médiévales et surtout modernes, selon la première et la deuxième scolastiques, « présence » équivalait à l'effet résultant de l'invention imaginative d'objets absents des sens lorsque l'esprit, éclairé par la Lumière divine, sélectionnait adéquatement les figures, les *topoï*, les tropes du discours pour produire la représentation, rendant ainsi l'objet intellectuellement ou intentionnellement connu. Ce n'était donc pas une expression ou une évaluation subjective d'ordre esthétique, mais un dispositif producteur de présence et, en particulier, producteur de la Présence dans les institutions, y compris dans leurs extensions coloniales jusqu'au XVIIIe siècle. Le *topos* du « théâtre du monde » allégorise précisément le caractère de cette représentation de l'époque moderne : celui de la substance spirituelle du corps mystique du Christ qui participe aux choses représentées dans le monde, mais qui est cependant irreprésentable ; et l'idée même de Dieu qui se met en scène dans la participation des temps – passé, présent et futur – à la Présence[2].

Il en va ainsi pour la représentation de la gestualité dramatique qui, en produisant de l'affection, met en scène sa propre conformité avec ses

1 « Présence de la voix », c'est le titre du premier chapitre du livre de Paul Zumthor, à qui les études contenues dans cet ouvrage rendent hommage. Zumthor, Paul, *Introduction à la poésie orale*, Paris, Seuil, 1983, p. 9-17.

2 Hansen, João Adolfo, « Barroco, neobarroco e outras ruínas », *Teresa. Revista de Literatura Brasileira*, São Paulo, Departamento de Letras Clássicas e Vernáculas da USP / Editora 34, vol. 2, 2001, p. 10-66. *Cf.* aussi Hansen, João Adolfo, « Ler & ver : pressupostos da representação colonial », éd. Cilaine Alves Cunha et Mayra Laudanna, *Agudezas seiscentistas e outros ensaios : João Adolfo Hansen*, São Paulo, Edusp, 2019, p. 25-38.

destinataires. L'art espagnol du XVIIe siècle s'est distingué dans ce sens, notamment à travers la sculpture en bois polychrome, qui contrastait avec les bronzes et les marbres imposants réalisés en Italie à la même époque. Pour le corps sculpté du Christ, on utilisait des éléments figuratifs tels que des yeux et des larmes en verre, des dents en ivoire, ainsi que de l'écorce de chêne-liège peinte en rouge pour imiter la coagulation du sang dans les plaies. Ces matières, techniquement disposées, servaient à produire l'efficacité de l'effet de réalité, accentuant la représentation de son corps physique martyrisé et de son corps glorieux ressuscité.

On peut en dire autant de la peinture du XVIIe siècle espagnol, à l'exemple de Francisco de Zurbarán qui peint un « Christ en Croix » destiné à être placé dans un petit oratoire annexe à la sacristie du couvent dominicain de San Pablo à Séville, en 1627. Une fois installée dans l'espace retiré et sombre de l'oratoire, la peinture provoque une illusion de tridimensionnalité, comme l'a noté le peintre espagnol Antonio Palomino, dans les premières années du XVIIIe siècle. Lors de sa visite au couvent, il décrit le crucifix se détachant dans l'obscurité, exposé derrière une grille de la chapelle peu éclairée, de sorte que tout spectateur croit être en présence d'une sculpture plutôt que d'une peinture[3].

Ces œuvres polychromes étaient ainsi disposées sur des autels faiblement éclairés par des bougies, atteignant un effet de réalité par la tridimensionnalité aspirée. Cet effet était encore amplifié lorsque les images sacrées étaient exposées dans les rues les jours de fêtes religieuses, impactant les fidèles et guidant également la main des artistes. C'était le cas – et ce l'est encore aujourd'hui – lorsqu'une sculpture telle que le « Christ portant la croix », réalisée par Juan Martinez Montañes en 1619, était portée par trente hommes dans une procession à Séville[4]. Le balancement synchronisé des porteurs, l'oscillation des vêtements et des cheveux donnaient vie à l'image, au son des nombreuses voix entonnant en chœur des prières et des chants.

C'est ainsi que, dans cette « vaste action dramatique » qui définit non seulement la liturgie catholique mais aussi la relation même avec le sacré,

---

3 Ces références se trouvent dans le catalogue de l'exposition « *The Sacred Made Real* », installée à la *National Gallery* à Londres, et à la *National Gallery of Art* à Washington, entre 2009 et 2010. Le commissaire, Xavier Bray, signe le texte d'introduction du catalogue dont elles ont été extraites : *The Sacred Made Real. Spanish Painting and Sculpture 1600-1700*, Londres, National Gallery Company, 2009, p. 15-43.

4 *Id.*, p. 16-17.

il est également question de présence de la voix. Impliquée dans le salut par sa capacité à réaliser les formes sacramentelles et à exorciser l'hérésie, la voix n'était pas seulement un moyen de transmission de la doctrine mais aussi le fondement même de la foi, en produisant la Présence. La prédication, le chant, les prières vocales étaient des circonstances de la présence vivante du Verbe incarné. Dans les Écritures, la Parole divine résonnait comme son (*phonê*), substance de la voix, et Souffle (*pneuma*), inspiration. La dévotion moderne s'est développée dans la croyance en cette présence vivante du Verbe parmi les hommes : la valeur inspirée et vocale des Écritures répercutait donc sur la manière dont les porte-parole de la doctrine assumaient les modalités de transmission de la Parole. L'exercice de l'apostolat à l'époque moderne s'est parfaitement conformé aux directives du Concile de Trente quant à ce rapprochement entre l'homme et le Verbe divin par le verbe vernaculaire *ex auditu*.

Ces pratiques lettrées sont autant de signes du fonctionnement conquérant de l'écriture qui devient désormais, progressivement, un mode de production, de transformation et de stockage de la langue, multipliant les gestes et les actions qui excluent l'oralité[5]. Notamment, la « voix des Écritures », qui auparavant donnait l'accès à la vérité, devient susceptible d'être altérée par les corruptions du texte[6]. La Voix est ainsi de moins en moins audible à mesure qu'émergent des sociétés écrivantes et lectrices, exerçant un « contrôle écrit total » sur le « monde oral-aural[7] ».

De la perspective macroanthropologique qui définit cette même « dévocalisation progressive du monde » à partir du début de l'époque moderne, Paul Zumthor affirme la tendance de l'homme à s'éloigner de son propre corps. L'augmentation du seuil de pudeur, qui restreint alors les contacts corporels plus directs[8], et favorise un certain refus des « spectacles non apprêtés », équivaut, bien entendu, à une atténuation des usages de la voix, et exige l'adoption de pratiques correspondant à de nouvelles formes d'arts individualisés. Les registres sensoriels visuels

---

5 Michel de Certeau définit ainsi l'« économie scripturaire ». *Cf.* de Certeau, Michel, *L'Invention du quotidien. 1. Arts de faire*, Paris, Gallimard, 1990, p. 195-223.

6 Selon Michel de Certeau, l'Écriture parle : « Le texte sacré est une voix ». *Id.*, p. 202.

7 Ong, Walter, *The Presence of the Word. Some Prolegomena for Cultural and Religious History*, New York, Global Publications, 2000, p. 64.

8 *Cf.* Elias, Norbert, *La civilisation des mœurs*, Paris, Calmann-Lévy, 1973. Elias, Norbert, *La dynamique de l'occident*, Paris, Calmann-Lévy, 1975.

et tactiles se séparent, et la théâtralité généralisée de la vie publique s'estompe, dit-il, avec la « scripturalisation » des formes culturelles, diversifiées à partir de ce moment dans leurs fonctions, leurs opérateurs et leurs destinataires. En particulier, le domaine des formes poétiques médiévales, auquel Zumthor a consacré une partie essentielle de son œuvre magistrale, se rétracte surtout avec l'institution, à l'époque moderne, de la fixité du texte, bannissant tout ce qui constituait sa mobilité (la reprise des thèmes obligatoires, le renvoi à l'autorité d'une tradition non écrite, la prédominance des communications vocales). Tout semble avoir été mis en œuvre, dit-il, « contre la plénitude et l'omniprésence de la voix[9] ».

Depuis notre présent, il semblerait donc « inutile de partir en quête de cette voix simultanément colonisée et mythifiée par une histoire occidentale récente », comme dirait De Certeau[10]. Mais les voix ne cessent de s'insinuer à travers les effets de présence – « fragiles effets de corps dans la langue[11] » – qui rendent accessible le domaine de la parole dans les résidus écrits d'un passé pas si lointain, ordonnés selon des prescriptions propres qui permettaient alors de les particulariser et d'actualiser le sens qu'elles portaient.

Considérer ainsi la particularité de la voix permet d'éviter l'indistinction avec laquelle les savoirs contemporains – l'ethnologie, l'anthropologie, la sociolinguistique – la désignent par rapport à l'oralité, puisque souvent leur objet est plutôt la parole orale. Cependant, la « nature particulière et concrète » de la voix – en tant que réalité et matérialité[12] – est la condition pour que l'on puisse rechercher sa présence indiciaire dans les effets produits par l'écriture conquérante, qui étend sans cesse ses appareils de stockage et de reproduction expansionniste depuis la première modernité.

En effet, la voix est considérée par Philippe-Joseph Salazar comme la « pierre de touche de la rhétorique » à l'époque moderne, bien qu'elle soit restée, selon lui, « le point aveugle » des recherches sur son histoire[13]. Son effort catégorique d'historicisation se tourne alors vers la

9 Zumthor, Paul, *La lettre et la voix. De la « littérature » médiévale*, Paris, Seuil, 1987, p. 30.

10 De Certeau, Michel, *L'Invention du quotidien*, *op. cit.*, p. 196.

11 *Id.*, p. 195.

12 *Cf.* Zumthor, Paul, *Performance, réception, lecture*, Longueuil, Le Préambule, 1990.

13 Les expressions sont de Salazar, Philippe-Joseph, « La voix au XVIIe siècle », dir. Marc Fumaroli, *Histoire de la rhétorique dans l'Europe moderne (1450-1950)*, Paris, PUF, 1999,

délimitation, dans « l'âge de l'éloquence[14] », des lieux d'apparition et de développement d'une « culture vocale » « à l'âge de l'imprimé ». Ainsi, au XVIe et surtout au XVIIe siècle, une réflexion doctrinale sur la voix s'est systématisée, fondée sur les *ars pronuntiandi*, dont l'objectif était de définir en préceptes la partie de l'*actio* concernant la voix et la gestuelle, essentiellement destinée aux prédicateurs, avocats et comédiens. Les textes gréco-latins de la tradition oratoire étaient alors utilisés pour y recueillir les lieux communs de l'invention et les préceptes d'usage liés à la voix : *De Institutio oratoria* de Quintilien et *De Oratore* de Cicéron, ainsi que des parties de l'œuvre d'Aristote fournissant des qualifications appropriées pour une description des voix humaines (*De anima, De respiratione* et *De generatione animalium*), ajoutées à la *Rhétorique* et à la *Poétique*, à partir desquelles on peut également qualifier de manière générale la pratique des genres oratoires.

En particulier pour les jésuites, l'articulation entre le Verbe et la voix a pris toute son excellence dans les *artes pronuntiandi* et ses extensions, les arts du chant et de la récitation, comme lieu d'imitation fondamentale pleinement installé dans la pratique évangélique, confirmant l'efficacité de l'enseignement et de l'expression vocale[15]. Et si, en effet, un « corps éloquent » a pu émerger dans les traités théoriques sur l'*actio* et la *pronuntiatio* de cette « culture de la voix » du XVIIe siècle, c'est peut-être parce que ce corps a également résulté de l'exercice apostolique moderne, inscrit dans un impératif d'échanges oraux.

Bien plus que d'affirmer dans le *mainstream* de l'histoire une « culture de la voix » – sans déprécier l'unité organique possible que l'expression suggère historiquement –, ce qui importe ici, c'est le « corps éloquent ». Dans la machinerie rhétorique, il incarne l'une de ses cinq parties, l'*actio*, renvoyant à une dramaturgie de la parole, c'est-à-dire à une hystérie et à un rituel, selon les termes toujours opportuns de Roland Barthes[16]. La mémoire est une autre des parties de la rhétorique dans laquelle le corps opère la transmission mécanique d'un répertoire stable de lieux

---

p. 788. *Cf.* aussi Salazar, Philippe-Joseph, *Le culte de la voix au XVIIe siècle. Formes esthétiques de la parole à l'âge de l'imprimé*, Paris, Honoré Champion, 1995.

14 *Cf.* Fumaroli, Marc. *L'Âge de l'éloquence*, Paris, Droz, 2002.

15 À propos des thèses jésuites dans ce contexte, *cf.* Salazar, Philippe-Joseph, « La voix au XVIIe siècle », art. cité, p. 794-795.

16 Barthes, Roland, « L'ancienne rhétorique. Aide-mémoire », *Recherches rhétoriques*, Paris, Seuil, 1994, p. 293.

communs. C'est donc la « coutume rhétorique[17] » qui offre normativement l'accès aux indices de la présence de la voix dans le sillage des doctrines qui subordonnaient les contingences du « corps qui parle » à un principe mimétique.

À l'intérieur de ces dispositifs discursifs très réglés, et dans le sens d'une construction descriptive possible de pratiques impliquant un transit vocal, précisément là où l'empirie semble ne laisser aucune trace, il reste encore beaucoup à dire sur la vivacité de la parole et sur la voix. Il faut noter, cependant, qu'à la fin du XVIIIe siècle, avec l'épuisement du régime rhétorique – dont seule subsiste la partie de l'*elocutio*, signifiant une pure ornementation vide de substance –, la voix cesse d'être « présence » pour devenir la métaphore de la parole.

Prenant distance, enfin, des positions analytiques contemporaines qui dématérialisent et, par conséquent, métaphorisent les relations avec l'oral, ce qui est affirmé ici est en fait la « présence de la voix » : à l'époque moderne, elle concernait le caractère substantialiste de la représentation lorsqu'on lisait des mots, des signifiants, mais aussi la substance des lettres et la substance des sons[18]. L'investissement de l'*auctor* des discours dans l'invention, la disposition et l'élocution argumentatives, ainsi que dans la mémoire des lieux communs mobilisés – partagée de manière anonyme et collective –, et l'inclusion du corps de l'orateur à travers les gestes et la voix, également prévus dans la représentation, fondaient la concertation irréfutable entre les mots et les choses du monde. Cette *auctoritas*, en tant que dispositif de représentation, produisait et reproduisait également la présence des positions sociales hiérarchiques, réglementées rhétoriquement, théologiquement et politiquement, positionnant le sujet d'énonciation, le destinataire et les thèmes représentés.

Manifestes dans cette « taxonomie identitaire[19] », au sein de la grande économie des échanges linguistiques, les voix s'employaient particulièrement dans les circonstances mystiques qui unifiaient et conservaient le corps social. Dans le sens de l'expression vocale, cela signifie que ce qui serait aujourd'hui considéré comme une expérience subjective du locuteur participait mystiquement du tout social, marquant une fois de

17 La pratique rhétorico-poétique, sous forme d'*ars*, se fonde sur la coutume (*consuetudo*), et non sur la tradition, telle qu'établie *a posteriori*.

18 *Cf.* Hansen, João Adolfo, « Ler & ver : pressupostos da representação colonial », art. cité, p. 34.

19 Barthes, Roland, « L'ancienne rhétorique. Aide-mémoire », art. cité, p. 258.

plus la différence sémantique et pragmatique des positions sous l'Ancien Régime par rapport aux nôtres.

Il semble donc que l'espace colonial soit très propice au traitement de l'oralité, de la vivacité de la parole et de la présence de la voix, enveloppées dans ce caractère mystique et particulièrement missionnaire, dans des situations extrêmement oralisées impliquées dans la conversion des âmes. L'analyse à partir des vestiges écrits des pratiques missionnaires en Amérique, soumises à l'exigence de l'appropriation de modèles et de normes lettrés par les Indigènes-catéchumènes, suggère l'oralité comme un « état antérieur » à l'écriture – cette dernière pouvant être interprétée comme un symptôme de de la « sauvagerie » de la première.

C'est pourquoi cette étude cherche à approfondir la question de l'inscription de l'oralité dans l'écriture des scènes mystiques coloniales, en englobant la présence de la voix, liée indissociablement à la transmission de la Parole et à sa réception dans des discours véhiculés par le transit vocal, impliquant fortement l'utilisation du tupi, la « langue générale » des Indigènes de la côte du Brésil[20]. À cette fin, les dialogues doctrinaux et les *autos* du jésuite portugais José de Anchieta, au XVIe siècle, ainsi que les conférences entre le capucin français Yves d'Évreux et les chefs indigènes dans la France Équinoxiale, colonie française installée à Maragnan dans le nord du Brésil, au début du XVIIe siècle, constituent les deux *corpora* de textes sur lesquels repose la division de ce livre en deux parties[21].

Cependant, entre ces deux *corpora* il y a une différence initiale concernant l'oralité indigène. Dans les récits des missionnaires français, la figure de l'Indigène apparaît très nettement dotée de parole, car sa capacité d'énonciation était le pilier du projet de conversion et de francisation des Tupinamba dans la France Équinoxiale. C'est ainsi que le tupi se retrouve largement inscrit sous la forme de harangues et de dialogues dans les récits publiés en France dans la première décennie du XVIIe siècle par les pères capucins Claude d'Abbeville et Yves d'Évreux. La figure d'un Indigène convertible qu'ils y ont construite est

20 Le tupi est une langue générale formée par la grammaticalisation et la dictionnarisation de plusieurs langues de la côte brésilienne par les missionnaires.

21 Les références des textes cités, issus de ces deux *corpora*, sont présentes tout au long de cet ouvrage. On conserve ici l'orthographe « Maragnan », comme dans les récits français du XVIIe siècle, qui équivaut au nom de l'état de « Maranhão », actuellement dans la région nord-est du Brésil.

dotée de parole, exprimant lui-même, dans sa propre langue, son désir de conversion et d'alliance avec les Français[22].

Si dans ces récits français le Tupinamba parle, l'Indigène figuré par les jésuites, en revanche, ne semble pas vraiment doté de parole. Dans le *corpus* textuel jésuite, les énoncés en langue tupi sont modélisés dans les doctrines et le théâtre, ou bien ponctuellement inscrits dans les missives, traduits en portugais et surtout subordonnés à l'énonciation du missionnaire, sans qu'il y ait exactement « cession de la parole ». En somme, dans les discours jésuites, les missionnaires sont pratiquement les seuls détenteurs de la parole, exposant ainsi la différence de la mission menée par les jésuites au Brésil par rapport au climat idéal et idéalisé de l'expérience coloniale française du XVIIe siècle.

Il n'y a dans cette assertion aucune attribution de valeur à la « cession de la parole », puisque ni dans le cas des capucins français ni dans celui des jésuites portugais il n'y aurait eu d'exigence de réciprocité envers les Indigènes. Ainsi, encore une fois, en ce qui concerne la présence de la voix, il ne s'agit en aucun cas de son emploi métaphorique dans le sens de donner la parole aux Indigènes dans le processus de conversion. Plus rigoureusement, ce qui existe dans l'ordre du discours, ce sont des effets des usages d'un dispositif d'élocution impliquant ouvertement la voix et signalant les modes selon lesquels les missionnaires répondaient à l'exigence de conversion des âmes qui commandait, disons, l'époque moderne.

C'est uniquement dans ces conditions, en particulier en ce qui concerne le transit vocal et la performance corporelle indiqués dans l'écriture, que les dispositifs élocutifs du *corpus* des récits missionnaires français peuvent être mis en regard avec les matériaux jésuites. D'une part, les uns comme les autres étaient reçus – lus ou entendus – comme des matières orales dans leurs circonstances d'énonciation, impliquées rhétoriquement dans une « mise en scène dialogale ». D'autre part, une fois ces matières mises par écrit, reçues *a posteriori* dans des circonstances diverses – pouvant, par ailleurs, être à nouveau oralisées –, l'effet produit pouvait être toujours celui d'une présence de la voix, soutenu par des artifices discursifs produisant de l'*enargeia*. Ces nombreuses

22 *Cf.* Daher, Andrea, *Les Singularités de la France Équinoxiale. Histoire de la mission des pères capucins au Brésil (1612-1615)*, Paris, Classiques Garnier, 2002. Daher, Andrea, *L'Oralité perdue. Essais d'histoire des pratiques lettrées (Brésil, XVIe-XIXe siècles)*, Paris, Classiques Garnier, 2012.

pratiques lettrées orales, avec des usages et des fonctions salvifiques en leur temps, une fois écrites, manuscrites ou imprimées, indiquent les modalités particulières des conceptions théologico-politiques qui en étaient le fondement.

Bien que la distance soit bien marquée entre les transcriptions des énoncés des Tupinamba dans les récits français et les matériaux doctrinaux jésuites où la parole n'est pas exactement cédée aux énonciateurs indigènes, il semble clair que dans tous ces discours, une homologie entre l'« événement oral » et sa réduction à l'écrit est opérée. Cette homologie – plus grande, par exemple, dans le cas des catéchismes portugais en raison de leur caractère mimétique, quoiqu'ils soient toujours sujets à des réinventions – fait que la fixation de la lettre soit équivalente à la stabilité de la scène entre missionnaire et Indigène. Par rapport aux circonstances mystiques dans lesquelles elle se réalise et aux exigences de sa mise en écrit, la « mise en scène dialogale » est dans tous les cas la garantie de la présence des voix.

À partir d'une archéologie des modèles lettrés qui commandent l'écriture et la réception des matériaux missionnaires, il s'agit ici de mettre en lumière la dimension d'oralité qui recouvre la Parole et les paroles dans les vestiges des pratiques missionnaires. Les dispositifs soulignant cette double présence de la voix seront considérés non seulement par le caractère rhétorique de la constitution de la « scène dialogale », mais aussi selon l'ordre mystique dans lequel ils ont été performés, dans la circonstance théologico-politique du drame de la conversion des âmes.

En somme, dans ces *corpora* textuels, une présence indiciaire de la voix est assurée à travers les effets de techniques discursives productrices d'*enargeia*, en considérant que leur réception par de nouvelles audiences visait surtout la production de nouvelles conversions, du moins jusqu'à la fin de l'époque moderne. Ensuite, une fois sortis de leur dimension mystique et érigés comme des monuments, ces textes ont eu leurs marques d'oralité et leurs effets de vivacité atténués, voire annulés, car la valeur de l'oral se vide dans les termes réalistes et expressifs dans lesquels se fait aujourd'hui la représentation de la réalité ou l'expression psychologique de l'auteur. C'est ainsi qu'à contre-courant de ces tendances, cet essai part du principe qu'il est possible de scruter, dans le filigrane des discours, les conditions historiques les plus particulières de la présence de la voix dans les scènes mystiques coloniales.

PREMIÈRE PARTIE

LE DIALOGUE DANS LA SCÈNE MYSTIQUE JÉSUITE

LES VOIX DOMESTIQUÉES DU DIALOGUE DOCTRINAL

Catéchismes, dialogues ou doctrines, ainsi que grammaires et vocabulaires, font partie des instruments de transmission doctrinale en langues indigènes qui ont circulé dans les « scènes mystiques » coloniales. Ils étaient destinés essentiellement à l'usage des convertisseurs, souvent imprimés dans le même volume ou reliés dans le même ensemble manuscrit.

Dans les dialogues en langue tupi élaborés par le jésuite José de Anchieta au XVIe siècle, l'inculcation de contenus, sous la forme d'innombrables matières – objets, symboles, personnes, passions, affections, etc. –, est basée sur les opérations de dictionnarisation, par l'introduction de termes nouveaux ; et de grammaticalisation, par l'organisation syntaxique et orthographique de la langue. Ainsi grammaticalisé et dictionnarisé, le tupi devient une « langue générale », restituée à ses locuteurs sous une forme discursive insolite, notamment selon la formulation sommaire de questions et de réponses du catéchisme qui exigeait la répétition mimétique.

Il s'agit d'un processus de véritable capture du corps du destinataire de ces dialogues, l'Indigène-catéchumène, selon un dispositif qui a des inflexions claires dans l'imitation d'un *pneuma* chrétien qui donne le rythme de la parole, tout comme dans la poésie lyrique et les prières en langue tupi, entraînant sa scansion, réglée sur des modes grammaticaux, poétiques et rhétoriques.

Dans ces pratiques lettrées s'inventent le corps et l'âme indigènes, le premier devenant un véhicule des facultés de la seconde – la mémoire, l'entendement et la volonté –, notamment à travers la parole. En ce sens, l'effet de la présence des voix indigènes qui répètent ces discours catéchétiques, avant même de promouvoir la reproduction des contenus qu'ils transmettent, fait écho à la domestication dont ils font l'objet tout au long de ce travail de l'écriture occidentale.

LA DOCTRINE CHRÉTIENNE ENTRE MAÎTRE ET DISCIPLE

Dans le dictionnaire de l'Académie Française, le terme « catechisme » est defini dans son double sens : « Instruction des principes de la Foy & de la Religion Chrestienne. *Faire le catechisme. aller au catechisme. il sçait son catechisme.* Il signifie aussi, Le livre qui contient les principes de la foy. *Acheter un catechisme. lire le catechisme* ». Cette définition, proposée en 1694, englobe le contenu central de l'objet dictionnarisé, sous-entendant dans la formulation « savoir son catéchisme » les implications pragmatiques, particulièrement mnémoniques, de la forme discursive qu'il représente.

Avant même de devenir définitivement un livre de préceptes de la foi chrétienne, le catéchisme prenait déjà la forme d'une pratique imitative dialogique et oralisée, destinée principalement aux enfants, dans laquelle, généralement, le maître demande et le disciple répond. Modèle discursif très répandu dans ses modes d'appropriation oraux, il semble s'inscrire dans la généalogie des disputations lettrées liées aux formes « scolaires » de la première période moderne. En ce sens, le catéchisme est potentiellement l'héritier des genres didactiques issus de la pratique de la *disputatio*, perpétuée dans des exercices déclamatoires qui ont connu une grande longévité : « La *disputatio* est la forme canonique sous laquelle s'exprime tout discours intellectuel depuis le XIIe siècle[1] ». Cette formule contient la dimension de son importance dans l'histoire intellectuelle occidentale, mais il convient de souligner, une fois de plus, dans une perspective descriptive, la centralité de ses usages oraux sous une forme dialogique ; et d'un point de vue normatif, son caractère rhétoriquement très modélisé.

La définition que donne Carlo Sigonio, en 1562, dans son traité *De Dialogo liber*, met en évidence la relation nécessaire entre le « dialogue entre savants » et la « forme investigatrice de la raison » qui s'installe dans la pragmatique de la *disputatio* :

1 Périgot, Béatrice, « Le dialogue humaniste comme conversion à la douceur », *La Douceur en littérature de l'Antiquité au XVIe siècle*, dir. Hélène Baby et Josiane Rieu, Paris, Classiques Garnier, 2012, p. 49.

> Puisque le dialogue imite ceux qui parlent [...], il imite essentiellement les discours de personnes qui disputent entre elles. C'est pourquoi, puisque la dispute est une sorte d'investigation de la raison qui s'exerce entre hommes érudits en interrogeant et en répondant, pour cette raison les Anciens ont transmis l'idée que le dialogue est composé de questions et de réponses, parce qu'ils visaient spécialement la puissance de la dialectique, qui se révèle être la faculté de retrouver les arguments par lesquels on peut confirmer ou réfuter n'importe quelle proposition, forçant l'adversaire par des questions jusqu'à lui laisser le choix entre deux opinions opposées[2].

En effet, la *disputatio* était une forme rationnelle d'examen et d'enseignement dialectique, organisée par le maître avec les étudiants en fin de cycle universitaire dans les facultés de théologie et de droit, puis dans les facultés des arts. Dans sa forme historique la plus courante, le point de départ de la *disputatio* était un problème théorique ou pratique, à partir duquel le maître présentait aux étudiants des arguments, appuyés sur les *auctoritates*, pour obtenir deux réponses opposées. Un *oponnens* devait fournir des arguments contraires à la *quaestio disputata*, et enfin, un *respondens* intervenait auprès des premiers pour proposer une solution préliminaire au problème. Il appartenait au maître d'établir la *determinatio* finale, en visant une solution doctrinale (*solutio*), corroborant ainsi la fonction centrale de l'exercice de l'enseignement.

Dès la fin du XIIIe siècle, la *disputatio* aurait contaminé l'écriture, puisqu'au fil des siècles « l'apprentissage intellectuel et sa démarche même se donnent pour le résultat d'un débat, d'un jeu de questions-réponses[3] ». Historiquement située, la conformation écrite de cette pratique orale a été peu prise en compte dans les analyses contemporaines qui, faisant abstraction des normes rhétoriques et théologico-politiques qui la conformaient, approfondissent plutôt l'opposition transhistorique entre forme et contenu pour privilégier le dernier, c'est-à-dire la matière doctrinale.

Quoi qu'il en soit, les répertoires de questions rhétoriquement ordonnées, élaborés par les maîtres, constituent les quelques traces existantes de ces pratiques, ce qui ne permet que de conjecturer la réalité empirique de la *disputatio*, considérant que les arguments des deux côtés subissent

---

2 *Ibid. Apud* Périgot, Béatrice, d'après l'édition de Sigonio, Carlo, *Del dialogo*, Roma, Bulzoni, 1993, p. 152-153.

3 Périgot, Béatrice, *Dialectique et littérature : les avatars de la dispute entre Moyen Âge et Renaissance*, Paris, Classiques Garnier, 2005, p. 20.

des réaménagements, afin que les discours appropriés à chaque camp puissent être publiquement soutenus. Avec l'expansion de ces exercices didactiques dans les protocoles scolaires, les ordres religieux et les tribunaux, leurs usages et fonctions deviennent de plus en plus évidents, modélisés selon l'*actio*, la partie de la rhétorique qui concerne la voix et la performance corporelle[4].

D'une manière générale, à l'époque moderne, la prédominance progressive de l'écrit a fait que les disputations ont commencé à dépendre de la logique de circulation et de réception des imprimés, favorisant essentiellement leur double pouvoir fonctionnel, à savoir, de controverse et didactique. En ce sens, elles doivent être considérées selon leur propre constitution d'argumentation discursive polarisée et rhétoriquement modélisée, d'un impératif d'échanges oraux, de mise en scène dramatique et, depuis lors, de constitution d'une mémoire écrite des répertoires d'arguments mobilisés en tant que protocole éthico-moral offert à la postérité.

Dans le cas de sa fonction de controverse, l'exemple paradigmatique est celui de la disputation qui a rassemblé en 1550 l'évêque du Chiapas, Bartholomé de Las Casas, et le théologien Juan Ginés de Sepúlveda autour de la grande question de la conversion des âmes dans le Nouveau Monde. Le dominicain Domingo Soto a publié en 1552 la transcription de l'ensemble des arguments qui reflètent les convictions partagées par les deux partis, ainsi que la description des circonstances de leur « mise en scène ». Le texte constitue une mémoire des disputations qui a servi à la construction du triomphe de la conquête de l'Amérique, au-delà des différences théologico-politiques visibles dans les deux ensembles d'arguments opposés[5].

En tant qu'instruments didactiques, à leur tour, les catéchismes ont fait partie des premiers imprimés à grande échelle, particulièrement destinés aux enfants. Comme le genre le prescrit, ils contenaient des matières doctrinales, visant également la littératie et la civilité. Telle était la fonction principale du *Petit Catéchisme* de Luther publié en 1529, destiné à instruire les enfants par des questions et des réponses

4 *Cf.* Fumaroli, Marc, « Le Corps éloquent : une somme d'*actio* et *pronuntiatio rhetorica* au XVIIe siècle. *Les Vacationes autumnales* du P. Louis de Cressolles (1620) », *XVIIe siècle. Rhétorique et geste de la voix à l'âge classique*, juillet/septembre 1981, n° 132, 33e année, n° 3, p. 237-264.

5 *Cf.* la deuxième partie de ce livre.

à mémoriser. Les catéchismes catholiques du XVIe siècle sont nés en contrepoint de ces manuels réformés de doctrine chrétienne. Au Concile de Trente, leur fonction de codification de la *traditio* a été affirmée une fois pour toutes, à travers l'instruction religieuse et l'opposition aux hérésies, d'où se sont déclinées deux formes lettrées, les catéchismes pour enfants et adultes sans instruction (*pro pueris et adultis indoctis erudiendis*) ; et les catéchismes de controverse, de nature polémique, dirigés contre les doctrines protestantes[6]. Cela s'est produit au sein de la réforme pastorale dont Trente était le point de départ et qui visait à diffuser la juste doctrine catholique. Quelques années après la fin des travaux, en 1566, un modèle définitif de catéchisme a été promulgué, le *Catéchisme ad Parochos*.

En ce qui concerne les doctrines appliquées en Amérique, le Concile de Trente a été également central dans la proposition d'un modèle de prédication en langues indigènes, exprimé dans la directive de la nécessaire prédication dans la langue du catéchumène, sur la base de la théologie-politique scolastique[7]. Cette exigence reposait, d'un côté, sur le fait que les langues indigènes grammaticalisées et dictionnarisées par les missionnaires, devenues des « langues générales », seraient ainsi pleines de catégories lexicales et de l'ordre syntaxique qui conditionnaient la convertibilité de leurs locuteurs. D'un autre côté, elle était étroitement liée à la notion de charisme du Saint-Esprit qui illumine l'âme de ceux capables de s'exprimer dans les langues qui leur étaient auparavant inconnues. Dans de nombreux ouvrages de missiologie de l'époque moderne, le thème biblique de la Pentecôte est ainsi évoqué, présentant le missionnaire comme un héritier des Apôtres, doté du don des langues grâce à son apprentissage des nouvelles langues.

D'une manière générale, l'effort linguistique entrepris par les missionnaires en Amérique ne peut être dissocié des effets plus visibles de l'inscription de ces langues dans une gamme variée de genres catéchétiques. Évidemment, face aux langues indigènes, des formes d'approche similaires se sont configurées, bien que toujours adaptées à leur état

6 *Cf.* Catto, Michela, « Les deux voies des catéchismes : les controverses et l'endoctrinement. France et Italie », *Hétérodoxies croisées. Catholicismes pluriels entre France et Italie, XVIe-XVIIe siècles*, éd. Gigliola Fragnito et Alain Tallon, Rome, Publications de l'École française de Rome, 2015.

7 Daher, Andrea, *L'Oralité perdue. Essais d'histoire des pratiques lettrées (Brésil, XVIe-XIXe siècles)*, Paris, Classiques Garnier, 2012, p. 88.

présent, car elles étaient souvent considérées comme inaudibles, loin des critères d'humanité, comme le disait le jésuite Antonio Vieira : « [ce sont] des langues [qui] ne s'entendent pas, car on n'en entend plus que le bruit, et non pas des paroles désarticulées et humaines[8] ».

En ce sens, la logique éditoriale des ouvrages consacrés à la catéchèse en langues générales peut être révélatrice du statut attribué aux langues indigènes. En ce sens, l'absence de presse au Brésil est significative, alors qu'en Nouvelle-Espagne, entre 1539 et 1560, une trentaine d'ouvrages dans les langues locales avaient déjà été publiés, selon la compilation du Conde de la Viñaza[9].

Les hypothèses qui sous-tendent la conversion dans les langues indigènes – celle de la convertibilité de ceux auxquels est attribuée une « langue générale » et celle du don des langues avec lesquelles le Saint-Esprit illumine l'âme des missionnaires – sont compatibles avec ce que l'on peut lire dans plusieurs passages des Constitutions et Règles de la Compagnie de Jésus et avec le contenu des actes des Conciles provinciaux américains. En 1582, le Troisième Concile de Lima s'est avéré concluant quant à l'obligation formelle, pour les missionnaires, d'apprendre les langues indigènes, et décisif dans la politique de publication des catéchismes au Pérou. Les Congrégations provinciales de 1568 et 1575 au Brésil avaient déjà ratifié la même position, jusqu'à ce qu'en 1583 arrive l'ordre émis par le Père Général des Jésuites, Claudio Aquaviva, rendant obligatoire l'apprentissage des langues indigènes. Cet ordre était en réalité destiné au Mexique, selon Serafim Leite[10].

Au Brésil, des doctrines en tupi ont circulé pendant des années sous forme manuscrite. Le *Diálogo da fé* [*Dialogue de la foi*], composé par le jésuite José de Anchieta, ainsi que le *Catecismo brasílico* de la *Doutrina cristã* [*Catéchisme brésilien* de la *Doctrine chrétienne*], probablement traduit et complété par lui[11], constituent un ensemble doctrinal principalement

8 Vieira, Antonio, S. J., *Sermões*, São Paulo, Hedra, 2001, v. 1, p. 417 : « *línguas* [*que*] *não se ouvem, pois se não ouve delas mais que o sonido, e não palavras desarticuladas e humanas* ».

9 Conde de La Viñaza, *Bibliografía Española de Lenguas Indígenas de America*, Madrid, Typographia Sucesores de Rivadeneyra, 1892.

10 Leite, Serafim, S. J., *Suma Histórica da Companhia de Jesus no Brasil (1549-1760)*, Lisboa, Junta de Investigações Ultramar, 1965, p. 563.

11 Anchieta, José de, S. J., *Doutrina cristã. Catecismo brasílico*, São Paulo, Edições Loyola, t. 1, 1992. Anchieta, José de, S. J., *Doutrina cristã. Doutrina autógrafa e confessionário*, São Paulo, Edições Loyola, t. 2, 1992. Anchieta, José de, S. J., *Diálogo da fé*, São Paulo,

sous forme de dialogue, contenant l'essentiel requis pour la préparation des communiants en langue tupi.

La licence de publication de l'*Arte de grammatica* [*Art de grammaire*] de la langue tupi du père Anchieta prévoyait l'impression de ces dialogues qui n'étaient finalement pas inclus dans le volume imprimé en 1574[12]. En réalité, les doctrines n'ont été publiées pour la première fois qu'en 1618 par le père Antonio de Araújo, sous le titre de *Catecismo na Lingua Brasilica. Composto a modo de Diálogos por Padres Doctos e bons línguas da Companhia de Jesus* [*Catéchisme dans la Langue du Brésil. Composé sous forme de Dialogues par les Pères Savants bons interprètes de la Compagnie de Jésus*]. Le volume contient l'intégralité du *Dialogue de la foi* d'Anchieta, avec quelques modifications et ajouts, des explications et des exhortations. En 1686, le père Bartolomeu de Leão en a fait une nouvelle édition[13], encore une fois modifiée ou plutôt « modernisée ».

Sous la forme manuscrite ou imprimée, les doctrines impliquaient des opérations lettrées qui reposaient sur l'hypothèse d'un Indigène qui entendait et parlait – et éventuellement lisait – de manière universelle, comme on peut le déduire de l'extrême stabilité de la structure narrative des dialogues. Considérée dans le cadre de sa pragmatique, la mise en scène maître-disciple, dans la répétition performative des énoncés, a été reçue comme *enargeia*, c'est-à-dire comme effet de la présence de l'action évangélique, dans laquelle l'*actio* des caractères – disposition à un type de passion, âge, condition morale, etc. – correspondait à la performance gestuelle. Il s'agit de l'application des caractères *dicendi*, « manières de dire » ou styles, définis à partir des trois qualités minimales du discours (humble, moyen et sublime), qui ne sont pas immédiatement liées à la nature des sujets traités, mais orientées vers le jugement, comme une critique intériorisée, devant être appréciées selon les exigences du *décorum*.

Edições Loyola, 1988. Les titres de ces doctrines ont été attribués *a posteriori*, dans les éditions contemporaines des *Monumenta Anchietana*.

12 Anchieta, José de, S. J., *Arte de grammatica da lingoa mais usada na costa do Brasil* [...], *Em Coimbra, por Antonio de Mariz, 1595.*

13 *Catecismo na Língua Brasílica, no qual se contem a summa da Doutrina Cristã. Com tudo o que pertence aos Mistérios de nossa santa Fé e bons costumes. Composto a modo de Diálogos por Padres Doutos, & bons línguas da Companhia de Jesus. Agora novamente concertado, ordenado, e acrescentado pelo Padre Antônio d'Araújo, Teólogo e língua da mesma Companhia. Com as licenças necessárias*, Lisbonne, Pedro Crasbeeck, 1618. *Catecismo brasílico da doutrina christãa* [...] *pelo Padre Antônio de Araújo da Mesma Companhia. Emendado nesta segunda impressão Pelo Padre Bertholameu de Leam da mesma Companhia.* Lisbonne, Miguel Deslandes, 1686.

Évidemment, le style plutôt pédestre des catéchismes américains a été adopté en raison du caractère rude de leurs destinataires, et il y a eu dans ce sens une adaptation aux différentes manières de vocaliser les énoncés, liées aux possibles « manières de dire[14] ». Dans les catéchismes amples (*catecismos mayores* ou *amplios*), la diction de style humble était la condition de la vraisemblance de la représentation et de la propagation de la foi parmi ceux qui l'ignoraient. En général, dans les doctrines, les explications sous forme de « didascalies » variaient selon le système utilisé (interrogatif ou explicatif), l'extension des textes (*catechismos breves* ou *amplios*, *doctrina curta* ou *doctrina longa*) et les destinataires (*para niños*, *para muchachos mayores*, *para adultos*, etc.)[15].

Certaines instructions apparaissent dans les éditions que les pères Araújo et Leão ont faites des dialogues d'Anchieta, provenant peut-être de systématisations d'explications qui accompagnaient les dialogues manuscrits aujourd'hui perdues. Parmi les avertissements énumérés par Bartolomeu de Leão dans l'édition du *Catecismo Brasílico* [*Catéchisme brésilien*] de 1686, une explication de la prononciation des voyelles et des consonnes prépare la vocalisation du catéchiste en langue tupi. À titre d'exemple, voici celle de l'« Y » et sa prononciation compliquée qui ouvre la voie à une longue digression :

> *Y, he nota da voz gutural, que se forma na garganta dobrada a lingoa com a ponta inclinada abaixo, & lançado o halito opprimido na garganta, com hum som mixto, & confuso entre I, & mais V, & que naõ sendo I, nem V, envolve ambos. Como se ve neste nome, Y, agua. Os antigos para exprimirem este som, usaraõ de jota com hum ponto em cima, & outro embaixo : Outros escreveraõ Ig. Porém insufficientemente huns, & outros porque o jota tem diversa vocalidade, que nunca chega a proferir este som guttural. Mais proporcionado he Y, que soando em sua origem aos Gregos como vs, & pronunciandoo como V, os antigos Latinos, os modernos em muitos vocabulos o exprimem como I. O Catecismo antigo usava de ambas as letras I, Y, promiscuamete pra jota. Aqui por se naõ multiplicarem sem necessidade as letras, & pôr as que saõ necessarias, se poem I, com o seu ordinario som, & se reserva Y, para a vogal guttural*[16].

14 *Cf.* Hansen, João Adolfo, « Retórica e *actio* nos discursos coloniais », *Oral por escrito. A oralidade na ordem da escrita, da retórica à literatura*, dir. Andrea Daher, Chapecó/Florianópolis, Argos/UFSC, 2018, p. 61-85. *Cf.* aussi Fumaroli, Marc, *L'Âge de l'éloquence*, Genève, Droz, 2002, p. 224.

15 *Cf.* Llorente, Luis Resines, *Catecismos americanos del siglo XVI*, Salamanca, Junta de Castilla y Léon, Consejería de Cultura y Turismo, 2 vols., 1992.

16 *Catecismo Brasilico da doutrina christãa* [...] *Pelo Padre Bertholameu de Leam*, *op. cit.*, p. I.

« Y est une note de la voix gutturale, qui se forme dans la gorge avec la langue pliée, la pointe inclinée dessous et lorsqu'est lâché le souffle oppressé dans la gorge, avec un son mélangé & confus entre I & plus U, & qui n'étant ni I, ni U, cela implique les deux. Comme on voit bien dans ce nom, Y, eau. Les anciens, pour exprimer ce son, utilisaient un J avec un point en dessus et un autre en dessous. D'autres écriront Ig. Bien qu'insuffisamment les uns et les autres, car le J a une vocalité diverse, qui ne permet jamais de proférer ce son guttural. L'Y est plus proportionné, sonnant dans ses origines aux Grecs comme *us*, et en le prononçant comme U, les Latins anciens ; les modernes l'expriment comme I dans beaucoup de mots. Le Catéchisme ancien utilisait les deux lettres I, Y, sans règle fixe, comme J. Ici pour ne pas multiplier sans besoin les lettres, & pour mettre celles qui sont nécessaires, on met le I, avec son ordinaire son, & réserve le Y pour la voyelle gutturale. »

Suivent des explications sur les accents, la ponctuation et enfin l'utilisation des mots latins pour des raisons de « *décorum* » et de « nécessité » :

Finalmente, a exemplo dos Portuguezes, que nas oraçoes conservaõ alguas palavras Latinas, & juntamente por decoro das mesmas palavras, & por necessidade se abraçao, & admitem nas Oraçoens, & Dialogos palavras Latinas, & Portuguezas : quaes saõ Cruz, Ave, Salve, Igreja, Sacramento. Por decoro ; porque os mysterios, que nesses vocabulos se contém, mais respeito conciliaõ nesses vocabulos, que nos vulgares Brasilicos. E para se entenderem, diffusamente os explicão os Dialogos. Por necessidade ; porque ao Gentio Brasil faltao com o uso, & noticia de muitas cousas, as palavras cõ que possaõ verterse : como sao os nomes de numeros, que nesta lingoa nao passaõ de quatro ; & muitos outros, que só com longas perifrases se poderiaõ verter : as quaes senaõ sofrem nas orações, & summas dos mysterios, que per si requerem brevidade. Exemplo sejaõ as palavras Igreja, & Santo, para as quaes falta vocabulo proprio nesta lingoa. Tao pouco houve de santidade nestas partes. Este volume, que se dirige a emendar esta falta, assi como até agora teve feliz efficacia em a introdusir em muitas almas, daqui em diante com a industria, & diligencia dos Missionarios nas mesmas, a occasionará muy copiosa, & a conservará florente[17].

« Enfin, à l'instar des Portugais, qui dans leurs prières conservent quelques mots latins & ensemble en raison du *décorum* des mêmes mots, & par nécessité ils embrassent & admettent dans les Prières & Dialogues des mots latins & portugais : tels *Cruz, Ave, Salve, Igreja, Sacramento* [Croix, Ave, Salut, Église, Sacrement]. Pour le *décorum* : parce que les mystères contenus dans ces vocables sont plus respectés dans ces mots que dans les mots brésiliens vulgaires. Et pour se comprendre, les Dialogues les expliquent de manière diffuse. Par nécessité : parce qu'aux Gentils du Brésil il manque, avec l'usage

17 *Id.*, p. III.

> & les nouvelles de beaucoup de choses, les mots avec lesquels ils puissent les exprimer ; tout comme les noms des nombres, qui dans cette langue ne dépassent pas quatre ; & bien d'autres, qui ne pouvaient s'exprimer que par de longues périphrases : qui souffrent, sinon, dans les prières & les sommes des mystères, qui exigent d'elles-mêmes de la brièveté. Les mots *Igreja* & *Santo* [Église & Saint] en sont un exemple, pour lesquels il n'existe pas de vocable propre dans cette langue. Il n'y avait pas non plus de sainteté dans ces parties. Le présent volume, qui vise à remédier à ce manque, puisqu'il a eu jusqu'ici une heureuse efficacité en l'introduisant dans beaucoup d'âmes, désormais avec l'industrie & la diligence des Missionnaires en elles, l'occasionnera de manière très copieuse et la maintiendra florissante. »

La conception jésuite des langues indigènes est bien exposée dans cet « Avertissement » du *Catéchisme brésilien* : il s'agit de langues « manquantes », car les Indigènes, vivant jusque-là sous l'emprise du diable, étaient dépourvus de la Lumière naturelle qui devait illuminer leur âme. Il appartient au missionnaire de « remédier » à ce manque de substance de la langue tupi pour qu'elle redevienne « copieuse » et « florissante » et pour que catéchiste et catéchumène puissent enfin dialoguer.

Au-delà de la nécessité de fixer la langue et de lui fournir les catégories manquantes, la stabilité du modèle question-réponse entre maître et disciple et l'exercice mimétique que l'on retrouve au sein des formes oralisées de mémorisation des doctrines devaient toujours avoir la valeur d'une « performance représentationnelle ». Par ailleurs, cela constitue le trait permanent – observable dans la généalogie des *disputationes* publiques depuis l'époque médiévale[18] – qui qualifie le mode, ou plutôt la méthode instituée dans ces pratiques lettrées. Dans le contexte apostolique américain, il s'agit précisément du mode de représentation catholique, dont le fondement est la position hiérarchique des locuteurs et de ceux qui sont représentés dans le discours. C'est ainsi que l'usage de ces dialogues doctrinaux a favorisé une parfaite communion dialogique entre catéchiste et catéchumène, reproduite à chaque répétition comme consonance des voix : à chaque question posée par le maître, la réponse du disciple apparaît promptement et sans équivoque.

De manière analogue, la consonance des voix signifie la double inscription théologique et historique de l'union des hommes évoquée dans la prédication catholique. Le thème de l'union embrasse l'idée

18 *Cf.* Novikoff, Alex J., *The Medieval Culture of Disputation : Pedagogy, Practice, and Performance*, Philadelphie, Pennsylvania Press, 2013, p. 5.

d'un monde créé dans le but de la Providence et de la rédemption des hommes, les orientant ainsi vers le salut par leur action volontaire dans le monde. C'est ce qui donne du sens aux discours du maître, investi de la mission salvifique, et du disciple, inscrit dans l'histoire et mené au salut selon la devise exemplaire de « l'amour du prochain ». Dans ce sens, on peut dire que « l'union des hommes affirme la nécessité pour les individus d'adhérer à l'action providentielle des organismes constitués de la chrétienté, dans leur propre hiérarchie et division, censées être naturelles dans le cadre de l'histoire[19] ».

Dans le *Dialogue de la foi* d'Anchieta, la parole du disciple apparaît comme l'expression non seulement de la conscience individuelle du libre choix du salut, mais surtout du fondement ontologique de l'organisation institutionnelle dans laquelle cette *unio mystica* se produit historiquement.

> M : *Marãgatúetépe asé mbaé tetiruã sosé Tupã rausúbi ?*
> D : *Ombaé sosé, ogúba, osý, oekobé sosé sausúpa imombaetébo*[20].

> « M : Comment devons-nous aimer Dieu par-dessus toutes choses et notre prochain comme nous-mêmes ?
> D : L'aimant plus que ses propres choses, que son père, que sa mère et que la vie elle-même, et en l'honorant ».

DIALOGUER EN TUPI

Au sein de l'économie du salut, les pratiques de récitation et de mémorisation des dialogues doctrinaux favorisent l'instauration d'une nouvelle temporalité à travers la double introduction de la notion d'intemporalité de la vie dans l'au-delà et de l'idée du temps terrestre divisé en deux, avant et après la révélation. Grâce à des formulations

19 Hansen, João Adolfo et Pécora, Alcir, « Categorias retóricas e teológico-políticas das Letras Seiscentistas na Bahia », *Desígnio*, São Paulo, vol. 5, 2006, p. 110 : « [...] a união de homens afirma a necessidade de adesão dos indivíduos à ação providencial dos organismos constituídos da cristandade, em sua própria hierarquia e divisão, supostas como naturais no âmbito da história ».

20 Anchieta, José de, S. J., *Diálogo da fé*, *op. cit.*, p. 217 : « *M : Como havemos de amar a Deus sobre todas as coisas e ao próximo como a nós mesmos ? / D : Amando-o mais que as suas coisas, que seu pai, que sua mãe e que a mesma vida, e honrando-o.* »

bien apprises par cœur, le caractère naturel de l'ordre des choses institué providentiellement vient ainsi remplacer les ontologies indigènes.

Bien entendu, en ce qui concerne les catéchismes, tout se passe dans le domaine de la parole. Le temps présent du sujet de l'énonciation se superpose au passé barbare et païen évoqué dans les énoncés des dialogues. De cette façon, à chaque récitation, le « je » de la personne catholique est mis en scène, doté d'une intériorité, l'âme, qui situe la mémoire du péché dans le passé ; et d'une physicalité, le corps de celui qui parle, en tant que manifestation de son assujettissement hiérarchique dans le temps présent de l'énonciation[21]. Ces deux dimensions présupposent la cohérence et la constance que le dialogue maître-disciple propose comme évocation de la Présence dans le monde.

Ainsi, les dialogues doctrinaux sont basés sur la supposition ferme que l'âme indigène, condition même de l'énonciation, est un universel qui participe de la substance métaphysique de Dieu. En ce sens, les actions passées évoquées dans les doctrines remontent à l'époque où l'Être manquait à celui qui les énonçait. Cela est à la base de la prescription de gestes et d'actions qui doivent résonner dans les facultés de l'âme en tant que mémoire du péché, entendement du vrai Bien et volonté comme conscience du choix de la foi. C'est ainsi que le disciple répond à la question posée par le maître sur la manière d'aider ceux qui purgent leurs péchés au purgatoire, dans la *Doctrine chrétienne*, en se référant à des gestes et des attitudes bien précises : « D : Avec des messes, des prières à Dieu, en jeûnant, en se flagellant bien, en faisant l'aumône pour l'amour de Dieu et d'autres aides de notre part[22] ».

De même, par exemple, la vengeance est subsumée, dans le *Dialogue de la foi*, dans la conception opposée, celle de l'amour du prochain ou de la charité chrétienne, afin de racheter la culpabilité du péché. À la question sur le cinquième commandement, « Tu ne tueras pas », le disciple démobilise alors, dans sa réponse, le principe de vengeance qui est à la base de la pratique de la guerre et du cannibalisme tupinamba :

21 Sur les critères d'intériorité et de physicalité, *cf.* Descola, Philippe, *Par-delà nature et culture*, Paris, Gallimard, 2005, p. 322-323.

22 Anchieta, José de, S. J., *Doutrina cristã. Catecismo Brasílico*, *op. cit.*, p. 176 : « *D :* Missa *pupé, Tupã mongetá, ojekuakúpa, oñenupãnupamo, Tupã resé mbaé meénga, setáñé asé ipytybõáma* ». « *D : Com missas, orações a Deus, jejuando, açoitando-se bem, dando esmolas por amor de Deus, e outras ajudas da gente.* »

M : Mará oikóbo bépe abá iabýu ?
D : Oporoamotareýma, ojemoyrõmo, abá supé oñeéngmotareýma.

M : Marã oikóbo bépe ?
D : "Ijá imbaéasýbae supé" ojábo.

M : Oporúbae, marã ?
D : Oiabýetékatú Tupã ñeénga.

M : Ogoerekómemuãsára resé ojepýka tiruape abá Tupã ñeénga abyu ?
D : Sesé ojepýka tiruã ; iñyrõ ñé ipó ixupé, Tupã reséne[23].

« M : Sinon, comment ce commandement peut-il être enfreint ?
D : En étant l'ennemi de l'autre, en ayant de la haine pour lui, en ne lui adressant pas la parole.

M : Comment on l'enfreint davantage ?
D : Si on dit : "Je suis content que tu sois malade !"

M : Ceux qui mangent les gens ?
D : Ceux-là commettent un grand péché contre ce que Dieu commande.

M : Celui qui se venge de ses ennemis enfreint-il aussi ce précepte ?
D : Oui ; parce que tu dois lui pardonner, pour l'amour de Dieu. »

La « détribalisation » qui se produit avec la répétition de ces énoncés, surtout lorsqu'elle atteint le système vindicatif des sociétés indigènes, configure la conception scolastique des pratiques contre-nature sujettes à la punition jusqu'à leur éradication totale. À ce stade, la réitération thématique des dialogues semble totalement efficace, exposant à chaque prise de parole la prescription de gestes et de mots qui permettent de les conjurer et de vider le sens des formes de vie passées.

Comme on vient de le voir avec la mention de l'anthropophagie, le *Dialogue de la foi*, composé par le père Anchieta, est celui qui concentre les références les plus précises aux pratiques contre-nature des Indigènes, tandis que la *Doctrine Chrétienne*, qu'il a traduite et adaptée, présente un caractère plus générique. Ainsi, le dialogue centré sur le premier commandement, « Tu honoreras un seul Dieu », dans le *Dialogue de la foi*, se réfère explicitement aux « sorciers », démobilisant le système

---

23 Anchieta, José de, S. J, *Diálogo da fé*, *op. cit.*, tome 1, p. 209 : « *M : Como mais se quebra este mandamento ? / D : Sendo inimigo de outro, tendo-lhe ódio, não lhe falando. / M : Como mais ? / D : Se disser : "Ainda bem que esteja doente !" / M : Os que comem gente ? / D : Esses fazem grande pecado contra o que manda Deus. / M : O que se vinga de seus inimigos também quebra este preceito ? / D : Sim ; porque lhe deve perdoar, pelo amor de Deus.* »

de croyances indigènes et favorisant le remplacement des gestes et des pratiques visés par les énoncés, notamment à travers la mention du rite des *Pagés* qui soufflent de la fumée.

> *M : Iangaipábeté abá oñemopajépajé, oporomopetýmbuábo, oporomongaraíbaúpa ?*
> *D : Iangaipábeté.*
> *M : Abá abépe aipó Tupã ñeénga oiabý ?*
> *D : Pajé rerobiasára.*
> *M : Marã oikóbope abá serobiári ?*
> *D : Ixuí osykyjébo, "oporomokañém ikő" ojábo*[24].

> « M : Est-ce que l'homme qui prétend être un grand sorcier, soufflant de la fumée sur les gens, faisant semblant de les bénir, pèche gravement ?
> D : Il pêche gravement
> M : Qui d'autre enfreint le commandement de Dieu ?
> D : Celui qui croit aux sorciers.
> M : De quelle manière leur accorde-t-on du crédit ?
> D : Ayant peur d'eux, en disant "ils nous détruisent". »

Ces passages très particuliers ne correspondent cependant pas à la majorité des dialogues en langue tupi, qui contenaient l'essentiel des matières doctrinales. Cela produisait un contraste frappant entre ce qui relève de la coutume indigène et de la *traditio* catholique, manifeste notamment dans la pratique des sacrements. En ce sens, le caractère archaïque des sujets traités et la grande redondance du parallélisme syntactique des catéchismes mettent en lumière ce que Paul Zumthor considère comme la conception « presque monolithique du temps » dans le système sémiologique de la poésie médiévale[25]. Transposée à la cadence aride des dialogues doctrinaux, la dimension sacrée latente dans ces discours, qui portent leur propre véracité, semble être de fait « plus puissante [pendant la durée de l'audition] que le témoignage de l'expérience vécue[26] ». En fait, il n'y a pas de place dans les doctrines pour le témoignage, seulement la réminiscence du passé sous forme de regret qui dilue le vécu dans les nouvelles formes d'existence du présent de l'énonciation.

---

24 *Id.*, p. 198-199, notes 10 et 11 : « *M : Peca gravemente o homem que se faz grande feiticeiro, soprando fumo na gente, fingindo benzer a gente ? / D : Peca mortalmente. / M : Quem mais quebra o mandamento de Deus ? / D : Quem crê os feiticeiros. / M : De que sorte lhe dão crédito ? / D : Tendo medo deles, dizendo "eles destróem a gente".* »

25 Zumthor, Paul, *Essai de poétique médiévale*, Paris, Seuil, 1972, p. 107.

26 *Id.*, p. 107.

Pour que la pragmatique du catéchisme soit efficace en tant que véhicule de transformation des modes de relation et d'identification par les convertis, il est également nécessaire que ces formes textuelles oralisées conforment totalement la parole, en plus de l'« informer » des contenus doctrinaux. La répétition de ses formules courtes impose, comme on l'a vu, une rythmique de la langue qui permet la mémorisation et impose un tempo à la cadence de l'énoncé, peu à peu assimilé par les locuteurs.

Le jésuite Simão de Vasconcelos donne des indications sur les conditions de cette opération de « conformation » des échanges oraux, lorsqu'il souligne dans sa *Chronica da Companhia de Jesu do estado do Brasil* [*Chronique de la Compagnie de Jésus de l'état du Brésil*], « la coutume naturelle de parler des Brésiliens » :

> *Na Casa de S. Vicente meteo o Padre Luis da Gram este anno hum novo modo de doutrina das cousas da Fé, por Diálogos de preguntas, & repostas (que ja nas aldeas tinha metido entre os Indios) na lingoa Brasilica : & como naquellas villas os mais dos homens, & mulheres sabião esta lingoa, & este modo de Diálogos he mui conforme ao costume natural do fallar dos Brasis foi pera ver o muito que contentou esta nova traça de ensinar, & o grande cuidado com que se davão a aprender : especialmente as mulheres mistiças em breve tempo ficárão mestras, & prezavaõ de ensinar seus filhos, & escravos com a mesma doutrina & se vião naquellas villas tantas escolas, quantas erão as casas, onde ellas moravão, com mudança notavel de costumes, & frequencia maior do Sacramento da Confissaõ pella lingoa Brasilica*[27].

> « Dans la Maison de S. Vicente, le Père Luis da Gram a introduit cette année une nouvelle manière d'enseigner les choses de la Foi, à travers des Dialogues de questions & réponses (qu'il avait déjà introduits parmi les Indigènes des villages) en langue brésilienne : & comme dans ces villages la plupart des hommes et des femmes connaissaient cette langue, & cette manière de dialogues est très conforme à l'usage naturel de parler des Brésiliens, on voyait combien cette nouvelle manière d'enseigner plaisait, & le grand soin avec lequel ils se livraient à l'apprentissage : surtout les femmes métisses en devinrent en peu de temps les maîtresses, & aimèrent enseigner à leurs enfants & esclaves avec la même doctrine & foi, on voyait autant d'écoles dans ces villages qu'il y avait de maisons, où elles vivaient, avec un changement notable dans les coutumes, et une fréquence plus élevée du sacrement de confession en langue brésilienne. »

---

27 Vasconcelos, Simão de, S. J., *Chronica da Companhia de Jesu do estado do Brasil e do que obraram seus filhos n'esta parte do novo mundo* [...], *Na Officina de Henrique Valente de Oliveira Impressor del Rey*, 1663, Livre II, p. 182. Il fait référence à des « Dialogues de questions et réponses » dont on ne connaît pas le contenu.

En ce qui concerne cette adéquation entre « l'usage naturel de parler des Brésiliens » et « la manière des Dialogues » doctrinaux, il existe dans les catéchismes d'Anchieta de nombreuses formulations explicites liées à de nouvelles « manières de dire ». On retrouve souvent, dans les réponses du disciple, la relation établie entre un geste ou une pratique et la prescription du dire – avec la formule récurrente en langue tupi, qui signifie « en disant » (« *ojábo*[28] ») –, comme dans le dialogue sur le sacrement du mariage :

> *M : Mbaérâma resébépe abá mendári ?*
> *D : "Torojopytybone xe remirekó ndí, oré remiúrâma resé, oré raýra mongakuápa abé" ojábo*[29].
>
> « M : Pour quelle autre raison un homme se marie-t-il ?
> D : Pour dire [En disant] : "Nous nous aiderons mutuellement à engendrer nos enfants, à les faire grandir en vertu, à les instruire et à les réprimander souvent". »

La prescription de « ce qui se dit » dans le dialogue sur le sacrement du mariage introduit également la conformation des discours adressés à un tiers, en dehors de la relation avec le missionnaire.

> *M : Ogoenoñénoñépe abá ogoemirekó, tekókatú sekóeýmene ?*
> *D : Ogoenoñénoñéne.*
> *M : Miausúba jabépe serekóune ?*
> *D : Ánixuéne ; "Xe iru, ã, reá" eí ixupéne*[30].
>
> « M : Un homme grondera-t-il beaucoup sa femme lorsqu'elle ne se comporte pas bien ?
> D : Il va la gronder beaucoup.
> M : La traitera-t-il comme une esclave ?
> D : Il ne la traitera pas [comme esclave], mais il dira d'elle : "Voici ma compagne". »

Dans le *Dialogue de la foi*, le jeu d'attribution de la parole, dans une véritable mise en abîme, est la marque du dialogue sur le huitième

28 *Cf.* Lemos Barbosa, *Pequeno vocabulário tupi-português*, Rio de Janeiro, Livraria São José, 1951, p. 116.

29 Anchieta, José de, S. J., *Doutrina cristã. Catecismo Brasílico*, *op. cit.*, p. 227. *Id.*, p. 229, note 23 : « *M : Para que mais o homem se casa ? / D : Para dizer : "Ajudar-nos-emos mutuamente para gerar nossos filhos, fazê-los crescer na virtude, instruí-los e repreendê-los freqüentemente"* ».

30 *Id.*, p. 228 : « *M : Repreenderá muito o homem à sua esposa quando ela não procede bem ? / D : Repreenderá muito. / M : Tratá-la-á como escrava ? / D : Não tratará ; mas dirá dela : "Eis aqui minha companheira"* ».

commandement, « Ne portez pas de faux témoignage ». Il est prescrit dès les premières réponses du disciple que celui qui enfreint ce commandement doit dire « En fait, j'ai menti en disant ça », suivant par une référence tautologique le maillage des échanges oraux entre des interlocuteurs hypothétiques :

> *M : Abá marãéaguéra mombeguábo, "aipó eí endébo" eíbae abépe ?*
> *D : Aé abé*[31].
>
> « M : Et qui dit aussi : "Il a dit cela de toi", en déclarant le mal qu'il a dit à propos de quelqu'un ?
> D : Celui-ci aussi [enfreint le commandement]. »

En pleine domestication des « modes de parler » des Indigènes, s'opère ici la conformation de leurs formes dialogiques les plus courantes, comme c'est le cas de la rumeur :

> *M : Marã oikóbo bépe abá iabyu ?*
> *D : Abá supé marãojábo teñé, iaguábo, serekóaípa*[32].
>
> « M : Sinon, comment enfreindre-t-on [le commandement] ?
> D : En disant des mensonges contre quelqu'un, en murmurant à son sujet, en l'avilissant. »

La parole, telle qu'elle se trouve inscrite dans les doctrines, recouvre également les explications des récits bibliques, construits comme des scènes dans lesquelles différents personnages interviennent à travers la reproduction de leurs discours. C'est le cas de l'imitation du discours de Ponce Pilate :

> *M : Marã eítépe* Judeus *supé ?*
> *D : "Ndabasémangái ã marãbiri ikó abá rekópuéra amó supé" ei ; "Herodes meémo kó oimeéng teõ supé, iangaipába kuápa" eí*[33].
>
> « M : Et qu'a-t-il [Pilate] dit aux Juifs ?

---

31 Anchieta, José de, S. J., *Diálogo da fé*, *op. cit.*, p. 215. *Id.*, p. 216, note 8 : « *M : Também quem diz : "Isso disse ele de ti", declarando o mal que falou de alguém ? / D : Esse também* [*quebra o mandamento*]. »

32 *Id.*, p. 216, n. 9 : « *M : De que sorte mais quebra* [*o mandamento*] *? / D : Contando falsidades contra alguém, murmurando sobre ele, detraindo-o.* »

33 *Id.*, p. 182. *Id.*, p. 186, n. 2 : « *M : E que disse aos Judeus ? / D : Disse "Não acho absolutamente nada de mal em ato algum desse homem, Herodes o entregaria à morte, se conhecesse maldade nele".* »

D : Il a dit : "Je ne trouve absolument rien de mal dans les actes de cet homme, Hérode le mettrait à mort s'il connaissait le mal en lui". »

Ou encore, la masse informe, « les Juifs », apparaît, elle aussi, représentée dans les échanges oraux :

M : Oimoínibépe Pilatos *oñeénga* Judeus *supé,* Jesus *moséma motá ?*
D : Oimoínibé mosapýr ixupé oñeénga teñé : "Eimojár, eimojár ybyrá joasába resé imojábo ñé"[34].

« M : Hérode a-t-il encore une fois adressé ses paroles aux Juifs, voulant libérer Jésus ?
D : Il leur adressa encore trois fois, en vain, ses paroles : "Enfoncez-le dans la poutre en bois, le faisant fendre". »

Évidemment, les discours de Jésus, principal protagoniste des scènes bibliques évoquées, sont aussi reproduits dans plusieurs passages. Par exemple, lorsqu'on aborde la question de la prière à Dieu, le *Pater Noster*, la parole du Christ est rendue présente dans le dialogue selon les effets de techniques d'amplification, par l'emploi de l'expression « de sa bouche » :

M : Abápe aipóbae oimoñáng erimbaé, saángypyábo ?
D : Jandé Jára Jesus Cristo *aé osaáng erimbaé ojurú pupé katú*[35].

« M : Qui a fait cela [la prière] dans le passé, en la disant en premier ?
D : Notre Seigneur Jésus-Christ, bien de sa bouche. »

Certes, l'efficacité des dialogues doctrinaux est soutenue par les dispositifs de « réduction » de la diversité linguistique à la constance de la « langue générale », signifiée dans sa subordination aux catégories rhétorico-poétiques et théologico-politiques substantialistes, qui ne correspondaient en rien à la « coutume naturelle de parler » des Indigènes du Brésil, comme l'entendait le père Vasconcelos. En tout cas, la structuration très simple, réitérative et concise des catéchismes, qui privilégie leur caractère didactique et leur exécution mimétique, a établi la puissance dramatique du discours et ainsi modelé les « nouvelles

34 *Id.*, p. 183. *Id.*, p. 186, n. 6 : « *Dirigiu de novo suas palavras Herodes aos judeus desejando soltar Jesus ? / D : Dirigiu de novo a eles suas palavras, três vezes, em vão, "Crava-o, crava-o no travessão de lenho, fazendo-o rachar".* »

35 *Id.*, p. 219. *Id.*, p. 221, n. 2 : « *M : Quem fez isso [a oração] outrora, pronunciando-a primeiro ? / D : Nosso Senhor Jesus Cristo, bem com sua boca.* »

manières de dialoguer » et tout le complexe vocal et gestuel qui accompagne la parole.

C'est pourquoi, dans la reproduction des énoncés des doctrines, la figure de la prosopopée comme variante de l'allégorie (*fictio personae*) s'affirme avec une grande force, par l'effet de « faire parler un absent » dont la présence est imitative, ce qui implique notamment les caractères manifestés dans la voix[36]. En l'absence de descriptions des situations dans lesquelles les catéchumènes répètent les dialogues doctrinaux, on ne peut que conjecturer l'élévation de la voix, ou au contraire, la voix murmurante, dans certaines circonstances. D'un côté, ces ressources dramatiques pourraient sans doute assurer l'efficacité dans l'appropriation des contenus doctrinaux, grâce à l'investissement mnémotechnique impliqué dans l'opération, comme par exemple l'insistance emphatique sur la prononciation d'un terme. D'un autre côté, cela pourrait être aussi l'expression des formes antagoniques de réception de la doctrine par les Indigènes-catéchumènes.

Par ailleurs, cette même dimension dramatique des dialogues a provoqué la reproduction spontanée et ponctuelle de « mises en scène » ancrées dans l'expérience quotidienne des Indigènes. Anchieta lui-même, dans une lettre de 1556, raconte un épisode dans lequel « une vieille femme, sentant le retard [des missionnaires], appela deux fois le peuple à l'église et, faisant de l'un le maître et des autres les disciples, répétait dans l'ordre la doctrine chrétienne[37] ».

En général, la manipulation directe du carnet ou du livre de dialogues par les catéchumènes n'était pas prévue, comme l'attestent généralement leurs prologues. La « mémoire du dit » dans l'assimilation de la doctrine était donc fondamentale dans le processus de conversion, surtout dans le cas des Indigènes âgés, avec la pleine implication de la parole orale dans le processus mnémotechnique.

À partir de cette relation nécessaire entre ce qui est dit par l'Indigène en tupi et ce qui est imprimé dans sa mémoire, le modèle catholique de catéchisme utilisé par Anchieta repose essentiellement sur un dispositif de répétition selon lequel la structure qui sous-tend la question du maître

---

36 *Cf.* Garavelli, Bice Mortara, *Manual de retórica*, Madrid, Cátedra, 1991, p. 303.

37 *Monumenta Brasiliae II (1553-1558)*, p. 309 : « *uma velha, sentindo a demora chamou duas vezes o povo à igreja e, fazendo um de mestre o outros de discípulos, repetiram por ordem a doutrina cristã* ».

est immédiatement réitérée dans la réponse du disciple[38]. Il n'est pas nécessaire d'aller plus loin pour constater que la réitération est typique du domaine de la voix, tout comme la tendance à la concision, ce qui montre une fois de plus la relation très étroite entre la conception des dialogues doctrinaux et l'efficacité de la performance orale qu'ils exigeaient.

La démarche qui vise fondamentalement à produire un duo verbal dans lequel les paroles du maître et du disciple s'équivalent dans le partage parfait et harmonieux des lieux de la dévotion catholique s'étend tout au long des dialogues d'Anchieta. Dans la partie consacrée à l'« Instruction *in extremis* » de sa *Doctrine chrétienne*, après une explication générale – d'un narrateur générique dont la voix coïncidait certainement, à l'écoute, avec celle du catéchiste –, toute question posée est suivie d'une répétition sommaire dans la réponse d'un supposé Indigène mourant.

> *Ogoeroyrõbakatu asé oangaipaguéra, oñemongaraíbijanondé, seitýka, serojebýpotáreýma.*
> *P. Ereroyrõpe nde rekópuéra ?*
> *R. Aroyrõ.*
> *P. Ipoxýpe nde rekópuéra ?*
> *R. Ipoxý.*
> *P. Ndererojebýribépotáripe nde rekópéra ?*
> *R. Aáni*[39].
>
> « On déteste beaucoup ses péchés passés, avant de se faire baptiser, les rejetant, sans vouloir y revenir.
> Q. Détestes-tu tes actes passés ?
> R. Je les déteste.
> Q. Tes actes passés sont-ils laids à tes yeux ?
> R. Ils sont laids.
> Q. Ne souhaites-tu pas revenir à tes actes passés ?
> R. Non. »

De manière générale, dans le contexte des disputations orales qui ont façonné les pratiques lettrées occidentales, les dialogues doctrinaux

---

38 Il s'agit d'une « réponse en écho » à des fins mnémotechniques ou pédagogiques. Sur la définition de cette notion, en dehors des cadres de la structure questions-réponses des catéchismes, *cf.* Frédéric, Madeleine, *La Répétition : Étude linguistique et rhétorique*, Tübingen, Max Niemeyer Verlag, 1985.

39 Anchieta, José de, S. J., *Doutrina cristã. Catecismo brasílico*, *op. cit.*, p. 132 : « *A gente detesta muito seus pecados passados, antes de batizar-se, lançando-os fora, sem querer voltar a eles. / P. Tu detestas teus atos passados ? / R. Eu detesto. / P. São feios para ti teus atos passados ? / R. São feios. / P. Não desejas voltar de novo a teus atos passados ? / R. Não.* »

semblent offrir une méthode efficace pour « la raison de frayer avec la métaphysique[40] », étant extrêmement propices à la synthèse de la matière dont ils traitent. D'abord, la forme dialogique qui sous-tend la méthode dialectique dans les catéchismes – même les plus simples, comme ceux d'Anchieta – permet du point de vue de l'énonciation une sorte d'omniprésence du locuteur qui occupe la place du maître. Cela garantit le caractère irréfutable de la matière doctrinale exposée, sans que la représentation positionnelle de la relation hiérarchique maître-disciple ne soit dissoute.

Dans le premier chapitre de la *Doctrine chrétienne*, l'effort engagé pour expliquer la substance métaphysique de la Trinité aux Indigènes en est un exemple. Comme dans tous les dialogues, la formulation basée sur une question initiale et sa simple confirmation favorise la disposition de la matière :

> *M : Setépe Tupã asé jabé ?*
> *D : Ndasetéi.*
> *M : Ijypýpe erimbaé ?*
> *D : Ndijypýl.*
> *M : Sekoábañépe ?*
> *D : Sekoábañé.*
> *M : Aujerámañépe ?*
> *D : Aujerámañé*[41].
>
> « M : Dieu a-t-il un corps comme nous ?
> D : Il n'a pas de corps.
> M : A-t-il eu un commencement autrefois ?
> D : Il n'a pas eu de commencement.
> M : A-t-il toujours été ?
> D : Il a toujours été.
> M : Sera-t-il pour toujours ?
> D : Il sera pour toujours. »

La réponse du disciple peut également consister en un renversement de la question du maître, intercalant sommairement une affirmation et

---

40 Périgot, Béatrice. *Dialectique et littérature : les avatars de la dispute entre Moyen Âge et Renaissance*, Paris, Classiques Garnier, 2005, p. 23.

41 Anchieta, José de, S. J., *Doutrina cristã. Catecismo brasílico*, *op. cit.*, p. 158 : « M : Deus tem corpo como a gente ? / D : Não tem corpo. / M : Ele teve princípio outrora ? / D : Ele não teve princípio. / M : Ele sempre foi ? / D : Ele sempre foi. / M : Para sempre será ? / D : Para sempre será. »

son contraire. En définissant l'unité de la Trinité, cette modalité dialectique révèle une fois de plus le caractère catégorique et incontestable du dogme chrétien, notamment à travers l'utilisation de l'expression en tupi « c'est différent » (« *oikoé*[42] ») qui a une simple fonction antithétique, vide de tout autre sens.

> *M : Ojepé Tupã memépe aé Tupã Túba, Tupã Taýra, Tupã* Espírito Santo *?*
> *D : Ojepé Tupã memé.*
> *M : Ojepé abá memépe abáramo oikóbono ?*
> *D : Aáni ; abáramo oikóbo, Tupã Túba oikoé, Tupã Taýra oikoé, Tupã* Espírito Santo *oikoé*[43].

> « M : Est-ce un seul et unique Dieu, ce Dieu le Père, Dieu le Fils, Dieu le Saint-Esprit ?
> D : Un seul Dieu en effet.
> M : Sont-ils également un et uniques en tant que personnes ?
> D : Non, en tant que personnes Dieu le Père est différent, Dieu le fils est différent, Dieu le Saint-Esprit est différent. »

Toujours en ce qui concerne la construction de la notion de substance métaphysique dans les dialogues d'Anchieta, la récurrence de l'expression « aucune chose » (« *coisa nenhuma* », « *ndambaé ruã* »)[44] en réponse à la question de « quelle chose… ? » participe du même dispositif expressif. Dans le troisième chapitre de la *Doctrine chrétienne*, « De la création et de la chute d'Adam », on peut déduire le caractère « non visible » des choses qui consistent en « aucune chose ». Corps et âme sont parfaitement définis dans cette opposition, redoublée par la redondance de la structure question-réponse.

> *M : Mbaépe oimoñáng iángamo ?*
> *D : Ndambaé ruã.*
> *M : Omanóbaepe asé ánga ?*

42 *Cf.* Lemos Barbosa, *op. cit.*, p. 68 : « *icoé – irr. Ser diferente, distinto, diferir* » [« icoé – être différent, distinct, différer »].

43 Anchieta, José de, S. J., *Doutrina cristã. Catecismo brasílico, op. cit.*, p. 157 : « *M : É um mesmo e único Deus esse Deus Pai, Deus Filho, Deus Espírito Santo ? / D : Um só Deus mesmo. / M : São também um e único como pessoas ? / D : Não, como pessoas Deus pai é diferente, Deus filho é diferente, Deus Espírito Santo é diferente.* »

44 *Cf.* Lemos Barbosa, *op. cit.*, p. 85 : « *mbaé – cousa (tudo o que não é gente) ; objeto, bens ; parte do corpo ; bicho ; espírito mau* » [« mbaé – chose (tout ce qui n'est pas humain) ; objet, biens ; partie du corps ; bête ; esprit maléfique »]. *Id.*, p. 141 : « *ruã – ptc. neg.* » [« ruã – particule négative »].

D : Ndomanóbae ruã.
M : Ojekuápe ?
D : Ndojekuábi.
M : Marãnamope ?
D : Oetéeýmamoñé[45].

« M : Quelle chose [Dieu] a-t-il fabriquée en tant que notre âme ?
D : Aucune chose.
M : Notre âme est-elle mortelle ?
D : Elle n'est pas mortelle.
M : Est-elle visible ?
D : Elle n'est pas visible.
M : Pourquoi ?
D : Parce qu'elle n'a tout simplement pas de corps. »

Concernant la Présence, c'est le statut même de la Parole qui viendra combler le vide exprimé dans « aucune chose » qui définit le néant d'avant la Création.

M : Abápe erímbae ikó ára oimoñáng ?
D : Tupã.
M : Mbaépe erimbaé oimoñangáramo ?
D : Ndambaéruã.
[...]
M : Ndoikóipe mbaé amó Tupã ára moñángeýmebé ?
D : Ndoikói.
M : Marãpe erimbaé imoñángi ?
D : Oñeénga pupeñé[46].

« M : Qui a créé ce monde autrefois ?
D : Dieu.
M : Quelle chose était autrefois son créateur ?
D : Aucune chose.
[...]
M : Il n'y avait aucune chose quand Dieu n'avait pas encore créé le monde ?
D : Il n'y en avait pas.
M : Comment l'a-t-il créé autrefois ?

---

45 Anchieta, José de, S. J., *Doutrina cristã. Catecismo brasílico*, *op. cit.*, p. 161 : « *M : Que coisa fabricou como alma da gente ? / D : Coisa nenhuma. / M : É mortal a alma da gente ? / D : Não é mortal. / M : Ela é visível ? / D : Ela não é visível. / M : Por quê ? / D : Porque simplesmente não tem corpo.* »

46 *Id.*, p. 159 : « *M : Quem criou outrora este mundo ? / D : Deus. / M : Que coisa outrora foi seu criador ? / D : Coisa nenhuma.* [...] *M : Não havia coisa alguma quando Deus ainda não criara o mundo ? / D : Não havia. / M : Como outrora a criou ? / D : Com sua palavra simplesmente.* »

D : Avec sa parole simplement. »

Quant au diable, qui lui non plus n'a pas de substance physique, on a recours à la représentation allégorique de son discours. Toujours dans la *Doctrine chrétienne*, à la question du maître sur « ce qu'il fait », le disciple répond par « ce qu'il dit » :

> *M : Aépe marã añánga asé rerekóu asé reõ moángeme ?*
> *D : Ojepiákukár asébe :"Eimoasýumé nde angaipáguéra" ojábo ; "Erobiárumé Jesus Cristo, xe rerobiá jepé" ojábo*[47].

> « M : Et que nous fait-il le diable, quand on pense mourir ?
> D : Il se montre à nous en disant : "Ne regrette pas tes péchés passés ; ne crois pas en Jésus-Christ, crois en moi." »

Sans aucun doute, ce sont les choix lexicaux dans la composition des dialogues en langue générale qui ont permis les glissements vers les catégories métaphysiques chrétiennes : du tonnerre, *Tupã*, son de la nature, au Dieu catholique ; d'*Añanga*, esprit de la brousse, au diable, parmi tant d'autres[48]. Il est à noter cependant que c'est à travers la parole et les usages de la voix que s'opéraient ces dispositifs analogiques selon l'efficacité du processus mimétique mis en place avec les formes récitatives imposées. La simplicité élocutive des discours dialogués en tupi, réfractée par rapport à ce qui serait le ton pédestre du portugais à l'époque, fait figurer l'Indigène comme une brute, aux côtés de l'enfant, tous les deux capables dans ces conditions de recevoir les signes de la Révélation comme une inscription sur une table rase.

En ce sens, le caractère, disons, peu inventif des dialogues d'Anchieta ne réduit pas le pouvoir dialectique que peut englober la structure question-réponse. L'évocation de la « présence des choses sans présence », de ce qui *est* mais « ne se voit pas », implique les ressources analogiques qui sont à la base de la conception de ces discours. En bref, ce sont les dispositifs métonymiques et métaphoriques qui répondent à la nécessité de représenter la différence entre le visible et le lisible dans les signes de la *traditio* catholique. La figure la plus représentative dans ce cas

---

47 *Id.*, p. 220 : « *M : E o que faz o demônio à gente, quando pensa morrer ? / D : Mostra-se à gente dizendo : "Não te doas de teus pecados passados, não creias em Jesus Cristo, crê tu em mim"*. »

48 Lemos Barbosa, *op. cit.*, p. 29 : « *anhanga : n. de um gênio da floresta ; demônio* ». L'orthographe portugaise des termes tupi est conservée ici, tandis que dans la deuxième partie de cet ouvrage ces termes suivent l'orthographe française, notamment « *Toupan* ».

est sans doute celle de l'Eucharistie, telle qu'elle est abordée dans le dialogue qui la conceptualise, sur la « Communion », dans la *Doctrine chrétienne* d'Anchieta.

> *M : Oikótépe seté ipupé ?*
> *D : Oikó.*
> *M : Iánga abépe ?*
> *D : Iánga abé.*
> *M : ITupã abépe ?*
> *D : ITupã abé.*
> *M : Osepiákipe asé ?*
> *D : Ndosepiáki.*
> [...]
> *M : Aépe suguý mojaók mirĩ mirĩneme, ijabiõpe ikoái ?*
> *D : Ijabiõ.*
> *M : Ojepyseõseõgipe* Jesus Cristo *reté, abaré hóstia, kauĩ abé, mojaókaókeme ?*
> *D : Ndojepyseongi ; akó morotínga añó, kaui raángába abé ojemojaójaóé*[49].

> « M : Mais son corps [de Jésus] est-il là [dans l'hostie] ?
> D : Oui.
> M : Son âme aussi ?
> D : Son âme aussi.
> M : Sa divinité aussi ?
> D : Sa divinité aussi.
> M : Le voit-on ?
> D : On ne le voit pas.
> [...]
> M : Et si l'on divise son sang en plusieurs petites gouttes, est-ce que cela s'étend dans chacune d'elles ?
> D : Dans chacune.
> M : Si le prêtre distribue l'hostie et le vin, le corps de Jésus-Christ se brise-t-il en petits morceaux ?
> D : Il ne se brise pas ; juste cette blancheur et l'image du vin sont brisées et partagées. »

Par la Présence, l'Eucharistie réalise non seulement le contact entre l'âme de chaque homme et Dieu, mais aussi une relation plus étroite entre la collectivité des hommes. Le terme « corps » soutient ainsi le

49 *Id.*, p. 215-216 : « *M : Mas está aí seu corpo ? / D : Está. M : Sua alma também ? / D : Sua alma também. / M : Sua divindade também ? / D : Sua divindade também. / M : A gente o vê ? / D : Não o vê.* [...] */ M : E se dividirem seu sangue em muitas gotinhas, se estende em cada uma ? / D : Em cada uma. / M : Se o padre repartir a hóstia e o vinho, parte-se em pedacinhos o corpo de Jesus Cristo ? / D : Não se parte ; só essa brancura e só a imagem do vinho é que só se parte e reparte.* »

sens théologique de l'analogie de proportion, lorsque les métaphores appliquées désignent le corps du Christ dans l'hostie consacrée et, par extension, la *respublica christiana*, le corps de l'Église. Ce sont ces mêmes principes de similitude et d'union qui sont énoncés dans le neuvième chapitre de la *Doctrine Chrétienne*, dans la définition « De la Sainte Mère l'Église ». En ce sens, les termes tupi qui signifient « grande unité, tous ensemble, réunion » (*ojepéguasú*) et « semblable à » (*jasoára*) ont un poids central dans l'énoncé[50], désignant ce qui est apparemment dispersé, mais formant un corps.

> *M : Marãpipó aé ojepéguasú, jasoár ijoerekó, kuéi kuéibo ojosuí ikoáieýmeté ?*
> *D :* Jesus Cristo *rerobiasápabẽnamo, oekó pupé ijoausúmeñé, asé aipó iéu*[51].

> « M : Quelle est cette réunion, semblable à celles où l'on se traite mutuellement, comme si, par-ci et par-là, ils n'étaient pas dispersés ?
> D : Parce qu'ils sont tous croyants en Jésus-Christ et s'aiment mutuellement par leurs actions, on parle ainsi. »

Encore une fois, on ne sait pas et on ne peut pas savoir comment ces dialogues ont été reçus ; on peut seulement supposer les déplacements de sens qui ont pu se produire lors de leur réception. L'effort expressif fait par le catéchiste pour définir le corps institutionnel de l'Église, en utilisant les notions courantes – telles que « par ci, par-là » (« *kuéi kuéibo* ») ou « disperser, déborder » (« *ikoái*[52] ») – met en évidence le déplacement que l'opération provoque, des formes d'expression vers les formes de contenu. En fait, ce qui compte dans l'usage de ces dialogues, c'est le mode d'imitation, et pas exactement la substance de l'expression qui permet d'énoncer les choses, puisque dans tous les cas, elles sont toujours l'effet et le signe de la Présence dans le monde.

En effet, en tant que structures-modèles destinées à la répétition mimétique dans la langue indigène elle-même, les catéchismes ont certainement suscité au moment de leur énonciation des adaptations inventives de la part des Indigènes, caractéristiques du « bruissement »

---

50 *Id.*, p. 180, n. 2, traduction du père Armando Cardoso : « Ojepéguasú *: unidade grande, todos juntos a uma, reunião.* Josoára *: parecido com* ».

51 *Id.*, p. 178 : « *M : Que reunião é essa, semelhante aos que se tratam mutuamente, como se, por aqui e ali não estivessem dispersos ? / D : Por serem todos crentes em Jesus Cristo e se amarem mutuamente com obras, a gente fala assim.* »

52 *Id.*, p. 180, n. 3, traduction du père Armando Cardoso : « Kuéi kuéibo *: por aqui, por ali ;* ikoái : *derramar-se, dispersar-se* [...]. »

d'une « langue pèlerine » aux oreilles du catéchiste. Cela se manifestait à travers des actes de langage qui, bien qu'ils ne reproduisent pas exactement le modèle proposé avec l'efficacité requise, employaient certainement des paraphrases, des périphrases, des additions, des soustractions et d'autres procédures typiquement orales. Comme le soulignent également certains textes missionnaires, cette performance pouvait parfois revêtir la forme d'une « acceptation obséquieuse » où la simple imitation par la récitation des énoncés équivalait à l'assimilation de la doctrine[53].

En fait, la stabilité frappante de ces dialogues écrits était passible d'être remise en question selon des courts-circuits oraux épisodiques racontés dans des lettres et des rapports missionnaires. Cela suggère un écart entre leur contenu et la performance orale exigée, affichant une fois de plus le caractère de « bruissement de la langue » indigène. C'est ce qu'on peut conclure de l'histoire racontée par le père Blazquez autour d'un terme traduit en tupi : « (les Indigènes qui) étaient d'abord gênés de dire sainte *joasába*, qui dans notre langue signifie le signe de la croix, parce que cela leur semblait des gestes ridicules, savent désormais faire le signe de la croix et beaucoup connaissent les prières par cœur[54] ». Dans ce cas, la force réductrice du travail linguistique des jésuites a apparemment triomphé sur les usages oraux équivoques de la langue générale, l'expression *joasába* ayant été remplacée dans les prières par « *Santa Cruz raángába resé* ».

Les conditions particulières d'écriture de ces matériaux en tupi suggèrent encore une modalité de présence ténue de la voix. Évidemment, ces discours étaient traduits en langue générale mot à mot, par équivalence ou par circonlocutions, les missionnaires s'en chargeant souvent avec l'aide des Indigènes eux-mêmes. Ainsi, dans ces écrits, il n'y a pas seulement la langue indigène transposée et donc « réduite » pour être répétée dans la récitation, mais il y a aussi la voix « souterraine » d'un interprète – appelé « *língua* » [langue] –, intermédiaire dans l'opération.

L'effacement de la voix de l'interprète indigène va de pair avec la manière dont la représentation du missionnaire « *língua* » est construite dans plusieurs rapports apologétiques, soutenant l'ardeur de l'apprentissage

53 *Cf.* Llorente, Luis Resines, *op. cit.*, vol. I, p. 21.

54 *Monumenta Brasiliae* II (1553-1558), p. 348 : « [*os índios que*] *ao princípio tinham empacho de dizer santa joasába, que em nossa língua quer dizer pelo sinal da cruz, por lhes parecer aquilo gatimanhos já agora estão destros em santiguar-se* [*persignar-se*] *e sabem muitos as orações de coro* ».

des langues barbares comme vertu apostolique et exaltant son caractère miraculeux comme une reconfiguration de la scène de la Pentecôte, ce qui pouvait conduire à la sanctification. Sous la plume du père Antonio de Araújo dans le « Prologue au lecteur » du *Catéchisme dans la langue du Brésil*, l'exaltation du don des langues attribué à José de Anchieta sert ainsi à honorer la sainteté pressentie de celui qui a « introduit la Parole » dans l'âme de ceux qui lui ont prêté leurs oreilles.

> *Quam necessario pera a conversão seja este meyo, mostrou bem o Mestre, & Autor della, quando antes de meter nas maos de seus Apostolos a execuçao della, lhes concedeo primeiro o dom das lingoas.* Loquebantur varijs linguis, *porque como a noticia dos altissimos mysterios da Fee (tao importante pera a salvação) nao tenha entrada no interior da alma, salvo pella porta do ouvido.* Fides ex auditu, *com que por esta a mete dentro, he a palavra do filho de Deos.* Auditus autem per verbum Dei : *Quem duvida que a communicaçao desta divina palavra se ha de fazer por meyo da lingua daquelle a quem pretendemos reduzir*[55].
>
> « Combien ce moyen est nécessaire à la conversion, son Maître et Auteur l'a bien montré, lorsqu'avant d'en remettre l'exécution entre les mains de ses Apôtres, il leur a d'abord accordé le don des langues. *Loquebantur varijs linguis*, car la nouvelle des plus hauts mystères de la Foi (si importants pour le salut) n'a d'entrée à l'intérieur de l'âme que par la porte de l'oreille. *Fides ex auditu*, à travers celle-ci il met à l'intérieur la parole du fils de Dieu. *Auditus autem per verbum Dei* : Quiconque doute que la communication de cette parole divine se fera à travers la langue de celui que nous entendons réduire. »

L'ÉCRITURE COMME RELIQUE

Un carnet manuscrit de doctrine chrétienne en langue tupi écrit de la main de José de Anchieta a été conservé pendant de nombreuses années dans la chambre du Maître des Novices du Noviciat jésuite d'Évora, au Portugal. Lorsque dans les premières décennies du XVIIIe siècle a débuté la collecte de ses écrits pour les examens canoniques en vue de sa béatification, le Procureur de la Cause, le jésuite João Garção, a demandé à l'archevêché d'Évora d'envoyer une copie fidèle du carnet, authentifiée par les notaires ecclésiastiques et accompagnée de la traduction du texte.

55 *Catecismo na Língua Brasílica* [...] *pelo Padre Antônio d'Araújo*, *op. cit.*, p. 1v.

Pour composer le volume, plusieurs calligraphes ont été mobilisés, divisant le carnet en fascicules, complétés par son traducteur et auteur du certificat de fiabilité de la traduction, le père Jacinto de Carvalho, Procureur Provincial à Lisbonne.

> *Certifico eu, o Pe. Jacinto de Carvalho, da Companhia de Jesus, que a fiel versão do opúsculo composto pelo venerável Servo de Deus, o Pe. Joseph de Anchieta da Companhia de Jesus, é a que se vê em frente de cada uma das páginas, o que certifico pela notícia e inteligência que tenho da língua brasílica, por ter estado vinte oito anos nos Colégios e Missões da América, e tratado sempre com índios peritos nesta língua. Pelo que afirmo in verbo sacerdotis ser esta a verdadeira versão portuguesa da língua brasílica, com que está escrito o dito opúsculo, e para constar da verdade passei este testemunho, por mim assinado, Colégio de Santo Antão de Lisboa Ocidental, 21 de outubro de 1730. Jacinto de Carvalho*[56].
>
> « Moi, Père Jacinto de Carvalho, de la Compagnie de Jésus, certifie que la version fidèle de l'opuscule composé par le Vénérable Serviteur de Dieu, le Père Joseph de Anchieta de la Compagnie de Jésus, est celle vue devant chacune des pages, que j'atteste par la connaissance et l'intelligence que j'ai de la langue brésilienne, ayant passé vingt-huit ans dans les Collèges et Missions d'Amérique, et ayant toujours affaire à des Indigènes experts dans cette langue. Par conséquent, j'affirme *in verbo sacerdotis* qu'il s'agit de la véritable version portugaise de la langue brésilienne, dans laquelle ledit opuscule est écrit, et pour établir la vérité, j'ai remis ce témoignage, signé par moi, Collège de Saint Antoine [le Grand] de Lisbonne Occidentale, le 21 octobre, 1730. Jacinto de Carvalho. »

À son tour, le greffier du Patriarcat de Lisbonne, Manuel Gomes Guerra, atteste que le certificat du père Jacinto de Carvalho est authentique : « je le reconnais en le voyant écrire[57] ». Le « dossier » contient également des attestations de deux notaires apostoliques, Manuel Soares da Cunha et Manoel de Almeida, le second confirmant le premier en reconnaissant son écriture, faites à Évora le 3 novembre 1730. La copie ainsi établie a été reçue à la Sacrée Congrégation des Rites à Rome, et à partir du mois d'août 1732 commençait l'examen canonique des écrits d'Anchieta. Il s'agissait désormais de la seule copie existante, puisque le manuscrit autographe d'Évora aurait été perdu[58].

---

56 Anchieta, José de, S. J., *Diálogo da fé*, *op. cit.*, p. 27.
57 *Ibid.*
58 *Id.*, p. 48-49.

En établissant ainsi la forme idéale des manuscrits originaux et en certifiant les épreuves de la main de l'auteur, la singularité individuelle du jésuite est non seulement affirmée, mais sa manifestation écrite est également soumise à une obligation de conservation, ce qui n'était pas conçu en termes de droits de propriété avant la fin du XVIIIe siècle. Naturellement fondées sur le nom de l'auteur, les catégories d'originalité et de propriété ne seront que progressivement associées à ses écrits, de même que l'institution des genres discursifs. En tout cas, c'est du futur saint José de Anchieta dont il s'agit tout au long de ce parcours.

Du point de vue de l'histoire de l'imprimé, Roger Chartier signale l'importance croissante accordée au manuscrit autographe à partir du XVIIIe siècle, conséquence de la dématérialisation des œuvres dont l'identité reposait désormais sur le génie de l'auteur[59]. Le manuscrit devenait alors le garant de l'authenticité de l'œuvre dispersée sous forme imprimée. Cette « fétichisation de la main de l'auteur » n'aurait pas pu avoir lieu aux XVIe et XVIIe siècles, le texte imprimé étant considéré alors comme une fiction du manuscrit autographe.

Bien entendu, la relation établie entre le manuscrit autographe et l'authenticité de l'œuvre, dans le cas des « reliques manuscrites » de José d'Anchieta, est enfermée dans un ordre mystique qui, à long terme, a fourni les bases de leur « fétichisation » scientifique lorsqu'elles ont été soumises aux approches philologiques et linguistiques, une étape préalable à leur monumentalisation. Très tôt, depuis sa mort en 1597, la valorisation des manuscrits autographes de celui qui portera le titre de « Serviteur de Dieu » dès 1650 engage toute l'exigence légaliste liée à la constitution du procès de sa canonisation par le Saint-Siège.

En effet, une dizaine d'années après sa mort, dans le récit *Da Vida do padre José de Anchieta* [*De la Vie du père José d'Anchieta*], son coreligionnaire Pero Rodrigues avançait déjà l'éloge de son ingéniosité poétique, principalement liée à l'épisode de l'écriture de son poème à la Vierge sur les sables de la plage d'*Iperoig*, lorsqu'il était pris en otage durant les négociations de paix avec les Tamoio[60]. Dans le chapitre neuf du premier

---

59 *Cf.* Chartier, Roger. *La main de l'auteur et l'esprit de l'imprimeur*, Paris, Gallimard, 2015, p. 61-63.

60 Ce discours en a nourri d'autres au cours du XVIIe siècle, tels que [Berettari, Sebastiano] *Vida del Padre Ióseph de Ancheta de la Compañia de Iesus, y Provincial de Brasil. Traduzida de latin en Castellano por el Padre Estevan de Patermina* [...] Salamanque, En la Emprenata de Antonia Remirez Viuda, 1618. [D'Outreman, Pierre] *La Vie miraculeuse du P. Joseph*

livre de son récit, le père Rodrigues loue la « manière de composition » des « cinq mille sept cent trente-deux vers » de ce poème éphémère : « [...] sans aucun livre pour l'aider, ni encre ni papier, il composait l'œuvre, en utilisant uniquement son talent rare et sa mémoire extraordinaire, et surtout la faveur de la Dame, pour l'honneur de laquelle il avait pris cette dévote entreprise[61] ».

Comme c'est typique de l'ancienne coutume rhétorico-poétique, le mode d'articulation du thème, susceptible d'expansion ou de correction dans le futur, est fondamental dans l'éloge du poète. Dans le récit du père Rodrigues, on retrouve également la description amplifiée de son « expérience » lors de l'écriture du poème, notamment celle de la faculté de la mémoire impliquée dans l'action. Cela signifie que la *dispositio* des arguments dans la narration de cet épisode clé de la vie du jésuite correspond à une mise en scène orientée, dont le résultat est la codification du mode de composition du poème selon des critères éthico-théologiques.

Destitués de toute valeur poétique, les dialogues doctrinaux d'Anchieta étaient liés à une autre « scénographie », celle de la conversion, chargée d'oralité mais inévitablement marquée par le geste de l'écriture. Ces matériaux n'ont pas manqué de corroborer, aux côtés de l'épisode miraculeux d'*Iperoig*, l'image très ancienne de « Joseph, la plume à la main[62] ».

Le récit *De la vie du père José d'Anchieta* de Pero Rodrigues loue le caractère miraculeux de son apprentissage de la langue tupi, puisque le jésuite l'« apprend si profondément qu'il réussit non seulement à la comprendre et à la parler à la perfection, [mais aussi] à composer dans cette langue et à transcrire les éléments nécessaires pour la doctrine et les catéchismes[63] ». Plus tard, le témoignage du père Simão de Vasconcelos

---

Anchieta de la Compagnie de Jésus, écrite en portugais par P. Pierre Roderiges, puis en latin, augmentée de beaucoup par le P. Sébastien Béretaire, enfin traduite en français par un religieux de la même compagnie, A Douay, De l'Imprimerie Marc Wyon [...] *1619.*

61 Rodrigues, Pero, S. J., « Da Vida do padre José de Anchieta », *Primeiras biografias de José de Anchieta*, São Paulo, Loyola, 1988, p. 77 [1607] : « [...] *sem livro nenhum de que se pudesse ajudar, nem tinta nem papel, andava compondo a obra, valendo-se somente de sua rara habilidade e memória extraordinária, e sobretudo do favor da Senhora, por cuja honra tomara aquela devota empresa* ».

62 *Cf.* Vasconcelos, Simão de, S. J., *Vida do veneravel padre Joseph de Anchieta da Companhia de Jesu, thaumaturgo do novo mundo, na provincia do Brasil*, Lisboa, Oficina Joam da Costa, 1672, p. 25 : « *Acontecia, nam poucas vezes, romper a manhaã, & achar a Joseph, com a penna na mão.* » [« Il arrivait souvent de lever la matinée et de trouver Joseph, la plume à la main. »]

63 Rodrigues, Pero, S. J., « Da vida do padre José de Anchieta », *Primeiras biografias de José de Anchieta*, *op. cit.*, p. 64 : « *E tanto de raiz aprendeu que não somente chegou a entendê-la e falá-la com toda a perfeição e compor nela e trasladar as coisas necessárias para a doutrina e*

sur les dialogues doctrinaux, dans sa *Vida do veneravel padre Joseph de Anchieta* [*Vie du vénérable père Joseph de Anchieta*] de 1672, participera également à cette construction de la représentation vigoureuse du jésuite en « lettré ». L'évocation de la structure de disputation qui caractérise les catéchismes soutient alors l'éloge de son ingéniosité, car il enseigne le latin en tant que maître et apprend la langue des Indigènes en tant que disciple :

> *No mesmo tempo era Mestre, & era discipolo. E os mesmos lhe serviam de discipolos, & Mestres ; porque, na mesma classe falando latim, alcançou da fala dos que o ouviam a mor parte da lingoa do Brasil, que brevemente perfeiçoou, com tal excellencia, que pode reduzir aquelle idioma bárbaro, a modo & regras grammaticais, compondo arte dellas, tam perfeitas que aprovadas dos mais famosos lingoas* [...] *Além da arte fez também Vocabulario da mesma lingoa. Tradusio a Doutrina Christam & mistérios da fé dispostos a modo de Dialogo, em benefício dos Indios cahtecumenos, e fez tratado e interrogatorios, & avisos necessarios, pera os que ouvessem de confessar ; & pera instruir principalmente no tempo da morte os já bautizados ; deixando alívio com seus trabalhos aos vindouros que se ouvessem de occupar no trato da salvaçam das almas*[64].

> « En même temps, il était Maître & disciple. Et les mêmes lui servaient de disciples et de Maîtres ; car, dans la même classe parlant latin, il apprit des paroles de ceux qui l'écoutaient la plupart de la langue du Brésil, qu'il perfectionna rapidement avec une telle excellence qu'il put réduire cet idiome barbare en méthodes et règles grammaticales, composant des arts si parfaits qu'ils furent approuvés par les plus célèbres *langues* [...]. En plus de l'art, il fit aussi un vocabulaire de cette même langue. Il traduisit la Doctrine chrétienne et les mystères de la foi disposés sous forme de Dialogue, au bénéfice des catéchumènes indigènes, et fit un traité avec des interrogatoires et des conseils nécessaires pour ceux qui devaient se confesser ; et pour instruire principalement au moment de la mort ceux qui étaient déjà baptisés, laissant avec ses travaux un soulagement pour ceux qui, à l'avenir, auraient à s'occuper du salut des âmes. »

La valorisation du « don des langues » est sans doute le leitmotiv des textes apologétiques qui font référence aux catéchismes en langue tupi d'Anchieta. Dans le « Prologue » du *Catéchisme dans la langue du Brésil*, son compilateur Antonio de Araújo loue le travail nécessaire aux missionnaires qui ne bénéficiaient pas comme lui du don des langues favorisé par le Saint-Esprit. De plus, selon Araújo, les dialogues constituent la

catecismos, mas veio a reduzi-la a certas regras e preceitos, e compor Arte dela, com que os nossos que aprendem a língua muito se ajudam ».

64 Vasconcelos, Simão de, S. J., *Vida do veneravel padre Joseph de Anchieta*, *op. cit.*, p. 25-26.

forme privilégiée d'apprentissage pour les catéchistes et, dans le même mouvement, un moyen de « réduire du mauvais état » la vie des catéchumènes à travers leur propre langue. C'est sans doute la meilleure définition de la fonction et des usages de ces dialogues doctrinaux :

> *Pera que esta lengoa se aprenda, he mui importante a comunicação com aquelles, cuja lingoa se ha de aprender, & escreverse nella, o que pode ajudar pera se alcançar, & perfeiçoar sua sciencia, & juntamente o que com elles se ha de exercitar, ou pera os reduzirem do mao estado, em que vivem, ou pera os perfeiçoarem, no que forem achados.*
>
> [...]
>
> *Não deixando de advertir aos que desejão aprender a lingoa, pera com ella acodirem ao fim de sua vocação ; que todos estes Dialogos, instruçoens & mais cousas annexas lhes podem administrar huma materia de lingoa mui ampla pera lhes não faltar (andando nelles bem vistos) a necessaria pera o bem espiritual dos Indios* [...][65].
>
> « Pour que l'on apprenne cette langue, il est très important de communiquer avec ceux dont on doit apprendre et écrire la langue, ce qui peut aider à atteindre et perfectionner leur science, et aussi ce que l'on doit pratiquer avec eux pour les réduire du mauvais état dans lequel ils vivent ou pour les améliorer dans celui dans lequel on les a trouvés.
>
> [...]
>
> N'oubliant pas d'avertir ceux qui souhaitent apprendre la langue, pour aider à la finalité de leur vocation, que tous ces Dialogues, instructions et autres choses annexes peuvent leur fournir une matière de langue de plus grande ampleur pour qu'il ne leur manque pas (puisque cela y est bien vu) celle qui est nécessaire pour le bien spirituel des Indigènes [...] ».

Ces récits apologétiques ont alimenté la veine politico-religieuse qui a guidé l'approche des écrits « de la main d'Anchieta » pendant de nombreuses années, jusqu'à ce que l'avènement de la perspective scientifique du XXe siècle vienne corroborer d'une nouvelle manière le travail de monumentalisation de son œuvre. Cela s'est confirmé à la fin des années 1950, lorsque le promoteur de la cause de béatification d'Anchieta, le père Hélio Viotti, membre des Instituts historiques de Rio de Janeiro et de São Paulo, a parcouru les archives européennes et des îles Canaries à la recherche de toute la documentation concernant le jésuite. Le résultat sera visible dans les volumes des *Monumenta Anchietana*, densément étayés par les preuves documentaires et complétés plus tard par le père Armando Cardoso en vue de la confection des paratextes d'introduction des volumes.

---

65 *Catecismo na lingoa brasilica* [...] *pelo Padre Antônio d'Araújo*, *op. cit.*

Parmi les volumes des *Monumenta Anchietana*, sous le titre « *Prosa* » [Prose], figurent le *Dialogue de la foi* publié en 1988, les deux tomes de la *Doctrine chrétienne* de 1992, et l'*Art de grammaire de la langue la plus utilisée sur la côte du Brésil* publié en 1990. L'inclusion des doctrines et de la grammaire à côté de la correspondance et des sermons dans la « prose » d'Anchieta correspond à l'exigence générale de constitution de ses œuvres complètes, avec l'objectif particulier de rendre évidente « la valeur de son travail linguistique et philologique » dans la systématisation de la langue générale[66].

Comme le suggère la logique discursive et éditoriale contemporaine, les *Monumenta Anchietana*, érigés quatre siècles après la confection et les premières réceptions de ces matériaux doctrinaux, comprennent les dialogues et la grammaire séparés en volumes distincts. Ces textes à visée salvifique, comme on le sait, sont très structurés et présentent un style plutôt pédestre. Autrement dit, dans ces discours, l'exercice rhétorique de l'*inventio* et de la *dispositio* est de moindre importance, laissant peu de place à l'ingéniosité de leur concepteur. Les classer ainsi aux côtés de la « poésie lyrique et dramatique » au XXe siècle a exigé un effort ambitieux de construction auctoriale, et notamment une survalorisation de la maîtrise de la langue tupi par leur auteur. Cela a servi, en somme, sous le nom propre de José de Anchieta, à composer un *corpus* littéraire univoque, négligeant la fonction et les usages de ces discours dans le passé, et reléguant ce qui était à la fois pragmatique et exégétique – et donc sans rapport avec un auteur « subjectivé » – au contexte historico-biographique de sa constitution.

Certes, le travail de monumentalisation des écrits du jésuite va bien au-delà de la direction entreprise dans la construction de ses *Œuvres complètes*, à la veille de sa béatification en 1980. Il est le résultat d'une longue opération de transfert de l'ordre mystique, qui fondait le sens de ces discours dans le passé, vers l'ordre littéraire – disons, autrement mystique – dans lequel ils sont entrés à l'époque contemporaine. Dans le cas particulier d'Anchieta, la visibilité de ce transfert est très grande, car cette monumentalisation littéraire s'est déroulée avec une implication totale et en dépendance directe de son procès de canonisation par le Saint-Siège.

---

66 *Cf.* Drumond, Carlos, S. J., « Apresentação », Anchieta, José de, S. J., *Artes de gramática da língua mais usada na costa*, São Paulo, Loyola, 1990, p. 8.

Le procès de béatification d'Anchieta a été institué très tôt, officiellement en 1624. Entre 1634 et 1647, il a connu une première stagnation due à des changements dans la législation canonique, et en 1650 il a été repris par l'octroi du titre de « Serviteur de Dieu » au jésuite. Entre 1668 et 1702, il a été interrompu une deuxième fois à la demande de la Compagnie de Jésus, probablement en raison de difficultés financières. Après l'attribution en 1736 du titre de « Vénérable » à Anchieta, la Cause de béatification a été de nouveau interrompue en 1773 avec la suppression de la Compagnie de Jésus, et elle n'a été reprise qu'en 1883. Dans la seconde moitié du XXe siècle, le procès s'éternisait encore en raison de la grande difficulté de prouver davantage de miracles qui lui seraient attribués. Entre 1963 et 1965, les efforts en faveur de la béatification du jésuite se sont intensifiés parmi les instances politiques et religieuses brésiliennes. Seulement quinze ans plus tard, en 1980, Anchieta a été béatifié à l'initiative de Jean-Paul II dans le cadre d'une vaste stratégie visant à attirer les croyants vers l'Église catholique. Pour cette béatification, le pape a supprimé l'exigence de prouver les miracles, prévue par le code de droit canonique. Peu de temps après, en 1983, la législation a encore été modifiée, introduisant une nouvelle catégorie de « Bienheureux » qui comprenait désormais ceux qui étaient reconnus pour l'ensemble de leur œuvre et non exclusivement pour leurs miracles. En 2014, Anchieta est devenu saint par décret du pape François.

L'importance de constituer le *corpus* des œuvres complètes de José de Anchieta a donc été fondamentale à la fin de ce long processus. Certes, cette monumentalisation reflète le problème de l'attribution de la valeur d'*auctoritas* à ses écrits, avant même l'institution de la notion de subjectivité auctoriale, à la fin du XVIIIe siècle. Quoi qu'il en soit, dans les discours produits depuis la fin du XVIe siècle en vue de l'établissement de son procès de canonisation, la question du rapport mystique entre « vie » et « lettres » est toujours présente, particulièrement exprimée dans l'affirmation de son ingéniosité poétique. À partir du XIXe siècle, avec l'autonomie progressive des pratiques littéraires, cette relation adopte la forme naturalisée du lien entre « biographie » et « œuvre », marquée par l'affirmation de l'originalité créatrice.

Évidemment, il est difficile de formuler ce problème dans des termes contemporains lorsqu'il s'agit de matériaux tels que les dialogues doctrinaux, comme on a pu le constater. Cependant, ils ont trouvé une place commode dans les *Monumenta Anchietana*, figurant aux côtés de genres dotés d'une grande valeur littéraire, comme la poésie lyrique et dramatique, et établissant leur propre valeur d'exception par la constitution d'un *corpus* de textes en langue tupi.

Dans ces conditions, il est possible de suivre les étapes de réception des dialogues doctrinaux d'Anchieta sous l'angle de la présence de la voix. En tenant compte du caractère contingent de toute énonciation orale et de toute audition, on pourrait inférer normativement que les coreligionnaires d'Anchieta qui ont institué le carnet d'Évora comme relique reconnaissaient et distinguaient les concepts communiqués par le style, ainsi que le genre et les particularisations – espèces, individus, accidents, etc. – figurés par les « voix coloniales ». Vidés de sens après le XVIIIe siècle et ne renvoyant plus à la subordination univoque au principe catholique du bien commun qui ordonnait de manière prescriptive toute réception, les dialogues entre maître et disciple deviennent surtout l'expression des compétences linguistiques de leur auteur. Ainsi, la force auctoriale du génie surmonte l'expérience imitative – auditive – des destinataires empiriques de ces dialogues, ceux-là mêmes qui avaient prêté voix et écoute à la poésie dramatique sur une tout autre « scène mystique coloniale ».

LES VOIX TRIOMPHANTES DU THÉÂTRE JÉSUITE

À côté du catéchisme, l'*auto* est aussi une forme textuelle conçue par les missionnaires contenant la langue générale et participant fortement à un régime pragmatique d'oralité. Les circonstances de composition des *autos* dans le contexte colonial s'identifient à l'hétérogénéité discursive qui résulte des modalités collectives de leur invention et des circonstances très variées de leur mise en scène. Ils avaient une fonction catéchétique évidente, représentés au Brésil lors des festivités, comme le moment de la visite d'un prêtre ou de la réception des reliques, et étaient également l'occasion de la pratique collective de la confession et de la communion.

Loin de la simplicité expressive des catéchismes qui favorise la répétition mimétique, l'*auto* est un genre plus ouvertement déclamatoire, proche du dialogue philosophique. Il se compose de différents discours opposés, investis dans une scène dramatique où les personnages occupent des positions intellectuelles variées, ce qui exige un exercice rationnel pour adapter chaque discours particulier, plus ou moins nuancé, à une vraisemblance universelle. Le résultat est une dramatisation de la victoire sur l'adversaire, selon des étapes successives de combat intellectuel.

POLYPHONIE ET POLYLINGUISME

> Le maître pourra parfois proposer aux élèves en guise d'argument quelque brève intrigue, à savoir une églogue, une scène ou un dialogue, afin de faire représenter en classe le meilleur de tous les textes composés, en distribuant les rôles entre les élèves, mais sans aucun apparat théâtral[1].

1 *Ratio Studiorum. Plan raisonné et institution des études dans la Compagnie de Jésus*, Paris, Belin, 1997, p. 17.

C'est ainsi qu'en 1599 le *Ratio Studiorum* met en avant la composition discursive des élèves des écoles de la Compagnie de Jésus. Aux fins de l'exercice rhétorique, primordial dans ce « plan raisonné » de l'éducation jésuite, l'étudiant était formé non seulement au maniement des thèmes de l'*inventio*, des ordres de la *dispositio* et des ornements de l'*elocutio*, mais aussi à l'*actio* rhétorique, composée de la *pronuntiatio* en tant que fonction de la voix et des gestes dramatiques qui l'accompagnent. Comme le conclut François de Dainville, « l'activité théâtrale, qui devait avoir de si amples développements chez les jésuites, n'est pas un hors-d'œuvre qui éloigne le rhétoricien des choses sérieuses, mais s'insère au contraire dans sa formation pour le parfaire[2] ».

Selon les directives du *Ratio Studiorum*, les intrigues des tragédies et des comédies devaient être sacrées et pieuses, jouées uniquement en latin : « il n'y aura aucun intermède, sinon latin et décent ; aucun personnage ni vêtement féminin n'y sera introduit[3] ». Cela confirme ce qu'écrivait le Père Général Claudio Aquaviva en août 1585, considérant ces genres dramatiques comme « des choses scolastiques plus sérieuses[4] ».

Mais l'environnement colonial et l'urgence missionnaire ne s'accommodaient pas de la gravité scolaire des tragédies et des comédies. Lorsque le Père Visiteur Cristóvão de Gouveia a cherché en 1584 à assouplir auprès du Généralat de l'ordre la règle de l'usage exclusif de la langue latine dans les représentations étudiantes dans la colonie, il argumentait de la nécessité d'employer principalement le portugais. Cette mesure était, selon lui, comme une consolation pour les auditeurs qui ne comprenaient pas ce qu'ils entendaient[5]. En réponse, le Père Général a consenti à l'utilisation de la langue vernaculaire dans les dialogues, mais pas dans les tragédies et les comédies[6].

La rareté des informations sur les représentations de la fin du XVIe siècle au Brésil peut être un symptôme de la difficulté à se conformer à ces règles très restrictives venues de Rome, où l'on considérait le sermon comme le genre le plus approprié pour obtenir des confessions et des

2 Dainville, François de, *L'Éducation des jésuites XVIe-XVIIIe siècles*, Paris, Les Éditions de Minuit, 1991, p. 189-190.

3 *Ratio Studiorum*, *op. cit.*, p. 93.

4 Leite, Serafim, *História da Companhia de Jesus no Brasil*, Lisbonne / Rio de Janeiro, Portugália / Civilização Brasileira, 1938, tome II, p. 600.

5 *Id.*, p. 601.

6 *Id.*, p. 602. Lettre du père Claudio Aquaviva du 10 août 1585, *Monumenta Brasiliana* II, 56.

communions[7]. Les représentations les plus importantes étaient mises en scène par les jésuites, tandis que les plus petites, souvent de simples dialogues au contenu pieux, se faisaient dans les églises où l'usage du portugais prédominait alors. Il y avait en somme deux types de représentations : dans les Collèges, des tragédies et des comédies, ou encore des *autos* d'un style plus élevé, en latin ; dans les villages, des *autos* en portugais, castillan et tupi.

Issus de la tradition populaire ibérique, les *autos* auraient été apportés au Brésil par les colons portugais eux-mêmes avant les jésuites, comme le précise Serafim Leite[8]. L'*auto* est probablement originaire des fêtes liturgiques médiévales, se distinguant des genres dramatiques décrits par Aristote dans la *Poétique*. Aux compositions liturgiques chantées d'une seule voix, qui proliféraient entre le IXe et le XIVe siècles, se sont ajoutées d'autres formes musicales, progressivement transformées en modalités dialoguées et qui ont fini par devenir autonomes par rapport au chœur, permettant l'inclusion de personnages.

L'*auto* était un drame limité aux seules matières sacrées, notamment à la louange de la Vierge (*autos* virginaux ou mariaux) et à la célébration de l'Eucharistie (*autos* sacramentels). Peu après l'institution de la fête de *Corpus Christi* au XIIIe siècle, les farces et églogues médiévales se sont concentrées sur cette célébration, avant d'être incorporées dans des fêtes publiques où elles pouvaient être représentées par des acteurs laïcs, tout en préservant leur contenu pieux, traitant de thèmes moraux, bibliques ou hagiographiques. C'est alors que les représentations ont pris le nom d'« *auto* », signifiant « comédie sacrée en un seul acte ». Il s'agit, en tout cas, d'un genre ibérique par excellence, représenté par les compositions de Gil Vicente et Lope de Vega au XVIe siècle, ainsi que par celles de Calderón de la Barca au siècle suivant.

Au Brésil, les autos attribués à José de Anchieta sont les seuls dont on ait des vestiges textuels. Un manuscrit du XVIe siècle, appelé « carnet d'Anchieta », conservé dans les Archives romaines de la Compagnie de Jésus, contient une dizaine d'*autos* ou des extraits, dont il existe des informations sur la mise en scène à l'époque[9].

---

7 *Ibid.*

8 *Id.*, p. 600.

9 Dans le carnet on retrouve cinq autographes d'Anchieta. Ces « poèmes dramatiques » ont été transcrits et traduits dans Anchieta, José de, S. J., *Poesias*, São Paulo, Comissão

L'hétérogénéité matérielle du carnet est signifiée par différents types de papier, d'orthographes et de formes poétiques. En mettant en avant l'attribution exclusive de ces écrits à José de Anchieta, le père Armando Cardoso explique cette diversité matérielle par le fait que les autographes étaient distribués comme des reliques, puis tardivement transcrits par des copistes et rassemblés dans des carnets où leur noyau principal, le dialogue, apparaît presque toujours séparé.

Le premier *auto* d'Anchieta date de 1561. Lorsque la ville de Santo André est transférée à São Paulo, les Portugais veulent célébrer Noël avec une pièce représentée dans l'église. Cependant, le Supérieur des jésuites, Manuel da Nóbrega, « afin d'empêcher certains abus commis dans les églises [...] », n'autorise pas la célébration et demande au père Anchieta de rédiger une pièce « pour être représentée dans de nombreuses parties de la côte avec beaucoup de fruits pour les auditeurs qui, à cette occasion, se confessent et communient[10] ».

L'interdiction de la mise en scène et la commande consécutive d'une nouvelle pièce s'alignent parfaitement sur les directives de la Compagnie de Jésus concernant les risques liés aux sujets abordés dans les genres dramatiques. De manière cohérente, l'*auto* conçu par Anchieta s'intitulait « *Pregação universal* » [« La Prédication universelle »], destiné au public colonial en tupi, portugais et espagnol. Deux copies autographes de son dialogue central, en tupi, sont conservées.

À l'exception de quelques indications présentes dans le « carnet d'Anchieta », les titres attribués *a posteriori* aux pièces mettent en évidence leur thème central, toujours liés aux circonstances commémoratives de leur mise en scène.

L'*auto* « La Prédication universelle » sert de base à d'autres dialogues à partir de l'inclusion de nouveaux éléments dramatiques, comme c'est le cas avec la pièce « *Na Festa de São Lourenço* » [« De la Fête de saint Laurent »]. Représentée en 1583, elle commémore la conquête de Rio de Janeiro sur les Français et met en scène les martyrs saint Laurent et saint Sébastien, patrons respectifs des futures villes de Niterói et de Rio

---

do IV° Centenário da Cidade de São Paulo, 1954, et repris dans *Monumenta Anchietana* : Anchieta, José de, S. J., *Teatro de Anchieta*, São Paulo, Edições Loyola, 1977.

10 Anchieta, José de, S. J., *Cartas, Informações, Fragmentos históricos e Sermões (1554-1594)*, Rio de Janeiro, Civilização Brasileira, 1933, p. 476 : « *Por impedir alguns abusos que se faziam em autos nas igrejas* » [...] « *para se representar em muitas partes da costa com muito fruto aos ouvintes que com esta ocasião se confessavam e comungavam* ».

de Janeiro. Par ailleurs, le martyre est le thème central de nombreuses représentations. Dans le « carnet d'Anchieta », il y a sept compositions diverses sur ces martyrs, rassemblées sous le titre de « *Diálogo do padre Pero Dias Mártir* » [« Dialogue du père Pero Dias Martyr »].

La présence de reliques et d'images pieuses active également le dispositif festif. Avec l'arrivée de la tête de l'une des Onze Mille Vierges, un jubilé est proclamé, pour lequel Anchieta compose un *auto* dont trois adaptations connues sont dérivées : deux sont représentées à Bahia entre 1581 et 1584, et l'une en 1595, l'*auto* de « *Santa Úrsula* » [« Sainte Ursule »], à Espírito Santo. Devant le Père Visiteur Cristóvão de Gouveia à Rio de Janeiro, un dialogue est mis en scène entre 1583 et 1584 pour accueillir une relique de saint Sébastien que celui-ci a apportée du Portugal. Le carnet contient un extrait de ce dialogue, qui renvoie à la dernière partie de l'*auto* « De la Fête de saint Laurent », lorsque l'Ange, gardant le corps du martyr, introduit les personnages de la Crainte de Dieu et de l'Amour de Dieu pour le sermon final.

Envoyée de Lisbonne en 1590, l'image de Notre Dame de la Gloire arrive dans le village de Reritiba, où il a lieu la représentation d'un dialogue sous le titre « *Dia da Assunção, quando levaram sua imagem a Reritiba* » [« Jour de l'Assomption, lorsqu'on a apporté son image à Reritiba »], dont les personnages sont trois représentants des Indigènes tamoio, tupiniquin et tupinamba.

La fondation de nouveaux villages était aussi l'occasion d'organiser des fêtes religieuses avec la représentation de dialogues, comme celui qui porte le titre « *Na aldeia de Guaraparim* » [« Dans le hameau de Guaraparim »]. Entièrement composé en langue tupi, cet *auto* contient des éléments provenant d'autres pièces d'Anchieta et suit la structure typique de l'intrigue dans laquelle le village apparaît dominé par des démons, mais est finalement libéré à la fin par l'intervention de l'ange.

La réception de personnalités de la hiérarchie ecclésiastique est aussi l'occasion de représentations. Lorsque le père Marçal Beliarte, successeur d'Anchieta au provincialat, fait sa première visite dans les villages de la région d'Espírito Santo en 1589, il est accueilli avec un petit dialogue intitulé « *Recebimento que fizeram os Indios de Guaraparim ao Padre Provincial Marçal Beliarte* » [« Réception qu'ont faite les Indigènes de Guaraparim au Père Provincial Marçal Beliarte »]. Deux ans plus tard, l'administrateur apostolique de Rio de Janeiro, le père Bartolomeu

Simões Pereira, se retire dans la région pour confirmer les Indigènes baptisés. Il est reçu avec une représentation intitulée « *Crisma* » ou « *Recebimento do padre Bartolomeu Simões Pereira* » [« De la confirmation » ou « Réception du père Bartolomeu Simões Pereira »], dont il existe des parties dispersées dans le carnet d'Anchieta. En 1595 a lieu la réception solennelle du père Marcos da Costa, nommé Supérieur de la maison de Vitoria, à Reritiba. Le carnet contient des extraits d'une petite pièce intitulée « *Recebimento do Padre Superior Marcos da Costa* » [« Réception du Père Supérieur Marcos da Costa »].

Enfin, les fêtes des saints sont également célébrées avec des dialogues, comme l'*auto* de « *São Maurício* » ou « *Na vila de Vitória* » [« Saint Maurice » ou « Dans le village de Vitoria »], la pièce la plus longue du « carnet d'Anchieta », représentée en 1595. Le dernier *auto* connu d'Anchieta date de 1597, commandé par les confrères de la Miséricorde de Vila Velha pour la fête de la Visitation de Sainte Isabelle.

Si les titres attribués *a posteriori* aux « poèmes dramatiques » du « carnet d'Anchieta » rendent visibles leurs *leitmotive*, ils finissent par homogénéiser leur forme supposée, du fait de la stabilisation du texte en tant que pièce théâtrale. Quoi qu'il en soit, il semble clair qu'il ne pouvait y avoir de stabilité dans la composition ni dans la représentation de ces dialogues, puisqu'ils étaient conçus et mis en scène dans des circonstances extrêmement variables.

Dans l'ambiance coloniale, l'*auto*, qui remplit avant tout une fonction de commémoration des lieux de la hiérarchie religieuse et politique, s'adapte au rituel indigène de réception d'un personnage illustre : une fois accueilli à l'extérieur du village, le visiteur est conduit en procession jusqu'à la *taba*, dans le hameau, où il participe à un dialogue avec des interlocuteurs sous la forme d'un conseil de chefs, ponctué de plusieurs harangues, jusqu'aux adieux, accompagnés de danses, de musique et de chants.

Cette structure rituelle est présente dans l'*auto* colonial, notamment dans les pièces plus grandes, qui comportent toujours un dialogue central (divisé en deux parties, considérées a posteriori comme deux actes centraux), et où se concentre l'action dramatique, fondée sur une intrigue représentant le combat et la victoire finale du Bien sur le Mal. Le dialogue central est précédé d'une introduction (considérée comme un premier acte), généralement une composition récitée ou chantée, comme un prologue de salutation ou d'explication. Il est suivi de deux autres parties (ou quatrième et cinquième actes) : la première est une conclusion morale sous forme d'exhortation ou de sermon, et la seconde consiste en des adieux dansés et chantés. Dans les pièces plus courtes, il y a simplement une bénédiction du prêtre accueilli, la cérémonie du baiser de la relique, ou des chants d'adieux à l'image qui entre dans l'église.

Axées sur la pragmatique missionnaire, l'adaptabilité de ces pratiques lettrées aux « scènes mystiques coloniales » est donc évidente, soutenue par l'hétérogénéité caractéristique du genre dramatique. Celle-ci se caractérise par l'absence des trois unités prévues dans les préceptes aristotéliciens (lieu, temps, action), par la variété des langues et des personnages, et par l'utilisation d'éléments et d'un langage tantôt bas (*sermo remissus* ou *humilis*), tantôt sublime (*sermo gravis* ou *sublimis*).

Cette définition est conforme à celle des genres dramatiques médiévaux d'Erich Auerbach.

> [...] il n'y a pas lieu de séparer le sublime du commun et du quotidien, l'un et l'autre étant déjà indissolublement unis dans la vie et la Passion du Christ ; et il n'y a pas davantage à se soucier de l'unité de lieu, de temps ou d'action, car il n'existe qu'un lieu le monde ; qu'un temps : le présent, qui est contemporain de tous les temps ; et qu'une action : la Chute et la Rédemption de l'homme. Il est vrai que les mistères médiévaux ne représentent pas toujours le cours entier de l'histoire universelle ; les premiers ne nous en donnent que des fragments, ce sont le plus souvent des jeux de Pâques ou de Noël, issus des paroles de la liturgie ; mais l'ensemble de cette histoire est toujours présent à l'esprit des auteurs et exprimé figurativement ; à partir du XIVe siècle le cycle entier apparaît dans les mistères.
>
> Le réalisme quotidien constitue donc un élément essentiel de l'art chrétien du moyen âge et particulièrement du drame chrétien [...][11].

Dans les « scènes mystiques coloniales », l'instabilité discursive des *autos* – conformément aux caractéristiques du genre dramatique et à l'adaptation nécessaire à la « réalité quotidienne » – désigne une double finalité pragmatique par rapport à leur mise en écrit : d'abord, celle de la reproductibilité des dialogues, souvent en vue de représentations plus immédiates, courtes et simplifiées ; et ensuite, celle de la conservation de la relique manuscrite en raison d'un « fétichisme canonisant ».

11 Auerbach, Erich, *Mimésis. La représentation de la réalité dans la littérature occidentale*, Paris, Gallimard, 1977, p. 168.

Mais la variabilité de la composition, de l'exécution et de la réception de l'*auto* est également un indice du régime d'oralité dans lequel on doit toujours le situer. En ce sens, selon la typification des personnages, la voix est présente dans l'*auto* de manière très ostensible, non seulement dans son noyau dialogique, mais surtout dans les chansons, selon la coutume indigène dont Fernão Cardim donne la description :

> *São muito estimados entre eles os cantores, assim homens como mulheres, em tanto que, se tomam um contrário bom cantor e inventor de trovas, por isso lhe dão a vida e não no comem nem aos filhos. As mulheres bailam juntamente com os homens, e fazem com os braços e corpo grandes gatimanhas e momos, principalmente quando bailam sós. Guardam entre si diferenças de vozes em sua consonância, e de ordinário as mulheres levam os tiples, contraltos e tenores*[12].
>
> « Les chanteurs, hommes et femmes, sont très estimés parmi eux [les Indigènes], à tel point qu'ils deviennent de bons chanteurs et inventeurs de chansons, c'est pourquoi ils lui donnent la vie et ne le mangent ni lui ni ses enfants. Les femmes dansent avec les hommes et font de superbes danses et gestes avec leurs bras et leur corps, surtout lorsqu'elles dansent seules. Ils conservent entre eux des différences de voix dans leur consonance, et les femmes soutiennent généralement les voix tiples, les contraltos et les ténors. »

Dans l'*auto*, la typologie des personnages indigènes, caractérisés par leurs voix et leurs gestes, est accentuée par l'utilisation d'ornements dans les représentations, comme des diadèmes, des plumes d'oiseaux et des peintures corporelles, à côté des vêtements ibériques. Ce dispositif scénique est analogue au choix des langues parlées, considérant leur statut particulier à l'époque moderne. Au Portugal, le castillan était la langue des hommes pleins de dignité courtoise. Par exemple, dans l'« Auto da Barca da Glória » [« La Barque de la Gloire »], composé en 1519 par Gil Vicente, les personnages de haut rang, dotés de titres de noblesse (le Duc, le Comte), ainsi que les membres de la hiérarchie ecclésiastique (le Pape, le Cardinal, l'Évêque, l'Archevêque) et monarchique (le Roi), parlent tous castillan[13].

En plus d'attribuer une langue particulière aux personnages, il était possible, dans une même langue, de rechercher les effets dramatiques

12 Cardim, Fernão, S. J., *Tratados da terra e gente do Brasil*, Rio de Janeiro, J. Leite & Cia, 1925, p. 176.

13 *Cf.* Buarque de Holanda, Sergio, « Teatro jesuíta », *Folha da Manhã*, mercredi 26 septembre 1951.

de différents accents, représentés selon leur position hiérarchique ou leur fonction allégorique. La vocalisation – que ce soit par la parole, la récitation ou le chant – impliquait ainsi le conditionnement de la réception, selon les conventions orientées par les préceptes aristotéliciens tels qu'ils étaient exposés dans l'*Arte nuevo de hacer comedias* de Lope de Vega, rendant compte des affections de chaque type de personnage selon leur manière de parler.

Si hablare el rey, imite cuanto pueda
la gravedad real ; si el viejo hablare,
procure una modestia sentenciosa ;
describa los amantes con afectos
que muevan con extremo a quien escucha ;
los soliloquios pinte de manera
que se transforme todo el recitante,
y, con mudarse a sí, mude al oyente ;
pregúntese y respóndase a sí mismo,
y, si formare quejas, siempre guarde
el debido decoro a las mujeres[14].

« Si le roi parle, qu'on imite autant que possible
la gravité royale ; si le vieil homme parle,
qu'on adopte une modestie sentencieuse ;
qu'on décrive les amants avec des affections
qui émeuvent profondément ceux qui écoutent ;
qu'on peigne les soliloques de manière
à ce que le récitant se transforme,
et qu'en se transformant lui-même, il transforme l'auditeur ;
qu'on se questionne et qu'on se réponde à soi-même,
et, s'il l'on formule des plaintes, qu'on garde toujours
la bienséance due aux femmes. »

Dans le *corpus* poético-dramatique d'Anchieta, l'élection des langues est clairement exposée, par exemple, dans l'*auto* « Dans le village de Vitoria ». Représentée entre 1584 et 1586, la pièce raconte l'histoire de ce village d'où un ambassadeur de *Rio de la Plata* menace de retirer les reliques de Saint Maurice. Parmi les personnages se trouvent le Village, l'Ambassadeur, Saint Maurice, le Gouverneur, l'Amour de Dieu, la Crainte de Dieu, ainsi que Lucifer et son fidèle serviteur Satan. Ces deux

14 Lope de Vega, *Arte nuevo de hacer comedias en este tiempo*, Madrid, Catedra Ediciones, 2009 [1609].

derniers parlent depuis l'ouverture de la pièce, le premier en portugais, le deuxième en castillan. À la fin du dialogue, juste avant d'investir dans la tentation de Saint Maurice, Satan dépose dans l'humeur farouche des Castillans la raison du langage qu'il parle.

Esta mano
es mas fuerte que el tirano
para hacer negar a Dios
Per eso mudé mi voz :
para hablarle castelhano
y mostarme más feroz[15]...

« Cette main
est plus forte que le tyran
pour renier Dieu
Pour cela j'ai changé ma voix :
pour lui parler castillan
et me montrer plus féroce... »

Plus loin dans le même *auto*, le choix de la langue manifeste la hiérarchie sociale, cette fois-ci représentée par la tête du corps mystique impérial, le roi Philippe II d'Espagne. De sa voix féminine –, « On dirait une voix de jeune fille », s'exclame son interlocuteur –, le Village de Vitoria répond au personnage du Gouvernement qui vient s'enquérir de ses soupirs :

[*Governo*]
Mas não me tenhais a mal
Perguntar-vos, sem engano
(não vos virá nisso dano)
pois que sois de Portugal,
como falais castelhano ?

[*Vila de Vitoria*]
Porque quiero dar su gloria
a Felipe, mi señor,
el qual siempre es vencedor,
y por él habré victoria
de todo perseguidor[16].

« [Gouvernement]

15 Anchieta, José de, S. J., *Poesias*, *op. cit.*, p. 788.
16 *Id.*, p. 796.

Mais ne me méprenez pas
Si je vous demande, sans erreur
(Aucun mal ne vous arrivera)
Puisque vous venez du Portugal,
comment parlez-vous castillan ?

[Village de Vitoria]
Parce que je veux donner sa gloire
à Philippe, mon seigneur,
qui est toujours le vainqueur,
et pour lui j'aurai la victoire
sur chaque persécuteur. »

De la même manière, comme le conçoit l'*Arte nuevo de hacer comedias*, la polyphonie prend tout son sens dans le texte dramatique, en façonnant même sa métrique qui doit être conforme aux sujets figurés.

Acomode los versos con prudencia
a los sujetos de que va tratando :
las décimas son buenas para quejas ;
el soneto está bien en los que aguardan ;
las relaciones piden los romances,
aunque en otavas lucen por extremo ;
son los tercetos para cosas graves,
y para las de amor, las redondillas[17].

« Ajustez les vers avec prudence
aux sujets qu'il traite :
les dizains sont bons pour les plaintes ;
le sonnet convient bien à ceux qui attendent ;
les relations demandent les romances,
bien que les octaves brillent à l'extrême ;
les tercets sont pour les choses graves,
et pour celles de l'amour, les *redondillas.* »

Dans la poésie dramatique portugaise, le vers à sept syllabes – appelé « *redondilha maior* » – était le plus utilisé, considéré comme « populaire ». Dans les *autos* d'Anchieta en général, ce type de versification est employé dans les trois langues : portugais, castillan et tupi[18]. Cependant, chaque variation métrique est significative. Dans l'*auto* « Dans le village de

17 Lope de Vega, *op. cit.* « *Redondilla* », en castillan, désigne un quatrain d'octosyllabes à rimes embrassées. « *Redondilhas* », en portugais, sont des vers de cinq ou de sept syllabes.
18 Anchieta, José de, S. J., *Poesias*, *op. cit.*, p. 54.

Vitoria », par exemple, les vers suivent la métrique ibérique typique, à coupure brève, pendant la rencontre entre les personnages du Gouverneur et du Village de Vitoria, revenant ensuite à l'heptasyllabe, peu après leur confrontation[19].

Pour ce qui est de leur modélisation, l'adéquation des *autos* coloniaux aux catégories prévues dans les préceptes de la *Rhétorique* et de la *Poétique* aristotéliciennes qui traitent de l'*actio* ne pouvait sans doute pas être totale. Il est essentiel, cependant, de considérer ces représentations en tant qu'événements oraux dans lesquels les voix singulières sont figurées à travers des conventions de style collectivement partagées. Il faut rappeler, encore une fois, que ces pratiques fortement oralisées mettent en scène les affections de l'âme (*pathemata*), en les différenciant sonorement par des accents, des intonations, des intensités, des durées, etc., selon les préceptes du style des genres (haut, moyens ou bas).

Dans le cas de l'auto, la réception se faisait à différents niveaux. Tout d'abord, il y avait le public colonial de langue portugaise ou castillane, composé, d'une part, des membres de l'ordre des jésuites, évidemment impliqués dans ces événements commémoratifs de l'institution elle-même et du calendrier catholique, et d'autre part, des colons, participant aux mêmes circonstances festives. Les deux audiences possédaient une certaine compétence, plus ou moins grande, pour discriminer les différences de chaque affection de la voix et identifier la technique utilisée pour les représenter dans les discours, que ce soit par les différences de langues ou d'accents, ou encore par l'utilisation du vocabulaire élevé des saints, sentencieux des gouverneurs et rustre des démons.

Mais les *autos* s'adressaient particulièrement aux catéchumènes indigènes qui ne pouvaient supposer l'affection provoquée par la voix et la performance des personnages qu'à travers le mécanisme mimétique impliqué dans les énoncés et l'attrait visuel et sonore prescrit dans la représentation. En tout cas, dans ces pratiques lettrées, l'*actio* des personnages se réalisait par des gestes et des vocalisations propices à l'énonciation, devenant l'évidence des lieux hiérarchiques représentés.

C'est ainsi que Sergio Buarque de Holanda considère l'*auto* jésuite comme un véritable « catéchisme visuel », en raison de son universalité, visant à éduquer les Indigènes et les colons « dans l'amour et la crainte

---

19 *Cf.* Buarque de Holanda, Sergio, art. cité.

de Dieu[20] ». En général, ce sont précisément ces deux personnages qui occupent les épilogues des *autos*, en prononçant les sermons finaux. Et c'est justement cette « charge allégorique » de l'*auto* qui fait défaut dans les dialogues pédestres du catéchisme.

Selon João Adolfo Hansen, il existe deux types d'allégories, symétriquement inverses et complémentaires : l'une est constructive ou rhétorique, une manière de parler et d'écrire ; l'autre est interprétative ou herméneutique, une manière de comprendre et de déchiffrer. La première est celle que l'Antiquité et le Moyen Âge appelaient « allégorie des poètes », une technique métaphorique pour représenter et personnifier des abstractions. Il s'agit d'une procédure mimétique de l'ordre de la représentation, fonctionnant par ressemblance. L'autre, appelée « allégorie des théologiens », figurale ou figurative, n'est pas un mode d'expression rhétorico-poétique, mais relève de l'interprétation religieuse des choses, des hommes et des événements figurés dans les textes sacrés[21].

Mobilisant ces deux formes d'allégorisation, les voix des personnages la Crainte de Dieu et l'Amour de Dieu annoncent, dans les vers d'adieux de l'auto « De la Fête de saint Laurent », leur victoire sur le Mal et, enfin, la rédemption : « Par les prières vous obtiendrez le pardon, / et de l'ennemi, une victoire parfaite, / Après la mort vous verrez, dans la gloire, / le visage divin, avec une claire vision[22]. »

VOIX ALLÉGORIQUES DE L'*AUTO* DE SAINT LAURENT

Dans l'*auto* « De la Fête de saint Laurent », mis en scène vers 1587 dans le patio de la chapelle du saint, dans le noyau primitif de la ville de Niterói, l'union de différentes voix se réalise par excellence dans ce lieu hiérarchique de représentation qui définit les positions des personnages, des langues et des styles.

---

20 *Ibid.*

21 Hansen, João Adolfo, *Alegoria. Construção e interpretação da metáfora*, São Paulo / Campinas, Hedra / Editora da Unicamp, 2006, p. 7-8.

22 Anchieta, José de, S. J., *Poesias*, *op. cit.*, p. 742 : « *Por sus oraciones habréis el perdon, / y del enemigo, perfecta victoria, / Después de la Muerte veréis, en la gloria, / la cara divina, con clara vision.* »

Dans pratiquement tous les drames d'Anchieta, y compris dans les dialogues les plus simples, il y a toujours une intrigue marquée par l'action de démons qui veulent étendre leur œuvre maléfique, et d'anges ou de saints, qui obtiennent la victoire sur le Mal. Dans l'*auto* de saint Laurent, le dialogue dans lequel se déroule ce combat est une émulation du dialogue central de l'*auto* « La Prédication universelle », qui a généré plusieurs adaptations.

Une didascalie (ou une simple note) dans le « carnet d'Anchieta » indique que le dialogue entre les diables, les saints et l'Ange correspond au « deuxième acte » de l'*auto* de saint Laurent : « Dans le 2e acte, entrent trois diables qui veulent détruire le hameau avec leurs péchés, auxquels résistent saint Laurent, saint Sébastien et l'Ange Gardien, libérant le hameau et arrêtant les démons, dont les noms sont *Guaixará*, qui est le roi, *Aimberê* et *Saravaia*, ses serviteurs[23] ». Cette note serait la seule indication du fait qu'Anchieta aurait divisé ses *autos* en actes. Mais cela souligne davantage la centralité des personnages indigènes, certes diaboliques, dans la construction de l'intrigue dialoguée en tupi.

Anchieta visitait le Collège de Rio de Janeiro lorsqu'on préparait, de l'autre côté de la baie de Guanabara, les célébrations de la fête de saint Laurent. Il adapte alors l'*auto* « La Prédication universelle » avec une nouvelle introduction qui met en scène le martyre du saint célébré. Ensuite, les dialogues en tupi sont reformulés avec de nouveaux personnages, par l'introduction des démons et des saints protecteurs des villages, ainsi que des empereurs Decius et Valérien. La conclusion morale, avec les sermons des personnages Crainte de Dieu et Amour de Dieu, et la danse avant les Adieux sont également des adaptations faites en fonction des circonstances de la représentation.

La victoire sur l'ennemi constitue toujours le point culminant symbolique des intrigues des *autos* coloniaux, particulièrement à travers la caractérisation des personnages. C'est le cas de *Guaixará* et d'*Aimbirê*, chefs tamoios alliés aux Français, qui sont vaincus et tués lors de la campagne portugaise pour conquérir Rio de Janeiro, avec l'intervention

23 *Id.*, p. 684 : « *No 2º ato entram três diabos, que querem destruir a aldeia com pecados, aos quais resistem São Lourenço e São Sebastião e o Anjo da Guarda, livrando a aldeia e prendendo os diabos, cujos nomes são Guaixará, que é o rei, Aimbirê e Saravaia seus criados.* » Il n'y a pas, en effet, d'appareil didascalique établi dans ces *autos*. Dans « De la Fête de saint Laurent », on trouve quelques indications de ce type, inscrites dans le texte entre les strophes, comme le montre la reproduction diplomatique du « carnet d'Anchieta » dans le volume *Poesias*, de 1954.

victorieuse de saint Sébastien. *Aimbirê*, plus qu'un simple allié, est le beau-père d'un Français. Comme le raconte Anchieta dans une lettre de 1565, il s'échappe d'un navire, les fers aux pieds, et combat jusqu'au bout contre les Portugais[24].

Dans l'*auto* de saint Laurent, *Aimbirê* est celui qui présente les saints martyrs Laurent et Sébastien au cours de son dialogue avec *Guaixará*. C'est à ce moment que la « fondation lettrée » de la ville de Rio de Janeiro, conquise par les armes, est rappelée à travers la mention mythique de l'apparition de saint Sébastien au milieu de la bataille contre les Français, ce qui lui vaudra le statut de patron de la ville.

> [*Aimberê*]
> *Asepiák, erimbaé,*
> *Guaixará maranusú.*
> *Igára setá katú.*
> *Ereipytybõ jepé,*
> *eri aáni ! osýi murú…*
>
> *Karaíba nasetái.*
> São Sebastião, *aé,*
> *omondýk tatá sesé,*
> *imondýia. Nopytái*
> *amô abá maranápe*[25].
>
> « [*Aimberê*]
> J'ai vu, autrefois,
> la bataille de Guaixará.
> Il y avait de nombreux canoés.
> Même si tu les as aidés,
> Ô ! Ils ont fui…
>
> Il n'y avait pas beaucoup de chrétiens.
> Mais saint Sébastien
> leur a mis le feu,
> provoquant la panique.
> Personne n'est resté au combat. »

Le troisième diable, *Saravaia*, était vraisemblablement un Français se faisant passer pour un ami des Indigènes, et qui les trahit ensuite. On

24 *Cf.* le dernier sous-chapitre de la première partie du présent ouvrage.

25 *Id.*, p. 694 : « [*Aimberê*] *Eu assisti, outrora, / à batalha de Guaixará. / As igaras eram muitas. / Embora tu as ajudasses, / ó ! debandaram em fuga… // Não havia muitos cristãos. / Porém, São Sebastião / ateou fogo nelas, / causando pânico. Não ficou / ninguém na batalha.* »

suppose que son nom est une déformation du mot « Sauvage », révélant ainsi son caractère dissimulé, démasqué par les personnages de l'Ange Gardien et de saint Sébastien[26].

> [*Aimberê*]
> *Mbaépe ke túi opýka ?*
> *Andirá, ruape e ?*
> *Panamá, koipó guaikuíka ?*
> *Enerõ, kururú asýka !*
> *Eri, sariguéia e !*
>
> [...]
>
> [*Anjo*]
> *Abápe nde ?*
> [Saravaia]
> *Sarauáia,*
> *ajurujúb upiaroéra.*
> [*Anjo*]
> *Aipó ño pipó nde réra ?*
> [*Saravaia*]
> *Xe abé tajasuguáia.*
> *Xe mañána manembuéra...*
>
> [*Anjo*]
> *Ndeiteé nde ruumusú,*
> *abá ánga momoxyábo.*
> *Mbaé uúma, tajasú,*
> *oroapý korí jandú !*
> *Saravaia*
> *Akái ! Teumé xe rapyábo*[27] *!*
>
> « [*Aimberê*]
> Qu'est-ce qu'il y a de caché ici ?
> Serait-ce une chauve-souris ?
> Serait-ce un papillon ou une *cuíca* ?
> Allez, maigre *cururu* !
> Hé, putois !

---

26 *Id.*, p. 695, note 229.

27 *Id.*, p. 708 : « [*Aimberê*] *Que está aqui deitado escondido ? / Será, acaso, um morcego ? / Será borboleta ou cuíca ? / Vamos, cururu minguado ! / Eia, gambá !* [...] // [Anjo] *Quem és tu ? /* [Saravaia] *Saravaia, / inimigo dos franceses. /* [*Anjo*] *São só êsses os teus títulos ? /* [*Saravaia*] *Sou também porco doméstico. / Fui um espião mofino. //* [*Anjo*] *Por isso és sujo / e maculas as almas dos índios / Bôrra, porco / eu hoje te queimarei ! /* [*Saravaia*] *Ai ! Não me queimes* ! » « *Cuíca* » est un petit marsupial et « *cururu* » est un crapeau.

[...]

[Ange]
Qui es-tu ?
[Saravaia]
Saravaia,
ennemi des Français.
[Ange]
Ce sont juste vos titres ?
[Saravaia]
Je suis aussi un cochon domestique.
J'étais un espion malheureux.

[Ange]
C'est pourquoi tu es sale
et souille l'âme des Indigènes.
Scorie, cochon
Je vais te brûler aujourd'hui !
[*Saravaia*]
Aïe ! Ne me brûle pas ! »

À la fin du discours de l'Ange Gardien se trouvent quatre strophes semblables à celles de l'*auto* « La prédication universelle », faisant référence à la victoire à Rio de Janeiro, notamment aux noms des bastions ennemis, dans une énumération sensiblement assonante.

Opá – Paranapukú,
Jakutínga, Moroý,
Sariguéia, Guiryrý,
Pindóba, Pariguasú,
Kuruçá, Miapeý[28].

Tour à tour, Decius et Valérien incarnent l'orgueil et la lâcheté. Le castillan est la langue élue pour le dialogue entre les empereurs et les diables qui répondent avec des invectives, atténuées par une certaine ironie face à l'arrogance des tyrans, représentée par la dignité de la langue qu'ils parlent. *Aimberê* change alors de langue pour proférer des menaces :

[*Aimberê*]
Quiero hacerme castellano
y usar de policia
con Decio y Valeriano,

28 *Id.*, p. 713-714. « *Opá* » est traduit comme « Tous », faisant référence à tous les bastions énumérés.

porque el español ufano
simpre guarda cortesia[29].

« [*Aimberê*]
Je veux faire le castillan
et devenir policé
avec Decius et Valérien,
car l'Espagnol arrogant
garde toujours de la civilité ».

Lorsqu'ils brûlent dans le feu apporté par *Aimberê* et *Saravaia*, Decius et Valérien changent eux aussi de langue, et commencent à parler la langue des Indigènes *carijo*, c'est-à-dire le guarani des provinces du sud :

[*Valeriano*]
Xe, akái !...

[*Aimberê*]
¿Vinisteis del Paraguay ?
¿que habláis en carijó ?
Todas las lenguas sé yo.
Esepeña, Saravái !
Ko nde momboitába, ko[30] *!*

« [Valérien]
Pauvre de moi !...

[*Aimberê*]
Vous venez du Paraguay,
pourquoi parlez-vous carijo ?
J'ai appris toutes les langues...
Vas-y, Saravaia !
Ici, tes coups, ici ! »

Les termes de la réponse que Decius adresse alors à *Aimberê* manifestent le rapport évident entre l'arrogance et la défaite :

[*Décio*]
¡Oh miserable de mí, que ni basta ser tirano,
ni hablar en castellano !
¿Qué es del mando en que me vi ?

---

29 *Id.*, p. 725.

30 *Id.*, p. 726 : « [*Valeriano*] *Ai de mim... //* [*Aimberê*] *Viestes do Paraguai, / que falais em guarani ? / Todas as línguas aprendi... / Avança tu, Saravaia ! Aqui, teus golpes, aqui !* »

¿Qué es del poder de mi mano[31] *?*

« [Decius]
Oh, misérable que je suis, car il ne suffit ni d'être tyran,
ni de parler castillan !
Où est passée l'autorité que j'avais ?
Où est le pouvoir de ma main ? »

Non seulement le changement de langue, mais aussi les éléments scéniques distinctifs dénotent la fusion entre les diables et les empereurs païens. *Aimbirê* et *Saravaia* assument à partir de là les ornements des empereurs subjugués. Selon une didascalie, dans le « carnet d'Anchieta », « ils restent tous les deux [les diables] sur le terrain avec les couronnes des empereurs sur la tête [...][32] », au moment où le premier prononce son discours de victoire.

En se proclamant vainqueur, *Saravaia* prend un nouveau nom, comme dans le rite tupinamba[33], celui du chef indigène *Cururupeba*. Ce dernier s'était rebellé contre les ordres du gouverneur Mem de Sá interdisant le cannibalisme, et avait subi un châtiment exemplaire pour avoir tué et mangé ostensiblement ses esclaves de guerre lors de festivités.

Te ! Morapitiára ixé
angaipába sykyjéba,
morubixába jepé,
ajerók murú resé
xe réra "Kururupéba"[34] *!*

« Moi, vainqueur
des pécheurs redoutables,
bien que véritable chef,
pour cette raison
mon nom devient "Cururupeba" ! »

Une fois que les empereurs ont été entraînés en enfer par les démons, l'Ange Gardien entre en scène – dans ce qui est considéré comme le quatrième acte de la pièce – accompagné de la Crainte de Dieu et de l'Amour de Dieu pour prononcer les sermons d'Adieux [*Despedida*].

31 *Ibid.*

32 *Id.*, p. 732 : « *Ficam ambos no terreiro com as coroas dos imperadores na cabeça.* »

33 Fernandes, Florestan, « La guerre et le sacrifice humain chez les Tupinamba », Journal de la Société des Américanistes, Tome 41, n° 1, 1952, p. 139-220.

34 *Id.*, p. 732 : « *Eu, vencedor / de pecadores temíveis, / embora verdadeiro chefe, / mudam por isso / meu nome para "Cururupeba" !* » « *Cururupeba* » signifie littéralement « crapeau plat. »

Le feu est l'allégorie qui amalgame les deux personnages divins dans le discours final de l'Ange, en portugais, évoquant l'image du martyr saint Laurent, mort sur un gril.

> [*Anjo*]
> *Dois fogos trazia n'alma,*
> *com que as brasas resfriou,*
> *e no fogo, em que se assou,*
> *com tão gloriosa palma,*
> *dos tiranos triunfou.*
>
> *Um fogo foi o Temor*
> *do bravo fogo infernal,*
> *e, como servo leal,*
> *por honrar a seu Senhor,*
> *fugiu da culpa mortal.*
>
> *Outro foi o Amor fervente*
> *de Jesus, que tanto amava,*
> *que muito mais se abrasava*
> *com êsse fervor ardente*
> *que co'o fogo, em que se assava*[35].
>
> « [Ange]
> Il portait deux feux dans son âme,
> avec lesquels il a refroidi les braises,
> et dans le feu où il fut rôti,
> avec une si glorieuse palme,
> il triompha des tyrans.
>
> Un feu fut la Crainte
> du terrible feu infernal,
> et comme un serviteur loyal,
> pour honorer son Seigneur,
> il a fui la faute mortelle.
>
> L'autre fut l'Amour fervent
> de Jésus, qu'il aimait tant,
> qui brûlait bien plus
> de cette ferveur ardente
> que du feu dans lequel il se consumait ».

Le poème dramatique atteint alors son apogée dans les discours d'Adieux de la Crainte de Dieu et de l'Amour de Dieu, en castillan,

---

35 *Id.*, p. 733.

exaltant la « motte » initiale[36] annoncée au début du discours de chacun des personnages et dont la « glose » constitue bien entendu la matière des deux interventions. À la fin de l'annonce de chacun des « messages[37] », une strophe d'introduction des sermons en donne le sens : craindre et aimer le vrai Dieu[38].

À partir de la didascalie « DANSE exécutée lors de la procession de saint Laurent, par douze garçons[39] », on peut supposer le défilé final pour l'introduction de la statue du saint dans l'église. De manière cohérente, ces vers finaux ont été composés en tupi pour être chantés par les nombreuses voix qui accompagnent le cortège, louant le martyr saint Laurent.

En bref, dans l'*auto* « De la Fête de saint Laurent », trois démons parlent tupi, *Guaixará*, *Aimberê* et *Saravaia*. Allié des jésuites, l'Ange Gardien parle également en tupi avec les diables. Les empereurs Gentils Decius et Valérien étalent leurs exploits en langue castillane, mais après avoir été vaincus par les démons, ils commencent à parler guarani.

En ce qui concerne les langues du Brésil, Anchieta souligne dans son *Art de grammaire*, publié en 1595, les différences sonores entre les langues parlées du nord au sud de la côte. Les Indigènes du nord, dit-il, « des Pitiguares du Paraíba jusqu'aux Tamoio de Rio de Janeiro prononcent entièrement les verbes finis par des consonnes ». Ceux du sud, « les Tupi de São Vicente, qui se situent au-delà des Tamoio de Rio de Janeiro, ne

36 En ce qui concerne la poésie ibérique du XVIe et XVIIe siècles, « *mote e glosa* » en portugais, ou « *lema y glosa* » en castillan, peuvent se traduire en français par « motte et glose ». La « motte » est un court poème ou vers initial servant de thème, tandis que la « glose » est un commentaire ou une expansion de ce thème en vers. Dans ses notes, Anchieta décrit nettement ce procédé poétique, après l'annonce du « message » [« *recado* »] fait par les personnages : « *Glosa e declaração do recado* » [« Glose et déclaration du message »].

37 *Id.*, p. 734 e 739, respectivement. Ces « messages » sont transcrits, dans le volume *Poesias*, entre guillemets et en italiques, de manière à démarquer leur fonction en tant que « motte » du poème dont la « glose » s'ensuit.

38 Une note (sous forme de didascalie) annonce les personnages « *Temor de Deus, com seu recado* » et « *Amor de Deus, com seu recado* » [« Crainte de Dieu, avec son message » et « Amour de Dieu, avec son message »]. Le terme « recado », en portugais, signifie « message », et peut renvoyer à la notion de prudence, selon le sens donné dans le Dictionnaire de Bluteau à l'expression : « *Trazer a recado o pensamento, desvia-lo de objetos profanos, não permitir que se ocupe em matérias pecaminosas.* » [« Sauvegarder les pensées, les détourner des objets profanes, ne pas leur permettre de s'occuper de matières peccamineuses. »]. Bluteau, Raphael, *Vocabulario Portuguez e latino*, Lisboa, Officina de Pascoal da Sylva, Impressor de Sua Magestade, 1720, volume 7, p. 143.

39 *Id.*, p. 743 : « *DANÇA que se fez na procissão de São Lourenço, de doze meninos.* »

prononcent jamais la dernière consonne du verbe affirmatif[40] ». En effet, dans l'*auto* de saint Laurent, l'effet d'étrangeté produit par le changement de langues – mis en évidence par le discours d'*Aimberê* – ne pouvait pas passer inaperçu auprès des auditeurs indigènes.

Il faut dire la même chose des langues vernaculaires, le portugais et le castillan. L'Ange Gardien apparaît à la fin, parlant portugais, accompagné de l'Amour et de la Crainte de Dieu, qui, à leur tour, conseillent en castillan la charité, la contrition et la confiance en saint Laurent. Le saint martyr est ensuite enterré, et l'événement se termine par des danses et des chants rimés en tupi par les 12 petits garçons indigènes.

Quant aux personnages « intermédiaires », comme les compagnons des diables convoqués pour tuer les empereurs païens, leurs noms préfigurent la sauvagerie que manifestent leurs discours. Ce sont toujours des noms de chefs tamoio, vaincus par les Portugais, qui correspondent tous à des noms d'animaux. Voici ce que dit en tupi l'un deux, *Tatuarana*, en faisant défiler les noms de ses partenaires, *Jaguaraçu, Urubu* et *Caboré* :

> [*Tatuarana*]
> *Ko xe musuranusú.*
> *Taú korí ijybapuéra,*
> *Jaguarusú juguéra,*
> *iakanguéra Urubú,*
> *Kaburé setymambuéra*[41].

> « [*Tatuarana*]
> Voici ma *muçurana* épaisse.
> Je te mangerai les bras,
> Jaguaraçu le cou,
> Urubu le crâne,
> Caboré les jambes. »

Visiblement, dans l'*auto* de saint Laurent, les figures de l'Indigène, « ennemi de la colonisation », apparaissent comme l'incarnation du

40 Anchieta, José de, S. J., *Arte de grammatica da lingua mais usada na costa do Brasil* [...] *Em Coimbra per Antonio de Mariz, 1595*, p. 1-1v : « *des os Pitiguáres do Paraíba até os Tamôyos do Rio de Janeiro pronuncião inteiros os verbos acabados em consoante* [...] *os Tupis de São Vicente, que são alem dos Tamoios do Rio de Janeiro, nunca pronuncião a última consoante do verbo affirmativo* ».

41 Dans le premier verset, « *muçurana* » signifie une corde épaisse, utilisée dans le rituel cannibale. Anchieta, José de, S. J., *Poesias*, *op. cit.*, p. 721 : « *Aqui está a minha muçurana grossa. / Eu lhe comerei os braços, / Jaguaraçu o pescoço, / Urubu sua caveira, / Caborê as suas pernas* ».

diable. Ils sont parfois représentés par des personnages composites, dont le polylinguisme symbolise l'inconstance et l'impureté. L'efficacité persuasive particulière de ce type de théâtre hautement allégorique repose, en effet, sur la dramatisation de la victoire argumentative sur l'adversaire hérétique (diable, Français, barbare, Gentil, etc.), au sein d'un dispositif dans lequel se construisent les étapes successives de ce triomphe. En ce sens, les *autos* diffèrent des catéchismes, notamment parce que ces derniers mettent en scène l'Indigène « domestiqué » (« *manso* »), qui répond adéquatement aux questions, dupliquées dans les réponses, déjà soumis par la doctrine à la victoire d'un combat spirituel jamais exactement mené.

Si, dans les *autos* en général, le polylinguisme est lié aux formes de réception rhétoriquement préfigurées, dans l'*auto* de saint Laurent en particulier, l'efficacité du dispositif démontre à quel point, dans la région de Rio de Janeiro, il y avait un public massivement constitué de colons et d'Indigènes christianisés, familiarisé avec les langues vernaculaires dans lesquelles se faisaient toutes sortes d'échanges oraux.

Même le castillan était certainement connu des Indigènes de la côte, comme on peut en conclure à la lecture du témoignage de Fernão Cardim sur la mission qu'il a faite en 1584 avec le Père Visiteur Christovão de Gouveia dans un village indigène à Espírito Santo : « [...] les Indigènes ont représenté un dialogue pastoral en langues brésilienne, portugaise et castillane, et ils ont montré beaucoup de grâce lorsqu'ils parlaient les langues pèlerines, notamment le castillan. Il y avait de la bonne musique avec des voix, des flûtes, des danses, et nous sommes ensuite partis en procession vers l'église avec plusieurs autres inventions[42]. »

Dans la description, les « langues pèlerines » doivent être comprises selon le sens avancé en 1720 dans le *Vocabulaire portugais et latin* de Bluteau : « Une façon de parler non usée, et qui est plus étrange qu'admirable. Parole pèlerine. Étrange, non employée dans le style du pays, mais tiré d'un autre langage, et introduit de nouveau[43]. » De toute évidence, parmi les « langues pèlerines » entendues et imitées par les Indigènes,

42 Cardim, Fernão, S. J., *Tratados da terra e gente do Brasil*, Rio de Janeiro, J. Leite & Cia, 1925, p. 303 : « [...] *se representou pelos índios um diálogo pastoril, em lingua brasílica, portugueza e castelhana, e têm delles muita graça em fallar línguas peregrinas, maximé castelhana. Houve boa musica de vozes, frautas, danças, e d'alli em procissão fomos até a igreja com várias invenções* ».

43 Bluteau, Raphael, *Vocabulario Portuguez e latino*, Lisboa, Officina de Pascoal da Sylva, Impressor de Sua Magestade, 1720, volume 6, p. 416 : « *hum modo de fallar não usado,*

le castillan, langue impériale par excellence – qui prétendait occuper le sommet de la hiérarchie des langues vernaculaires depuis l'entreprise de Nebrija[44] –, était représenté à l'extrême opposé du tupi, rendant ainsi « audible » l'absence de catégories de cette langue générale. Puisque dans ces représentations les langues et les voix sont considérées en fonction de la « qualité » des locuteurs, le fait que les Indigènes faisaient preuve de « beaucoup de grâce » en imitant le castillan était peut-être un signe du triomphe de la tâche évangélique, présentée en spectacle au Père Visiteur.

De même, les dialogues montrent les effets des voix diaboliques, qui n'incarnent pas simplement le Mal. Dans l'*auto* de saint Laurent, le changement de langue dans le dialogue des diables avec les empereurs, marqué par l'ironie, le sarcasme et la vitupération affectée, manifeste notamment le caractère fanfaron, farceur, plaisantin, et en fin de compte, dissimulé de ces personnages. Comme l'observe encore une fois Fernão Cardim à propos d'un Indigène christianisé, déguisé en *Añanga* : « Les Indigènes célèbrent beaucoup cette figure, à cause de sa beauté, des tours et des gestes affectés qu'il fait ; dans toutes leurs fêtes, ils ont toujours quelque diable pour bien la célébrer[45]. »

La figure opposée, l'Ange Gardien, est un autre personnage composite, dont le contraste met en scène la victoire du Bien contre le Mal. Dans l'*auto* de saint Laurent, ce personnage apparaît paré de plumes, comme le dit l'un des diables à son propos : « Oh ! C'est quoi ça, / qui ressemble à un *canindé* bleu ? / On dirait un ara / [*Aimberê*] C'est l'Ange[46]… ».

Appelé en tupi « *karaibebé* » (ou « *caraibebé* »), terme qui signifie littéralement « caraïbe volant », l'Ange évoque la figure du « prophète ». Dès 1578, le huguenot Jean de Léry définit le rôle des Caraïbes parmi les Indigènes dans son *Histoire d'un voyage*, où il construit une critique

---

& que se estranha mais do que se admira. Palavra peregrina. Estranha, naõ usada no estylo da terra, mas tomada de outra linguagem, & novamente introduzida ».

44 *Cf.* Asensio, Eugenio, « La lengua compañera del Imperio. Historia de una idea de Nebrija en España y Portugal », *Revista de Filología Española*, vol. XLIII, n. 3/4, 1960, p. 399-413. *Cf.* aussi Daher, Andrea, *L'Oralité perdue. Essais d'histoire des pratiques lettrées (Brésil, XVIe-XIXe siècles)*, Paris, Classiques Garnier, 2012, p. 45.

45 Cardim, Fernão, S. J., *op. cit.*, p. 292 : « *A esta figura fazem os indios muita festa, por causa de sua formosura, gatimanhos e tregeitos que faz ; em todas as suas festas mettem sempre algum diabo para ser delles bem celebrada* ».

46 Anchieta, José de, S. J., *Poesias*, *op. cit.*, p. 719 : « *To ! añé, mbaépe ke / kanindé oby joasára ? / Ndojabýi murú arara /* [*Aimberê*] *Karaibebé aé…* » [« *Ó ! Que será aquilo / semelhante a um canindé azul ? / Parece arara /* [*Aimberê*] *É o Anjo…* »]. *Canindé* est un ara à gorge bleu.

de la fausseté de leurs propos en les comparant aux représentants de la papauté : « Il faut sçavoir qu'ils ont entre eux certains faux prophètes qu'ils nomment *Caraïbes*, lesquels allants et venans de village en village, comme porteurs de rogatons en la papauté, leur font accroire que communicants avec les esprits[47] ».

Un demi-siècle plus tard, le capucin Claude d'Abbeville atteste dans un chapitre de son *Histoire de la mission en l'Isle de Maragnan* l'importance de la croyance à ceux qu'il nomme également *caraybes* chez les Tupinamba, au moment de leur dernière grande migration qui aurait pris fin en 1609 : « [Le Diable] s'aparut à eux en forme d'un de leurs grands Peres discourant de leurs miseres & des moyens de s'en affranchir, & leur faisant entendre [...] que s'ils le vouloient croire et le suivre, il les feroit tous comme luy & les meneroit au Paradis Terrestre ou estoient les *Caraybes* ou Prophetes[48] ».

La traduction catholisante du tupi a fait du mot « caraïbe » un synonyme de « saint » ou de « sainteté », comme l'affirme Fernão Cardim[49]. Il est fort probable que l'allégorisation de l'Ange revêtu de plumes bleues, tel qu'on le voit dans l'*auto* de saint Laurent, ait joué un rôle important dans la fixation de cette conception, en « accommodant » ainsi les figurations indigènes et occidentales. Cela renferme aussi toute la pertinence de l'idée de l'*auto* en tant que « catéchisme visuel », proposée par Sergio Buarque de Holanda.

En tout cas, dans l'*auto* de saint Laurent, l'amalgame des éléments indigènes et de la morale chrétienne semble parfaitement incarné par ce personnage angélique. À travers ses énoncés, ses gestes et sa voix, il confirme l'acceptation de la doctrine chrétienne par les Indigènes, et bien au-delà, la conception d'une temporalité et d'une spatialité nouvelles qui définissent l'acceptation de la vie en « réduction ». Quant aux colons portugais, qui constituaient une part importante de l'audience, l'*auto* leur offrait sans doute, dans cette figure composite, définitivement associée au Bien, des éléments susceptibles de les intéresser pour contrer tout refus des Indigènes face à la colonisation.

47 Léry, Jean de, *Histoire d'un voyage* en la terre du Bresil [...], Genève, A. Chuppin, 1580, p. 240-241.

48 Claude d'Abbeville, *Histoire de la mission des Peres Capucins en l'Isle de Maragnan* [...] Paris, François Huby, 1614, p. 324.

49 Cardim, Fernão, *op. cit.*, p. 162. *Cf.* Clastres, Hélène, *La Terre sans Mal. Le prophétisme tupi-guarani*, Paris, Seuil, 1975, p. 46-47.

Enfin, dans les personnages de la Crainte de Dieu et de l'Amour de Dieu il n'y a, bien entendu, aucun aspect composite. Bien au contraire, ce sont eux qui doivent fixer les sujets représentés de manière stable et définitive dans la mémoire des spectateurs avec leurs sermons finaux en castillan.

L'approche du théâtre médiéval par Erich Auerbach, en particulier celle du *Mistère d'Adam*, qui fournit une interprétation importante du sens de la notion de « figura », est peut-être applicable à ces dernières allégories souvent présentes dans le *corpus* d'*autos* d'Anchieta. Auerbach analyse le moment où le personnage de Dieu, désigné justement par le terme de « figura », entre en scène pour introduire Adam et Ève au paradis et leur faire connaître sa volonté :

> On peut interpréter le mot [*figura*] comme une simple désignation à l'usage du prêtre qui avait à représenter, à « figurer » cette *dramatis persona* que l'on voulait éviter de nommer *Deus*, alors que les autres acteurs sont simplement nommés Adam, Ève, etc. Mais on peut aussi, et avec plus de vraisemblance, comprendre le mot en un sens figuratif, car bien que Dieu n'ait pas d'autre rôle, dans les événements mis en scène dans le Mistère d'Adam, que celui d'un législateur et d'un juge qui punit la transgression de sa loi, le Sauveur qui rachète l'humanité est déjà figurativement présent en lui[50].

Tupã lui-même ne saurait être un personnage de l'*auto* jésuite, puisqu'il ne pouvait vraisemblablement pas exprimer, dans la langue la plus appropriée, le castillan, et dans la forme la plus convenable, le sermon, la présence de la justice divine, comme le font la Crainte de Dieu et l'Amour de Dieu. C'est ce que laissent entendre les discours de ces personnages, en messagers de Dieu, faisant figurer sa Présence.

Par ailleurs, l'annonce faite par l'Amour de Dieu confirme le principe *Fides ex auditu* qui introduit la « glose » de sa parole adressée au « pécheur » : « Par ordre du Seigneur, / je te dis ce que tu as entendu / Ouvre tout ton sens, / pour que moi, qui suis son Amour, / je sois bien imprimé en toi[51] ».

Certes, l'allégorie était une caractéristique forte de l'*auto* portugais. Chez Gil Vicente, par exemple, le Monde, le Temps, la Prudence, la Pauvreté, l'Humilité, les Quatre Saisons, l'Église, la Foi, la Renommée,

---

50 Auerbach, Erich, *op. cit.*, p. 167.

51 Anchieta, José de, S. J., *Poesias*, *op. cit.*, p. 739 : « *Por mandado del Señor, / te dije lo que has oído / Abre todo tu sentido, / porque yo, que soy su Amor, / sea en ti bien imprimido.* »

la Forteresse, la Mort, le Monde, le Temps, la Prudence, la Pauvreté, etc. sont tous personnifiés[52]. Malgré les différences liées aux circonstances coloniales, le dispositif allégorique, largement utilisé dans les *autos* d'Anchieta, démontre que la représentation était avant tout politique, puisque ses formes mettaient en scène des positions (du sujet d'énonciation, des types représentés et du destinataire) intégrées aux lieux hiérarchiques, composées et définies en tant que re-présentation attestée par les publics empiriques.

Comme c'est typique du genre, la mobilisation d'éléments familiers dans le langage, les gestes, la musique, etc., aux côtés d'éléments liturgiques et sacrés, renforce l'effet polyphonique. L'expression, composée à la fois en style bas et sublime, permet à la réalité quotidienne de l'événement de participer au contexte historique universel. Dans l'*auto* de saint Laurent, la transposition en langue tupi de ce qui serait alors le ton pédestre du portugais, ajoutée au langage bas, identifiable dans la substance sonore assonante des termes, favorise la fusion des temps et des espaces, et fonde le présent de l'énonciation comme analogue du présent mystique de la conversion.

En somme, la pluralité linguistique et vocale s'entend dans l'unisson des voix, dans l'unité de lieu, de temps et d'action qui représente l'universalité du « drame chrétien de la Rédemption[53] ». Dans l'*auto* de saint Laurent, cela culmine dans la chanson finale qui marque la victoire sur le péché, chantée par les petits Indigènes en procession :

Toroitýk minerai vérole,
Pajé rerobiareýma,
Moraséia, mbyryrýma,
Karaí moñánga ndi.

Tupã rerobia katu
Sde pya Suisse ndoíri.
Toro guerobiá, où pýri,
Jandé rubete, Iesu[54].

52 *Cf.* Cardoso, Armando, « Introdução histórico-literária », Anchieta, José de, S. J., *Teatro de Anchieta*, *op. cit.*, p. 55.

53 *Cf.* Plancarte, Alfonso Mendéz, « Estudio preliminar », *Obras completas de Sor Juana Inés de la Cruz, Volume III, Autos y loas*, Mexique, Fondo de Cultura Económica, 1995, p. XIV.

54 Anchieta, José de, S. J., *Poesias*, *op. cit.*, p. 743 : « *Repudiemos nossos vícios, / Não crendo nos pajés, / Nem dançando, girando, / Praticando curandeirismo. // A grande confiança em Deus / De teu coração não fugiu. / Junto de ti, confiemos / Em Jesus, nosso verdadeiro pai* ».

« Réprimons nos vices,
Ne croyons pas aux chamans,
Ne dansons pas, ne tournons pas,
Ne pratiquons pas le charlatanisme.

La grande confiance en Dieu
N'a pas quitté ton cœur.
Avec toi, faisons confiance
En Jésus, notre véritable père. »

MONUMENTALISATION DU THÉÂTRE D'ANCHIETA

La production d'une unité auctoriale et formelle des *autos*, *a posteriori*, tels qu'ils ont été publiés au XXe siècle, est incompatible avec les circonstances mêmes de composition et de réception qu'ils avaient dans le passé colonial. En fait, s'il n'y a pas d'unité de lieux, de temps ou d'action dans l'*auto*, c'est parce que l'unité indissociable de l'ordre théologique, politique et rhétorico-poétique était à la base de ces pratiques lettrées à caractère salvifique. Leur mise en scène dans diverses circonstances festives promouvant la foi chrétienne accentuait, on le sait, la polyphonie et le polylinguisme, ainsi que l'utilisation concomitante d'éléments stylistiques de langage élevé et humble. Naturellement, les effets particuliers que ces caractéristiques produisaient ont été fortement atténués dans le cadre de la réception contemporaine de ces textes.

La monumentalisation des écrits de José de Anchieta, notamment à partir de la fin du XIXe siècle, était la condition *sine qua non* de sa consécration littéraire. Comme l'on a pu observer dans le cas des doctrines, le caractère très diversifié de sa production écrite, ayant des fonctions et des usages catéchétiques dans son temps, ne pouvait pas correspondre aux critères académiques et littéraires « modernes ». C'est précisément la fixation de sa forme narrative qui a renforcé, de manière anachronique, le caractère documentaire et esthétique de ses écrits, érigés finalement en œuvre attribuée à une psychologie auctoriale.

Parmi les catégories qui couvrent le *corpus* des textes compilés dans les *Monumenta Anchietana*, la « Poésie » est celle qui concentre, comme on a pu le constater, la plus grande valeur littéraire. Il n'est pas surprenant que la publication des œuvres complètes d'Anchieta ait été inaugurée en 1970 par le poème épique *De Gestis Mendi de Saa*. Cela est dû, premièrement, à la commodité de marquer son œuvre poétique par une épopée, avec ses exigences formelles et sa grandeur, d'une « abondance extraordinaire », comme l'écrit le père Armando Cardoso, responsable de l'établissement historico-littéraire et philologique des œuvres complètes du jésuite. Deuxièmement, parce que la publication de ce poème épique confirme le fait qu'Anchieta était son auteur, ce qui était jusqu'alors contesté, notamment par le célèbre historien jésuite Serafim Leite. Il a fallu de grands efforts au père Armando Cardoso, au fil des années, pour restituer définitivement l'*auctoritas* d'Anchieta à ce poème jusque-là apocryphe, publié pour la première fois en 1958.

Dans l'introduction historico-littéraire de Cardoso à *De Gestis Mendi de Saa*, à la question posée sur l'auteur de l'épopée – « Qui pourrait être un tel poète ? » –, la réponse catégorique est l'occasion d'ériger le monument : « Ce poète ne peut être que celui qui, dans quelques années (1563-1575), écrira un autre long poème, *De Beata Virgine Dei Matre Maria*, Frère José de Anchieta[55] ». L'évidence de la réponse permet d'esquisser dans son argument la figure d'un Anchieta humaniste, très propice à la construction de celle de l'homme de lettres : « [...] diplômé du cours d'humanités à Coimbra, professeur de latin à São Paulo et São Vicente[56] ». Cette épopée rejoint ainsi le *Poème à la Vierge* comme clé de la monumentalisation des écrits d'Anchieta, qui s'étendra quelques années plus tard à la « poésie dramatique ».

En 1954, la Commission pour le IVe Centenaire de la Ville de São Paulo a soutenu la publication par le *Museu Paulista* du volume intitulé *Poesias* [*Poésie*][57], contenant la transcription du « carnet d'Anchieta ». Les matériaux organisés dans cette collection selon des critères philologiques et diplomatiques représentent un pas en avant par rapport au véritable culte consacré à l'épisode du *Poème à la Vierge*, qui concentrait jusqu'alors l'expression maximale du jésuite poète.

55 Anchieta, José de, S. J., *De Gestis Mendi de Saa*, São Paulo, Edições Loyola, 1970, p. XX : « *Quem poderia ser tal poeta ? Esse poeta só pode ser quem daí a poucos anos (1563-1575) escreveria outro extenso poema, o De Beata Virgine Dei Matre Maria, o Ir. José de Anchieta.* »

56 *Id.*, p. 9 : « *formado no curso de humanidades em Coimbra, professor de latim em São Paulo e São Vicente* ».

57 Anchieta, José de, S. J., *Poesias*, *op. cit.*

Dans le domaine littéraire, le dispositif de valorisation mobilisé dans la certification de l'authenticité auctoriale replace généralement les textes dans un cercle de sociabilité, notamment dans les milieux intellectuels. En ce sens, le volume *Poesias* est exemplaire, sous deux aspects combinés : premièrement, il corrobore la force auctoriale de la reproduction en fac-similé de matériaux liés à l'activité « littéraire » d'Anchieta ; et deuxièmement, il propose leur soumission à un examen critique scientifique.

Depuis 1900, un volume historico-critique intitulé *Conferências anchietanas* [*Conférences anchietaines*] contient déjà quelques fac-similés de la main de José de Anchieta, issus de la collection privée d'Eduardo Prado, responsable de l'organisation des conférences en 1897 et de leur édition ultérieure[58]. Parmi les reproductions de portraits, une gravure extraite du recueil de Baltasar de Anchieta montre l'image du jésuite en écrivain, sous l'inspiration de la Vierge[59]. La présence de ces images et de documents « originaux » dans le livre, ainsi que le contenu des conférences faites par des hommes politiques, des hommes de lettres et des membres du clergé brésilien[60], indique une première entrée des écrits d'Anchieta dans un cercle de « bacheliers », encore très marqué par le caractère confessionnel, dans lequel ils seront soumis à une appropriation érudite.

Quelques années plus tard, un recueil publié en 1923 par Afrânio Peixoto, sous les auspices de l'Académie Brésilienne des Lettres, n'a pas manqué de situer « littérairement » les compositions poétiques d'Anchieta en portugais et en tupi. Cependant, les critères d'organisation de ce volume ont dissous les compositions du jésuite dans le caractère national qu'elles étaient censées représenter, en les plaçant côte à côte avec d'autres « *Primeiras letras* » [*Premières lettres*] – expression qui intitule le volume, parmi lesquelles se trouvent les poèmes d'Anchieta, le « dialogue de Jean de Léry[61] » et la « poésie musicale » indigène, tous mentionnés dans

58 *Terceiro Centenario do Veneravel Joseph de Anchieta : conferências preparatórias*, Paris, Aillaud, 1900. Eduardo Prado (1860-1901) était un intellectuel brésilien, membre fondateur de l'Académie Brésilienne des Lettres.

59 Anchieta, Dom Baltasar de, *Compendio de la Vida de El Apostol del Brasil* [...], Xerez de la Frontera, Juan Antonio Taraçona, 1677.

60 Il s'agit de Francisco de Paula Rodrigues, Américo de Novais, Manoel Vicente da Silva, Joaquim Nabuco, Brasílio Machado, João Pereira Monteiro, Couto de Magalhães, Teodoro Sampaio et Eduardo Prado.

61 Sur le « *Colloque de l'entree ou arrivee en la terre du Bresil, entre les gens du pays nommez Tououpinambauoults, & Toupinenkins en langage Sauvage & François* » de Léry, voir la deuxième partie de ce livre.

le sous-titre du livre[62]. Au premier abord, le recueil pourrait renvoyer à l'idée d'une « présence des voix » du passé colonial, mais son contenu nationaliste et didactique, qui cible la « matière littéraire du premier siècle [de la colonisation] », réduit encore une fois l'effet amplificateur de ces discours se référant à la vocalisation. Il suffit de noter que, dans la composition de ce livre, les discours en tupi ont été tous traduits en portugais, puisque, comme l'explique l'organisateur du recueil, il n'y avait « aucun avantage » à les transcrire dans leur langue originale.

Pour ce qui est de la présence de Jean de Léry dans le volume, on avance que « dans nos "Premières Lettres" le "Dialogue" [de Léry] manquerait[63] », autorisant ainsi le *Colloque* du huguenot à figurer aux côtés de la « littérature pieuse » d'Anchieta qui « éduqua et divertit les Brésiliens[64] ».

L'entrée définitive de l'œuvre d'Anchieta dans le cercle de l'érudition scientifique et littéraire de l'époque n'a été garantie que trois décennies plus tard, en 1954, avec la publication du livre *Poesias*, qui rassemble son *corpus* poétique, y compris une dizaine de « poèmes dramatiques ».

La présentation du livre par Herbert Baldus, directeur du *Museu Paulista*, situe déjà singulièrement la figure du jésuite dans le contexte de la « culture brésilienne », en tant qu'« unité nationale distincte ». Selon lui, les poèmes en tupi d'Anchieta « satisfont aux exigences de la linguistique moderne plus que tous les autres documents sur la langue du Brésil de l'époque[65] ». Destinée aux savants qui s'intéressaient aux « choses brésiliennes », la biographie du jésuite se dilue ainsi dans la description de « la vie de l'époque, [les] aspects culturels, sociaux et matériels », condition pour « pénétrer la personnalité du vénérable apôtre[66] ». La volonté légaliste, toujours très en phase avec les discours commémoratifs – et totalement compatible, bien entendu, avec le procès en faveur de la « Cause » de sa béatification – apparaît également dans cette partie paratextuelle du livre, avec la reproduction des lettres

62 *Primeiras letras. Cantos de Anchieta. O diálogo de João de Léry. Trovas indígenas*, Rio de Janeiro, A. Pinto, Annuario do Brasil, 1923.

63 *Id.*, p. 207 : « Nas nossas "Primeiras letras" o "Diálogo" faria falta ».

64 *Id.*, p. 19.

65 Anchieta, José de, S. J., *Poesias*, *op. cit.*, p. XVII : « *unidade nacional distinta* [...] *satisfazem mais às exigências da linguística moderna do que todos os outros documentos sôbre o idioma do Brazil daquele tempo* ».

66 *Ibid.* : « *vida de então,* [*aos*] *aspectos culturais, sociais e materiais* » [...] « *penetrar a personalidade do venerável apóstolo* ».

envoyées au provincial de la Compagnie de Jésus au Brésil et la réponse respective, suivie des remerciements finaux de Baldus.

Ensuite, la préface, signée par le grand défenseur de la « Cause » d'Anchieta, le père Hélio Viotti, va de pair avec les paratextes précédents : le recueil intégral de ses poèmes est pour lui le « premier monument littéraire du lyrisme et de l'art dramatique du Brésil[67] ». Soulignant l'imperfection et la partialité des rares publications antérieures, Viotti autorise enfin l'entrée triomphale de l'ensemble publié dans la sphère scientifique, philologique et littéraire de son époque. Soumis à un travail linguistique, ces documents uniques sont élevés au rang de « véritable portail de la littérature brésilienne[68] ». Les « hommes de lettres, tupinologues, historiens », ainsi que les intellectuels intéressés par les origines du théâtre brésilien de l'époque, sont tous répertoriés dans le texte[69]. Dans le même mouvement, le monument et son corps de spécialistes sont ainsi positionnés en dehors de la sphère confessionnelle, qui ne pouvait plus garantir pleinement la légitimité littéraire de l'œuvre d'Anchieta, dès lors placée sous « l'intérêt constant et désormais laïc » de la critique, toujours selon les termes du père Viotti.

L'architecture narrative du volume *Poesias* est divisée en deux grandes parties, intitulées « reproduction diplomatique » et « reproduction critique », celle-ci divisée en cinq parties : « A- Poèmes en portugais » ; « B- Poèmes en espagnol » ; « C- Poèmes en latin » ; « D- Poèmes en langue Tupi » ; « E- Poèmes Polylingues ».

Après une chronologie générale, le livre s'ouvre sur un facsimilé en double page du « carnet d'Anchieta ». Suivent des « Notes préliminaires » faites par la tupinologue Maria de Lourdes de Paula Martins, qui conditionnent la lecture selon des critères éditoriaux énumérés dans le texte[70]. Deux aspects concurrents, voire contradictoires, méritent être soulignés parmi ces notes.

Le premier aspect concerne la construction de la psychologie de l'auteur, clairement esquissée dans la note 7 : « l'examen des premiers poèmes révèle, en général, l'époque à laquelle l'auteur apparaît

67 *Id.*, p. XXI : « *primeiro monumento literário do lirismo e da arte dramática no Brasil* ».

68 *Id.*, p. XXII : « *verdadeiro pórtico da literatura brasileira* ».

69 *Ibid.* : « *Joaquim Norberto, Batista Caetano, Couto de Magalhães, Pereira da Silva, Silvio Romero, Luis Gonzaga Cabral, S. J., Eugênio Vilhena de Moraes, Celso Vieira, Armando Cardoso, S. J., Carlos Sussekind de Mendonça* ».

70 *Id.*, p. 9-14.

essentiellement lyrique et subjectif. Ce sont des pièces courtes et méditatives, presque toujours écrites en castillan, sa langue maternelle[71] ». Dans la note suivante, on constate la fin du caractère méditatif des poèmes qui deviennent « didactiques », de nature festive et religieuse, écrits en portugais et en tupi, lorsque le missionnaire échange « le fouet contre le mètre ». Enfin, la note 10 apporte une remarque sur la composition tardive des derniers textes du carnet, durant « la vieillesse d'Anchieta », fondée sur son écriture tremblante, ce qui conduit à l'observation mélancolique : « À la fin du carnet, Anchieta a vieilli. » Dans la note suivante, on émet l'hypothèse que le carnet aurait accompagné « toute la vie d'Anchieta jusqu'à ses derniers instants ».

Le deuxième aspect présent dans ces notes est l'affirmation du caractère hétéroclite du carnet, ce qui remet en question l'établissement de l'unité auctoriale de ces écrits, comme l'expriment les autres notes. Ainsi, la note 4 souligne le caractère incomplet du manuscrit. Puis, dans la note 6, le matériel est classé comme un ensemble intercalé de textes épars, contenant des répétitions, rangés dans un ordre non chronologique. La note 12 soulève d'éventuels doutes sur l'auctorialité de certaines pièces, étant donné « l'absence de signature ». Enfin, la note 14 indique l'absence ou la répétition de titres dans le « carnet d'Anchieta », ainsi que le critère d'attribution de nouveaux titres à travers l'élection du terme le plus marquant. En somme, si la question du caractère hétéroclite du carnet ne peut être ignorée, elle est clairement confrontée à la subjectivation auctoriale et à l'établissement des « phases » qui marquent la trajectoire de la composition poétique de José d'Anchieta.

Sans jamais abandonner la perspective subjective, la dernière note définit la vision historico-culturelle et la « portée intellectuelle » de la catéchèse comme condition de possibilité de l'œuvre, et aboutit à une liste d'adjectifs attribués à la « personnalité » de son auteur : « humble, passionnée, parfois rêveuse, mais presque toujours objective, pratique, laborieuse, énergique, puissante et, surtout, habile et capable[72] ».

En ce qui concerne particulièrement la langue tupi, la note 15 oriente la réception du volume *Poesias* dans un sens critique, vers la centralité

---

71 *Id.*, p. 10 : « *o exame das primeiras poesias revela, de maneira geral, a época em que o autor parece essencialmente lírico e subjetivo. São peças curtas, meditativas, escritas quase sempre em castelhano, sua língua natal* ».

72 *Id.*, p. 14 : « [...] *humilde, apaixonada, às vêzes sonhadora, quase sempre porém, objetiva, prática, laboriosa, enérgica, pujante e, sobretudo, habilidosa e capaz.* »

des rubriques « Poèmes en langue tupi » et « Poèmes polylingues », ces derniers correspondant aux *autos*. Par ailleurs, le terme « *auto* » n'apparaît pas dans ce volume, certainement parce que son titre imposant, *Poesias*, ne pouvait pas englober le registre plus « populaire » de ce genre de théâtre.

En tout cas, c'est à partir du volume de 1954 que le jésuite José de Anchieta est passé définitivement du statut de poète à celui d'auteur dramatique. Chaque « pièce » retranscrite est précédée d'une courte présentation historique, suivie d'informations sur le lieu de la représentation, la date, les personnages et le thème abordé. Vers la fin du volume, on trouve des reproductions photographiques avec des légendes explicatives qui visent, selon le texte de présentation, à reconstituer – avec toute sa dimension anachronique – l'environnement « historico-culturel » dans lequel les pièces ont été composées, à travers des images de lieux fréquentés par Anchieta ou d'objets qui lui seraient liés. Par exemple, la présentation de l'*auto* « Jour de l'Assomption, lorsqu'on a apporté son image à Reritiba » adopte un ton commémoratif vis-à-vis des objets du musée-reliquaire d'Anchieta, dont les reproductions photographiques illustrent le texte :

> *O turista pode hoje visitar com veneração e encanto a sua cela (4), transformado em pequeno museu religioso mantido pela Companhia de Jesus.* [...] *Uma cadeira antiga é tida como sua (5). Numa vitrine, em estojo de prata, ricamente forrado de veludo rubro, conserva-se um fragmento de osso (6). Sôbre uma mesinha, a imagem de Nossa Senhora da Assunção (7), provavelmente a mesma a que se deve referir a peça presente e que se destinou, parece, à sua recepção num 15 de agosto : o de 1579, talvez, ou posterior a êle, mas anterior, por certo, a 1597 (8)*[73].
>
> « Aujourd'hui, le touriste peut visiter sa cellule avec vénération et enchantement (4), transformée en un petit musée religieux entretenu par la Compagnie de Jésus. [...] Une vieille chaise est considérée comme étant à lui (5). Dans une vitrine, dans un écrin en argent, richement doublé de velours rouge, est conservé un fragment d'os (6). Sur une petite table, l'image de Notre-Dame de l'Assomption (7), probablement la même à laquelle doit faire référence la présente pièce et qui était destinée, semble-t-il, à sa réception un jour de 15 août, peut-être le 15 août 1579, ou après, mais certainement antérieur au 15 août 1597 (8). »

C'est précisément cette partie du volume, avec les transcriptions de la « poésie dramatique » du « carnet d'Anchieta », qui permet une plus

73 *Id.*, p. 563. Les numéros entre parenthèses font référence à des notes de bas de page qui renvoient aux images reproduites dans les pages suivantes. La note (8) informe que 1597 est la date de la mort d'Anchieta.

grande visibilité de la force de monumentalisation de son œuvre. L'effort érudit d'homogénéisation du carnet et la constitution conséquente d'un *corpus* poético-dramatique uniforme ont permis de rapprocher l'*auto* de la pièce de théâtre, divisée en actes et en scènes, ou standardisée, dans le cas portugais, selon le genre de composition de Gil Vicente. Comme cela a été démontré, le mot « *auto* », qui renvoie à « acte » – en l'occurrence, un acte unique – suggère qu'il s'agit d'un genre dramatique qui n'admet pas naturellement de divisions structurelles. En effet, la division en actes n'apparaît pas dans les manuscrits originaux d'Anchieta, et seule la note présente dans l'*auto* « De la Fête de saint Laurent » mentionne un deuxième acte.

Lorsqu'en 1977 est publié le troisième volume des *Monumenta Anchietana*, intitulé *Teatro de Anchieta* [Théâtre d'Anchieta], le terme « *auto* » est pleinement utilisé et la division en actes est adoptée dans toutes les pièces. Un paratexte anonyme dans ce même volume indique le chemin, au sein de l'œuvre d'Anchieta, qui va de la proéminence du caractère dramatique de sa poésie jusqu'au statut de monument de la dramaturgie nationale brésilienne :

> *Lembrança feliz teve o Pe. Armando Cardoso de destacar das Poesias de Anchieta aquelas que apresentam caráter dramático. Só assim o teatro anchietano terá o relevo que merece. Relevo de prioridade na literatura nacional. Relevo de importância cultural dentro da época e das circunstâncias em que surgiu.* [...] *O precioso estudo dos textos anchietanos, agrupados em doze autos, íntegros ou reconstituídos, mediante os fragmentos restantes, é o que de melhor se escreveu em torno da primitiva dramaturgia Brasileira.*
>
> « Heureux souvenir du père Armando Cardoso lorsqu'il a souligné, parmi les poèmes d'Anchieta, ceux qui ont un caractère dramatique. Ce n'est que grâce à cela que le théâtre d'Anchieta aura l'importance qu'il mérite. Une priorité pertinente dans la littérature nationale. Une priorité d'importance culturelle dans le contexte de l'époque et des circonstances dans lesquelles il est apparu. [...] La précieuse étude des textes d'Anchieta, regroupés en douze *autos*, complets ou reconstitués à partir des fragments restants, est ce qui a été écrit de mieux sur la première dramaturgie brésilienne. »

L'accent mis sur le contexte historique et culturel, depuis l'édition du volume de 1954, a garanti la « couleur locale » et la caractérisation finale de l'auteur comme dramaturge. L'édition du *Théâtre d'Anchieta* en 1977 vient couronner définitivement cette entreprise. Dans la présentation de ce volume des *Monumenta Anchietana*, le père Cardoso étale les arguments qui arrachent définitivement l'*auto* de l'instabilité de ses usages catéchétiques dans le passé, pour l'ancrer dans le sillage de « l'école de Gil Vicente » : « Il ne fait aucun doute qu'Anchieta a connu l'*auto* portugais du XVIe siècle, comme nous l'avons dit, à Coimbra [...] et même au Brésil, où les colons portugais les ont apportés[74] ».

L'activité d'Anchieta en tant que « dramaturge-apôtre », ou encore « saint dramaturge », comme l'écrit Cardoso, se réalise ainsi par sa propre conscience historique et culturelle, établissant sa contribution à la composition théâtrale depuis le XVIe siècle : « [...] pour élever l'Indigène primitif et le colon médiéval à un niveau supérieur de culture, Anchieta a deviné, dès le début et l'a confirmé bien plus dans sa vieillesse, qu'il n'existait pas de moyens plus puissants que le théâtre, surtout tel qu'il l'entendait, des pièces de théâtre dans lesquelles tous les arts audiovisuels concourent[75] ».

Bien entendu, la naturalité de la téléologie nationale de la littérature brésilienne inaugurée avec Anchieta ne s'est pas construite uniquement au sein des académies et des cercles intellectuels. Lorsque le premier volume des *Monumenta Anchietana* est sorti en 1970, publié par la Commission nationale pour les célébrations de la fête d'Anchieta, les bases politico-religieuses et scientifiques de la consécration auctoriale du jésuite étaient déjà établies. Il s'agissait d'achever le travail de construction de son œuvre littéraire entrepris dans les années 1930, et confirmé scientifiquement en 1954, en donnant une publicité et une portée historique nationale au monument érigé. Enfin, en 1980, le Brésil a eu son Bienheureux, et avec lui son premier poète et dramaturge.

La béatification d'Anchieta, en 1980, a eu des répercussions importantes dans la plus haute instance politique du Brésil, le Congrès national. Des discours y ont été prononcés le 24 juin de la même année, et publiés dans un livre contenant les contributions de certains parlementaires[76].

74 *Id.*, p. 53 : « *É fora de dúvida que Anchieta conheceu o auto português quinhentista, como dissemos, desde Coimbra* [...] *e mesmo no Brasil, para onde as trouxeram os colonos portugueses.* »

75 *Id.*, p. 24 : « *para erguer o índio primitivo e o colono medieval a um grau de cultura mais elevado, Anchieta adivinhou, desde o princípio e o confirmou muito mais na velhice, que não havia meio mais poderoso do que o teatro, principalmente como ele o entendeu, peças em que concorriam todas as artes audiovisuais* ».

76 *Homenagem a José de Anchieta. Discursos pronunciados pelos parlamentares Edison Lobão, Orestes Quércia e Luiz Vianna na Sessão Conjunta de 24.06.1980*, Brasília, Congresso Nacional, 1980.

Ces discours apologétiques faisaient appel aux lieux communs de la nationalisation de la littérature, notamment le nativisme poétique et linguistique[77]. Avec l'*auto* de saint Laurent, disait le ministre de l'Éducation Eduardo Portella, « [Anchieta] a instillé un sentiment nationaliste chez ses spectateurs, en jetant l'anathème sur les Français afin de les voir expulsés de notre territoire pour que, tout au long de notre extension, nous formions, comme nous le faisons, un unique État lusophone[78] ».

Quelques années plus tard, en 1986, son successeur, Jorge Bornhausen, attribuait au jésuite le titre de « Fondateur de la littérature et du théâtre brésiliens ». Avec Anchieta, le Brésil avait désormais la mémoire d'un poète et d'un dramaturge ancrée dans un passé primordial, et la promesse d'un saint orientée vers un avenir propice pour la nation.

Il est évident que la construction de l'auctorialité subjective répond parfaitement aux vicissitudes de la représentation nationale de la modernité. Soumis à cette exigence, les *autos* d'Anchieta, institués comme « œuvre dramatique », ont été extraits de leurs conditions de composition et de représentation dans les « scènes mystiques » du passé, dépassés par l'idée même du génie de l'auteur qui rend inaudible toute présence possible des « voix coloniales » dans ces monuments textuels contemporains.

77 *Id.*, p. 11.

78 *Id.*, p. 12 : « [*Anchieta*] *insuflou em seus espectadores o sentimento nacionalista, anatematizando os franceses a fim de vê-los expulsos de nossa terra para que, em toda nossa extensão, formássemos, como formamos, um Estado único de fala portuguesa* ».

LES VOIX DU SALUT DE L'ÂME INDIGÈNE

Le catéchisme, destiné au cadre strict de la relation entre catéchiste et catéchumène, ainsi que l'*auto*, représenté dans des circonstances publiques de célébration, sont autant d'instruments lettrés qui mettent en évidence l'efficacité de « l'appareil exégétique chrétien[1] » dans le contexte colonial. Du point de vue de l'oralité, les voix qui véhiculent la répétition mimétique du premier et les manifestations festives du second restent sous une forme résiduelle dans l'écriture, à partir de l'effet de présence que ces formes dialogiques produisent.

Ces textes catéchétiques étaient réglés selon le *décorum* de chaque genre, dans sa double dimension, interne et externe. La première se réfère à l'harmonie des parties du discours, et la seconde à son adéquation aux modalités de réception, compte tenu de la circonstance, du lieu et du public. En faveur de la convenance entre les ornements et la matière, le traitement stylistique devait être proportionnel aux sujets bas, ainsi qu'aux sujets moyens ou sublimes, qui requièrent des énoncés respectivement plus simples et plus élevés. Un genre élevé comme la tragédie ne peut pas englober, par exemple, un terme grossier, plus adéquat à la satire. En contrepartie, dans le but de démontrer l'humilité et le détachement de l'orateur, l'utilisation d'une élocution ingénieuse, criblée de nombreux ornements, dans le sermon n'est pas recommandée, mais convient parfaitement à la poésie lyrique. Dans le drame, à son tour, la vraisemblance des représentations dépend aussi de l'ajustement du discours en fonction des personnages.

Dans les genres dialogiques représentant des énonciateurs indigènes, la parole est principalement soutenue par la prosopopée, figure de style qui signifie « faire sonner la voix d'un autre » et qui produit également l'*ethos* de celui qui parle à travers la personnification. C'est cette même

1 De Certeau, Michel, « Etno-graphie. L'oralité ou l'espace de l'autre : Léry », *L'Écriture de l'histoire*, Paris, Gallimard, 1975, p. 215.

figure qui permet les quelques transcriptions en discours direct dans la correspondance des jésuites, où la voix presque inaudible d'un Indigène anonyme s'exprime toujours en portugais.

« VOIX ET PERSONNAGE D'AUTRUI »

Il est possible de rendre compte des effets de vivacité et de présence de la voix, tant dans les dialogues doctrinaux que dans les *autos* d'Anchieta. La centralité de certaines figures de style dans ces discours présuppose des formes de relation dialogique toujours liées aux affections de l'âme (*pathemata*), à l'intérieur d'un ensemble de techniques d'amplification (*enargeia*).

Dans les pratiques de composition du matériel catéchétique, les discours des Indigènes sont produits rhétoriquement à travers la figure de la prosopopée, comme c'est le cas dans l'*auto*, étant donné qu'il s'agit d'une variante de la réalisation de l'allégorie (*fictio personae*). D'une manière certainement moins accentuée, en raison de la charge doctrinale et du caractère fortement modélisé du discours, lorsqu'on représente dans les catéchismes une voix indigène qui « entonne » un énoncé, se produit également l'effet prévu dans la prosopopée, qui consiste à « faire parler un absent ». Sa présence est simplement imitative, non seulement par une « fiction de la voix », mais aussi par la modélisation des affections qui donne corps aux personnages personnifiés par l'intonation, la durée et l'intensité de la voix. Ce dispositif établit aussi, bien entendu, la différence temporelle entre le passé de la langue sauvage et le présent de la langue soumise au modelage grammatical et rhétorique que le disciple énonce.

En effet, la simplicité élocutive des dialogues doctrinaux d'Anchieta, équivalant à une imitation du ton pédestre du discours dialogué, présente le locuteur indigène comme *infans*, attestant d'un aspect important de la manière dont on entendait sa parole[2]. Cette approche est évidente

2 *Cf.* Moreira, Marcello, « Uma história das práticas letradas : homenagem a Andrea Daher por Roger Chartier, Hélio Guimarães e Marcello Moreira », *Topoi*, Rio de Janeiro, v. 20, n. 41, p. 268-301, mai/août, 2019, p. 293.

dans le genre pédagogique qu'est le catéchisme, dont les destinataires, dans nombre de ses formes originales, sont « les rudes et les enfants ». En revanche, dans l'*auto*, il s'agit plutôt de « l'usage rhétorique de la simulation parfaite d'un acte linguistique d'autrui[3] ». Dans la perspective ramiste de Fouquelin, il s'agit de « Prosopopeie ou sermocination », qui serait une « figure de sentence par laquelle nous, de notre voix & action, contrefaisons & representons la voix & personnage d'autruy[4] ».

En effet, les rhéteurs ibériques identifiaient également la prosopopée à la « sermocination », qui consiste, selon la *Rhétorique à Herennius*, à attribuer une parole ou une action selon la dignité (le *décorum* ou la convenance) du locuteur ou de l'agent. Cet accent mis sur la dignité a conduit à l'appeler étopée (*etopeia*), qui serait une imitation du caractère d'une personne qui parle hypothétiquement, selon les *Progymnásmata* d'Hermogènes. La « sermocination » est rare dans le discours indirect et peut prendre la forme d'un monologue, d'une réflexion spirituelle, et surtout d'un dialogue. Le dialogisme est une variante de la « sermocination », considérée comme une forme de « séparation » de la parole par le locuteur, qui introduit les paroles d'un autre, c'est-à-dire qui reproduit directement son discours[5]. La prosopopée et le dialogisme s'articulent particulièrement comme des dispositifs déclamatoires centraux dans le genre dramatique, bien connus des missionnaires qui les pratiquaient dans les exercices préliminaires des disputations orales au sein des écoles jésuites.

On peut arriver à la conclusion que c'est dans le cadre de la pragmatique des discours, favorisant le transit du sens entre les « voix coloniales », que sont données les conditions de construction des figures particulières de l'Indigène : soit dans la répétition des catéchismes par le disciple, selon l'*actio* des caractères, déterminant la vocalisation et la performance corporelle convenables ; soit dans la représentation de l'*auto*, lorsque la disposition des personnages s'opère selon une typologie de caractères, comme mise en scène dramatique du rapport hiérarchique réfracté dans

3 *Cf.* Garavelli, Bice Mortara, *Manual de retórica*, Madrid, Cátedra, 1991, p. 303 : « Es la *mímesis* ou *imitatio*, que quando reproduce también el continente, el tono de voz, los tics linguísticos, etc., de la persona cuyas palavras se reproducen, se classifica bajo la *etopeya* [...] o aprovechamiento retórico de la simulación perfecta de um acto lingüístico de otro. »

4 Fouquelin, Antoine de, *La rhetorique françoise d'Antoine Foclin de Chauny en Vermandois* [...], Paris, André Wechel, 1555, p. 86.

5 *Cf.* Garavelli, Bice Mortara, *op. cit.*, p. 303.

les langues et le style utilisés dans l'énonciation. Évidemment, dans les deux cas, les *dramatis personae* – les personnages de l'*auto*, ou bien le maître et le disciple qui dialoguent dans les catéchismes – occupent des positions hiérarchiques, constituant, à partir de leur implication dans la dynamique de la performance, un répertoire de valeurs et de raisons légitimes pour renforcer les fondements métaphysiques qui régissaient la conquête des âmes et la soumission des corps à la hiérarchie sociale de l'empire lusitanien.

Dans les deux cas également, il s'agit toujours de produire de l'émulation, tant dans la parfaite communion dialogique entre catéchiste et catéchumène, reproduite à chaque répétition des dialogues doctrinaux comme consonance des voix, que dans les étapes de la victoire du Bien dans les *autos*. La « mise en scène dialogique » garantit toujours la présence ostensible de la bonne proportion de la parole catholique, qu'elle soit énoncée par l'Indigène, disciple hypothétique dans les catéchismes, ou par les *personae* incarnées allégoriquement (le diable et ses serviteurs, l'ange, etc.) dans les *autos*, ou encore chantée par des récitants et des chanteurs dans un contexte festif.

Enfin, s'adressant à un public plus large, l'efficacité persuasive particulière de ces genres catéchétiques repose sur la dramatisation de la victoire sur l'hérésie. En général, les figures de l'Indigène qui résultent de ces pratiques de représentation incarnent ce triomphe de différentes manières.

Dans le cas du catéchisme, on le sait, l'« Indigène domestiqué » répond de manière appropriée, en doublant les questions posées dans les réponses. On peut ainsi supposer que chaque énoncé répété par l'Indigène-disciple comporte une figuration « intérieure », semblable au soliloque augustinien. Cette figuration est identifiable à travers l'implication des techniques de *disputatio*, l'articulation des rôles du maître et du disciple et la mobilisation de la parole comme manifestation des facultés de l'âme. Dans l'*auto*, la typologie des personnages est très large, allant des *fictio personae* aux référents empiriques et historiques, à l'instar de l'*auto* de saint Laurent, dont le caractère hétérogène des personnages représente, au moment de chaque énonciation, les conditions pour la subordination de tous les sujets représentés au corps politique de l'État portugais. En outre, le dialogue doctrinal et l'*auto* jésuites étaient performés à plusieurs reprises afin de réaliser la prescription de la « mémoire du dit ». Tous deux s'inscrivaient donc dans un régime d'oralité fort : dans l'imitation orale exigée par ces performances, un *pneuma* chrétien rythmait le discours de l'Indigène dans sa langue, avec les pauses et les respirations qui accompagnaient la performance gestuelle, telle qu'elle était codifiée dans chacun des genres[6].

En Amérique, bien que les conditions d'écriture et de circulation des catéchismes (sous forme de carnets portatifs manuscrits ou parfois imprimés) et des *autos* (liés aux exigences particulières de la représentation dramatique, conservés *a posteriori* sous des formes manuscrites hétéroclites) diffèrent, ces deux genres convergent véritablement en ce qui concerne l'oralité : ils semblent dépasser le caractère éphémère de l'oral en stabilisant la voix indigène au moment de son « effectuation », dont la trace, plus ou moins effacée, demeure dans leurs formes écrites. Cela était particulièrement notable lorsque ces textes étaient soumis à de nouvelles réceptions par la lecture, une fois que les copies les avaient fixés, et qu'elles étaient utilisées pour promouvoir de nouvelles conversions, que ce soit par des missionnaires préparant de futures missions ou par des lecteurs engagés dans la propagation de la foi catholique à travers le monde.

C'est en ce sens que, dans l'*auto* de saint Laurent, on peut entendre une « voix off » de la bouche des Indigènes, notamment ceux qui prêtent leurs noms aux diables dans la scène de la victoire, difficile mais définitive, de la foi chrétienne sur l'hérésie. À la lecture des catéchismes, cette « voix off » véhicule la parole d'un Indigène-modèle, universalisée par des contenus codifiés dans les lieux communs doctrinaux, tels qu'ils étaient censés être répétés dans le passé et tels qu'ils pourraient l'être dans le futur, des temps unifiés par la Présence selon les conceptions scolastiques.

Il est clair que les voix indigènes – dont la stabilisation a produit des effets notables sur la circulation des énoncés dans le milieu colonial – ont une présence simplement résiduelle dans les formes écrites, qui tendent insidieusement à provoquer leur exclusion. Loin de la vaine prétention de les rendre audibles, tout effort critique doit viser à mettre en évidence ces effets dans l'ordre du discours et à rendre compte de leur condition toujours tendue, entre présence et absence.

---

6 À propos de la poésie en tupi, *cf.* Hansen, João Adolfo. « Anchieta : Poesia em tupi e produção da alma », éd. Abdala Jr., B. & Cara, Salete de A., *Moderno de nascença : figurações críticas do Brasil*, São Paulo, Boitempo, 2006.

LE CORPS QUI MANQUE DANS LA PAROLE

Bien évidemment, les préceptes qui régissent la composition des discours à imiter dans les catéchismes et les *autos* ne correspondent pas aux techniques descriptives qui sont à la base de l'exercice de la correspondance jésuite. Il est possible toutefois de considérer les effets de conformation de la parole indigène en langue générale, modelée par ces discours, mettant en évidence les dynamiques entre l'oral et l'écrit. En effet, en dehors de ces deux genres dialogiques qui prescrivent la présence de la voix – mais qui ne transcrivent pas la parole –, il est possible de retrouver, sous certaines conditions, quelques traces de la parole indigène dans la correspondance des jésuites.

Les directives établies en 1547 par Ignace de Loyola, avec le soutien de son secrétaire, le père Polanco, requéraient que les lettres reflètent en détail les activités de la Compagnie de Jésus, allant au-delà des « choses d'édification ». En pratique, cela se traduisait par une systématisation de la forme et du contenu qu'elles transmettaient, mesures qui ont servi de moyen disciplinaire sur l'écriture de la correspondance et ont assuré une production régulière, ainsi que la diffusion d'informations sur les actions des jésuites dans le monde, tout en consolidant le contrôle interne de l'ordre.

La correspondance des jésuites suivait les préceptes de l'*ars dictaminis*, systématisé depuis le XIIIe siècle, qui prévoyait, à l'intérieur d'un modèle rigide, l'adéquation des énoncés à leur destinataire, aux sujets, types et thèmes représentés. Ainsi, en dramatisant les représentations des Indigènes et des colons, la correspondance constituait un élément reproducteur de subordination hiérarchique, leur destinataire étant généralement un coreligionnaire de statut supérieur. Le style de narration moyen des matières comprenait de courtes descriptions de types et d'événements locaux, et la mobilisation de caractères graves rendait finalement vraisemblables les jugements de l'épistolier sur les événements racontés, démontrant la prudence des missionnaires et des gouverneurs par rapport à l'entreprise coloniale.

La lecture des lettres était une pratique courante parmi les religieux qui, en entendant les sujets édifiants jusqu'à l'aube, pleuraient pour exprimer leur intense émotion, souhaitant pour eux le même sort que celui de leurs coreligionnaires martyrisés. Par un effet spéculaire dans les descriptions véhiculées, les missives contenaient souvent des manifestations de voix sous forme de pleurs, de gémissements et de cris des catéchumènes, correspondant à la joie obtenue par le sentiment d'élévation spirituelle procuré par la révélation des vérités de la foi.

Les exemples de descriptions de scènes de pleurs par des Indigènes sont fréquents dans toute la correspondance jésuite, comme le montre un épisode tiré d'une lettre d'Anchieta de 1561, qui met en scène, dans des conditions édifiantes, une « voix en pleurs » :

> *Enquanto eles* [*os Indígenas*] *andavam em guerra, meu ofício consistia em ajudá-los com orações públicas e particulares, repartindo a noite de maneira que sempre havia oração até de manhã, e acabada a oração cada um tomava sua disciplina, e o mesmo faziam muitas mulheres devotas, e as mestiças fazendo sua disciplina, vigilia, e oração : e ordenou Nosso Senhor que a batalha se désse em dias de sua paixão, nos quais eram tantos os gemidos, choros, e disciplinas no fim dos oficios, de joelhos, assim os de casa como os de fora, que toda a Igreja era uma voz de pranto que não podia deixar de penetrar os Céus, e mover ao Senhor a ter misericordia de nós outros* [...][7].
>
> « Pendant qu'ils [les Indigènes] étaient en guerre, mon travail consistait à les aider dans les prières publiques et privées, en répartissant la nuit de telle manière qu'il y avait toujours une prière jusqu'au matin, et une fois la prière terminée, chacun prenait sa discipline, et beaucoup de femmes pieuses faisaient de même, et les métisses faisant leur discipline, veillée et prière : et Notre Seigneur ordonna que la bataille ait lieu les jours de sa passion, où il y avait tant de gémissements, de cris et des disciplines à la fin des offices, à genoux, tant à l'intérieur qu'à l'extérieur, que l'Église entière était une voix en pleurs qui ne pouvait manquer de pénétrer dans les cieux et de pousser le Seigneur à avoir pitié de nous [...] ».

La représentation d'une femme indigène qui pleure lors de l'apparition du diable, *Aimberê*, se trouve également dans une didascalie de l'*auto* « De la Fête de saint Laurent » : « Il s'assoit sur une chaise et une vieille femme vient en pleurant auprès de lui, et il l'aide, comme le font les Indigènes, et elle, après avoir pleuré, croyant avoir été trompée, dit : [...][8]. »

---

7 Anchieta, José de, S. J., *Cartas, Informações, Fragmentos históricos e Sermões (1554-1594), op. cit.*, p. 172.

8 Anchieta, José de, S. J., *Poesias, op. cit.*, p. 687 : « *Senta-se numa cadeira e vem uma velha a chorá-lo, e ele ajuda-a, como fazem os índios, e ela, depois de chorar, achando-se enganada, diz :* [...] ».

Dans les circonstances indiquées dans la missive et dans l'*auto*, la « voix en pleurs » de la pratique chrétienne semble se joindre – et peut-être se superposer – à la « salutation larmoyante » des Tupinamba[9]. Il s'agit, dans ces manifestations, de « parole sans paroles » : « Les émotions les plus intenses, dit Paul Zumthor, suscitent le son de la voix, rarement le langage[10]. »

Cependant, c'est le langage vocalisé, c'est-à-dire la parole indigène, qui semble poser problème dans la correspondance des jésuites. Sa reproduction renvoyait à la question épineuse de la rectitude de la langue, puisque les énoncés des Indigènes ne semblaient pas correspondre à l'idéal de « bien parler » qu'exigeait le caractère édifiant des missives.

Dans une lettre adressée à ses coreligionnaires en 1561, dans laquelle il raconte une mission des jésuites dans la région d'Ilhéus, le père Leonardo do Valle opère à l'intérieur du *topos* de la disproportion de la parole indigène, reproduisant un discours d'un autre missionnaire adressé au Principal d'une tribu locale par l'intermédiaire d'un interprète, dans les termes suivants :

> [...] *o Principal, que por ventura estava bem fóra de saber que cousa eram Padres nem bautismo,* [...] *por palavras claras começou de dar signal do descontentamento que tinha do que o Padre pretendia, ao que elle respondeu por um lingua, não com prolongas de palavras nem subtis argumentos, sinão com uma manha e poucas palavras, conforme a capacidade delles, como quem bem lhe tem tomados os pulsos e sabe seu modo e phrases de fallar, dizendo : Bem entendo eu que te não queres te ajuntar, mas direi eu : não vim eu pera fuão sinão pera os outros, dando a entender que tal era elle, que seria tido por indigno de tão bôa cousa vir pera elle e que não alcançara o que os outros*[11].

> « [...] le Principal, qui était peut-être loin de savoir ce qu'étaient les prêtres ou le baptême, [...] commença à manifester en termes clairs son mécontentement par rapport aux intentions du Prêtre, ce à quoi il [le Prêtre] répondit par un interprète, et non par des paroles prolongées ou des arguments subtils, mais avec ruse et peu de mots, selon leurs capacités, comme quelqu'un qui a bien pris son pouls et connaît sa manière et ses phrases lorsqu'il parle, en disant : je comprends bien que tu ne voulais pas te réunir, mais je dirai : je ne suis venu pour untel, mais pour les autres, sous-entendant qu'il était untel, qu'il

9 Sur ce sujet *cf.* Lestringant, Frank, *Jean de Léry ou l'invention du sauvage. Essai sur l'Histoire d'un voyage faict en la terre du Brésil*, Paris, Classiques Garnier, 2016, p. 206-211.

10 Zumthor, Paul, *Introduction à la poésie orale*, Paris, Seuil, 1983, p. 13.

11 Azpicuelta, Navarro *et al.*, *Cartas avulsas*, Belo Horizonte / São Paulo, Itatiaia/Edusp, 1988 [1931], p. 351.

serait considéré comme indigne qu'une si bonne chose lui arrive et qu'il n'avait pas réalisé ce que les autres avaient réalisé. »

Dans ce contexte, le jésuite indique que l'épouse du Principal lui a reproché d'avoir mécontenté le missionnaire, car il ne savait pas s'exprimer correctement, d'après les paroles bienséantes de cette Indigène, traduites en portugais : « Tu ne sais pas parler, car tu n'accommodes pas bien ta parole devant lui[12] ».

Les signes de cette « incapacité » étaient déjà clairement exposés dans la description de l'intervention du prêtre, qui s'adresse au Principal « avec ruse et peu de mots, selon ses capacités ». De plus, si les termes prononcés par sa femme, qui vont dans le même sens, sont inscrits dans la lettre, son discours à lui, qui est l'enjeu central de la narration, n'apparaît pas face à la réponse « rusée » du missionnaire et à tout ce qu'elle laisse « sous-entendre ».

L'impossibilité pour les Indigènes de s'exprimer dans leur propre langue est un *topos* très souvent mobilisé par les jésuites. Les quelques énoncés qui leur sont attribués dans la correspondance, toujours en portugais, indiquent une fois de plus la difficulté à laquelle les missionnaires pensaient être confrontés, s'interrogeant sur le caractère « manquant » et disproportionné de la langue tupi, qui devait être traduite pour être reproduite par écrit.

On peut en déduire le rôle fondamental de la répétition mimétique des dialogues doctrinaux comme moyen efficace de conformer la parole indigène, véhiculant dans le même mouvement plusieurs allusions à ce qu'il faut et ne faut pas dire, et fonctionnant ainsi comme un dispositif d'autorisation des « choses dites ». Cela se dessine nettement dans les dialogues, comme l'analyse l'indique. C'est ainsi que, de façon emblématique, dans la *Doctrine chrétienne* d'Anchieta, à la question du maître sur la raison de faire le signe de la croix devant la bouche, le disciple répond : « Parce qu'on dit : "Dieu garde les mauvaises paroles hors de ma bouche"[13] ».

Ces arguments résonnent dans les propos du Supérieur de la Compagnie de Jésus, le père Nóbrega, qui en 1549 fait référence à son

12 *Ibid.* : « *Tu não sabes fallar, porque não concertas bem a tua falla diante d'elle* ». Dans l'édition originale de 1931 de cette missive, les passages au discours direct ne comportent pas de guillemets.

13 Anchieta, José de, S. J., *Doutrina cristã. Catecismo brasílico*, *op. cit.*, p. 187 : « *Por que diz : "Afaste Deus as más palavras da minha boca".* »

travail visant à mettre « dans leur langue [des Indigènes] les prières et quelques pratiques de Notre Seigneur » avec l'aide d'un interprète, ce à quoi il ajoute : « et je ne trouve pas de langue qui puisse le dire, car ils sont si bruts qu'ils n'ont même pas de mots[14] ».

En ce sens, le père Azpicuelta Navarro, dans une lettre de 1551, raconte l'histoire de certains Indigènes qui avaient entendu la doctrine chrétienne dans leur langue et qui semblaient, selon lui, très heureux de l'entendre. Mais, poursuit-il, « ils n'osaient pas le dire, parce qu'un sorcier les persuada qu'avec ces paroles nous leur donnons la mort et que s'ils les prononçaient par leur bouche, ils mourraient bientôt[15] ». La tension engendrée par l'imposition de la « langue générale », en particulier d'un tupi grammaticalisé et lexicalisé tel que le présentent les doctrines, semble évidente. Sans doute, de nombreux efforts éthiques, cognitifs et physiques ont été déployés par les Indigènes dans l'entreprise de conversion à travers l'usage de leur propre langue. L'implication de la voix dans ce sens est un élément primordial, comme le manifeste ce passage de la lettre où l'idée de « prononcer par leur bouche » matérialise la transformation accomplie à travers la parole.

Dans une autre lettre datée de 1561, le père Leonardo do Valle présente à ses frères de Bahia la réponse qu'un Indigène avait donnée au père Luís da Grã, de qui il avait entendu auparavant qu'il serait en compagnie du Seigneur Dieu. Sa parole est une démonstration de son effort pour bien parler, dont la transcription dans la missive est raccourcie, interrompue par l'intervention du narrateur : « Et répondit l'Indigène que oui, et s'efforçant pour parler, il dit : Depuis que tu es venu, tu m'as rappelé que dans un tel lieu il y a un bon endroit où une grande population pourrait s'installer, et d'autres choses dont le père s'est contenté[16] ».

---

14 Anchieta, José de, *Cartas, Informações, Fragmentos históricos e Sermões (1554-1594)*, *op. cit.*, p. 73 : « *em sua língua as orações e algumas práticas de Nosso Senhor* » [...] « *e não posso achar lingua que m'o saiba dizer, porque são elles tão brutos que nem vocábulos têm.* »

15 *Id.*, p. 96 : « *mas não ousavam de o dizer, por um feiticeiro lhes persuadir que com aquellas palavras lhes dávamos a morte e que si as dissessem por sua boca logo morreriam* ».

16 *Ibid.* : « *E respondeu o Indio que si, e esforçando-se a fallar disse : Des que tu vieste me alembrou que em tal parte está um bom sitio onde se pode assentar uma grande povoação, e outras coisas de que o Padre se satisfez* [...] »

Quoi qu'il en soit, d'après ce passage, on peut déduire que la distinction entre missionnaires et Indigènes ne se faisait pas dans le mode d'inscription de la parole dans les discours écrits (par exemple, discours direct ou indirect), mais surtout selon la « qualité » de l'intervention. En effet, dans l'exemple cité précédemment, outre « l'effort pour parler », le caractère avorté de la parole indigène est subsumé par la satisfaction finale du missionnaire. Cette ressource de synthèse (*percursio*) est très récurrente dans les lettres jésuites, comme en témoigne l'emploi d'expressions telles que « *e outras coisas* » [« et d'autres choses »][17].

En somme, dans la correspondance jésuite, deux aspects importants concernent les références à la parole indigène. Premièrement, les énoncés des Indigènes sont systématiquement traduits en portugais (ou en castillan), signe du travail entrepris par l'interprète, qui peut être le narrateur lui-même dans le cas des jésuites « *línguas* ». On peut supposer que les énoncés en tupi ont été traduits en langue vernaculaire dans les lettres, car elles étaient destinées à un public de coreligionnaires ne connaissant pas la langue générale. Il convient aussi de considérer que la correspondance pouvait faire l'objet d'une publication dans les recueils annuels de l'ordre des jésuites, avec une réception d'autant plus large.

Un exemple très rare d'introduction d'un énoncé en tupi, suivi d'une traduction en portugais, apparaît dans une lettre du père Francisco Gonçalves de 1568. Encore une fois, il s'agit d'un locuteur générique, « un garçon de l'école », qui, face à une catéchumène mourante, décide de la baptiser. La transcription tronquée suggère la simple inclusion de la formule apprise de mémoire – probablement issue d'une doctrine –, sans que l'on puisse attribuer le discours à un locuteur précis : « [...] avant que le prêtre vienne, il la baptisa dans sa langue... *e xe ocogria cue tupan, tuba, rera, pupe, tupan...*, ce qui veut dire, je te baptise, au nom du Père, du Fils et du Saint-Esprit, amen [...][18]. »

---

17 Dans une lettre de 1563, le père Leonardo do Valle, après avoir transcrit quelques mots énoncés par un Indigène, exposant les raisons pour lesquelles il voulait le baptême, emploie également le dispositif de *percursio* : « *E outras muitas cousas de que assás mostrou ser movido pelo Espírito Santo* ». [« Et bien d'autres choses qu'il a bien montrées sous l'impulsion de l'Esprit Saint »]. *Id.*, p. 417.

18 *Id.*, p. 521 : « [...] *antes que o padre viesse, baptizou-a em sua língua...* e xe ocogria cue tupan, tuba, rera, pupe, tupan..., *que quer dizer, eu te baptiso, em nome do Padre, do Filho e do espírito santo amen* [...]. »

De manière manifeste, les dialogues doctrinaux ont bien rempli leur fonction de conformation de la parole indigène, fournissant non seulement la matière, mais surtout la proportion du discours, adaptable à chaque *décorum*. Cependant, dans la profusion de « voix coloniales », ce « formatage » de la langue tupi ne semble pas avoir suffisamment garanti son adéquation aux usages édifiants des missives, exigeant la traduction systématique des énoncés en portugais.

Deuxièmement, dans les lettres jésuites, les « transcriptions » n'excèdent généralement pas quelques phrases, sans progression du dialogue entre les interlocuteurs en présence, tout au plus une intervention en réponse de la part du narrateur. En fait, cette exigence semble garantir la proportionnalité souhaitée du discours « sauvage » et finit par atténuer l'effet de présence que pourrait produire l'amplification de la parole indigène, si elle était transcrite sous la forme d'une harangue ou d'un dialogue.

Quelques transcriptions de la parole indigène apparaissent occasionnellement dans les missives de missionnaires interprètes tels qu'Azpicuelta Navarro et Anchieta, sans que le dispositif dialogique n'obtienne un rendement plus important. C'est le cas de la lettre d'Anchieta du 8 janvier 1565, adressée au Père Général Diogo Lainez. Il s'agit en fait d'une très longue description, sous forme d'information ou de rapport, sur les négociations avec les Tamoio, lorsqu'Anchieta avait assumé la mission, aux côtés de Nóbrega, visant à rallier ces Indigènes d'Ubatuba, alliés des Français, dans une alliance avec les Portugais. La lettre retrace tous les épisodes de ces négociations, à l'intérieur de la logique d'alliances qui divisait la côte, culminant avec la fondation de la ville de Rio de Janeiro, d'où avait été rechassée la colonie française installée dans la baie de Guanabara quelques années auparavant.

Le caractère exceptionnel de la lettre d'Anchieta réside dans la description de l'action conquérante en pleine guerre, qui dépendait des circonstances des négociations, inévitablement fondées sur des échanges oraux. Le sujet central de la lettre est le même que celui commémoré dans l'*auto* « De la Fête de saint Laurent » : la guerre contre l'ennemi envahisseur, qui étend la scène mystique jésuite à la lutte contre l'hérésie représentée par les huguenots français.

Outre les circonstances de la négociation avec les ennemis, la lettre semble véhiculer une véritable typologie des Indigènes. À la base, selon la logique des oppositions belliqueuses, on y voit représentés les alliés, c'est-à-dire les Indigènes chrétiens, souvent désignés comme « disciples » ; et ceux qui sont contre eux, c'est-à-dire tous les non-christianisés ou alliés des hérétiques. Même lorsqu'il s'agit d'un « disciple » qui parle, les Indigènes ne sont généralement pas nommés, n'étant désignés que par leur « qualité » de convertis, comme on peut le constater à la lecture du passage suivant :

> *Ali também juntaram os Padres uns e outros na igreja para que fizessem as pazes, onde um de nosso discipulos posto sôbre um banco fez grande prática em alta voz dizendo aos Tamúios : "Eu sou fulano, de quem vós outros tanta fama haveis ouvido de assaltar muitos dos vossos e morto, porque sempre fui grande vosso inimigo, e agora, ainda que me apartei dos meus por amor dos Cristãos e de Nosso Senhor Jesus Cristo, posso de minha parte, contudo nem tenho medo de vós outros, porém queria vossa amizade, mas porque estando na casa de Deus e os Padres que nos ordenam nossa vida, foram á nossa terra e ordenam estas pazes, e querem que sejamos amigos, sejámo-lo daqui em deante, e desde já não se nos lembre mais das guerras passadas"*[19].

> « Les prêtres se sont également réunis là, dans l'église, pour faire la paix, où l'un de nos disciples, monté sur un banc, a fait un grand discours en disant à haute voix aux Tamoio : "Je suis untel dont vous avez entendu parler avec tant de renommée pour avoir pris d'assaut beaucoup de vos gens et les avoir tués, parce que j'ai toujours été votre grand ennemi. Maintenant, même si je me suis séparé des miens par amour des chrétiens et de Notre Seigneur Jésus-Christ, je le fais pour ma part ; cependant, je n'ai même pas peur de vous. Je désirais votre amitié, et étant dans la maison de Dieu et des Pères qui nous commandent notre vie, qui sont venus sur notre terre et ont ordonné la paix, et veulent que nous soyons amis, soyons-le désormais, et ne nous rappelons plus des guerres passées". »

Dans les termes d'Anchieta, la typologie des Indigènes semble reposer sur cette première distinction entre « nos amis et disciples » et leurs « contraires ». Même parmi les « disciples », la parole des Indigènes est toujours anonyme – « je suis untel » –, en général liée à des épisodes secondaires, dont le récit est introduit par des formulations génériques tout au long de la lettre, telles que : « un garçon du village, à qui j'enseignais, est venu vers moi et m'a dit [...] » ; « il y en a eu un [... qui] nous a répété plusieurs fois [...][20] » , etc.

19 Anchieta, José de, S. J., *Cartas, Informações, Fragmentos históricos e Sermões (1554-1594)*, *op. cit.*, p. 225.
20 *Id.*, p. 157 et 222.

À partir de l'ensemble des conventions symboliques définissant le corps social – qui ne s'appliquaient pas directement aux individus, mais correspondaient plutôt à un positionnement sur l'échelle hiérarchique des sujets de l'État monarchique –, il est possible de déduire la « topographie » de ces représentations à travers des séries analogiques distinctives. La partie centrale de la lettre d'Anchieta mérite d'être soulignée en ce sens, car elle concentre la typification de ces catégorisations dans le contexte de la Conquête, non seulement celle des âmes, mais aussi celle du territoire, en étendant la différentiation entre les alliés des Portugais et les alliés des Français. Par analogie de similitude, cela rapproche définitivement, comme dans l'*auto* de saint Laurent, les Français hérétiques et les Indigènes païens. L'exemple le plus frappant est celui du personnage *Aimberê*, qui figure également dans la lettre, sans que son nom n'y soit jamais écrit. Mais il est reconnaissable à sa description détaillée : « grand ennemi des Portugais à cause des Français, dont il est un grand ami, et il considère l'un d'entre eux comme son gendre vivant en concubinage avec sa fille, de qui il a une petite-fille[21]. »

Dans la missive, seuls deux personnages indigènes sont nommés, *Pindobuçu* et *Cunhambeba*[22], alliés des Portugais, acteurs centraux des négociations avec les ennemis tout au long du conflit. La tension du récit monte et descend, reflétant souvent les positions de ces deux personnages dans chaque circonstance. C'est le cas de l'épisode dans lequel Anchieta entre en contact avec un parent d'un Indigène qui l'hébergeait et qui avait l'intention de le chasser de la maison.

> [...] *chegou um seu genro, que vinha com ele, e vendo-me dentro não pôde passar da porta, mas antes ali parado com uma espada na mão, perguntou a seu sogro : "Quem é este ?", respondeu-lhe : "O Português". Disse o outro : "Português ?" Como homem que havia achado cousa mui natural para executar seu odio mortal, que todos nos têm. Eu disse-lhes : "Eu sou vosso amigo, que hei de estar com vós outros daqui em Deante". Mas ele mui indignado e soberbo respondeu : "Não quero sua companhia" e outras cousas asperas*[23].

21 *Id.*, p. 215 : « *grande inimigo dos Portugueses por causa dos Franceses, de quem é grande amigo, e tem a um deles por genro amancebado com uma sua filha, de que tem uma neta* ».

22 Il ne s'agit pas du même Indigène dont parle André Thevet. Le nom *Cunhambebe* vient de « *cú -nhã- beb* », c'est-à-dire « langue qui bouge platement » (« *a língua move-se rasteira* »), désignant quelqu'un qui parle lentement et doucement, c'est-à-dire un homme à la voix douce. *Cf. id.*, p. 171.

23 *Id.*, p. 204.

> « [...] arriva un gendre à lui qui l'accompagnait, et me voyant à l'intérieur, il ne put passer la porte, mais s'arrêtant là avec une épée à la main, il demanda à son beau-père : "Qui est-ce ?", ce à quoi il répondit : "Le Portugais". L'autre dit : "Le Portugais ?". Comme quelqu'un qui avait trouvé une excuse naturelle pour exprimer sa haine mortelle qu'ils nous portent tous. Je leur dis : "Je suis votre ami, qui sera avec vous désormais". Mais lui, très indigné et orgueilleux, répondit : "Je ne veux pas de votre compagnie" et d'autres choses dures. »

À la fin, la colère de l'Indigène – décrit génériquement comme « un gendre » du frère de l'hôte du jésuite, ce qui dénote la faible « qualité » de cet homme, qu'il appelle ensuite tout simplement « l'autre » –, est apaisée par *Pindobuçu*. Selon Anchieta, ce dernier « montrait un grand plaisir de la paix, disant qu'il la souhaitait depuis longtemps et qu'il la voulait durer éternellement, pratiquant avec nous beaucoup d'autres choses, à la fois celles qui touchent à la paix et à notre vie[24]. »

La qualité des « héros » indigènes, qui s'opposent même aux leurs pour défendre le christianisme, est mise en avant dans ces courtes déclarations, établissant d'autres sortes de distinctions, concernant, par exemple, la partie inférieure de la hiérarchie coloniale. C'est le cas d'une déclaration prétendument truffée de « mensonges » qu'aurait été faite par un esclave fugitif, adressée à d'autres Indigènes de sa famille :

> *Venho-vos a dar aviso, meus parentes, porque lhes quero bem e não queria que vos matassem, sabei que logo de manhã vos hão de matar os Cristãos a todos* [...], *não esperavam senão que viesse Pindobuçu, Cunhambeba e os outros principais de Iperuig, para vos matar a todos e a fulano, vosso parente, que nos parece já o mataram e lhe mandaram quebrar a cabeça por um contrário* [...][25].

> « Je viens vous avertir, mes parents, parce que je vous aime et que je ne voudrais pas qu'on vous tue. Sachez que demain matin, les Chrétiens vont vous tuer tous [...], ils n'attendaient que l'arrivée de Pindobuçu, Cunhambeba et des autres Principaux d'Iperoig pour vous tuer tous, ainsi qu'untel, votre parent, qu'il nous semble qu'ils ont déjà tué et dont ils ont ordonné de briser la tête par un contraire [...]. »

La typification des discours indigènes qui ne sont même pas attribués à des locuteurs nommés – toujours marqués par l'emploi du terme

24 *Ibid.* : « *mostrava grande prazer das pazes, dizendo que muito tempo havia que as desejava, e que queria durassem para sempre, praticando com nós outros muitas cousas, assim das tocantes à paz, como de nossa vida* ».

25 *Id.*, p. 230.

« untel » [« *fulano* »], qui apparaît quatre fois dans cette lettre d'Anchieta – corrobore l'idée qu'il n'y a pas réellement de cession de la parole à un locuteur indigène dans ces discours. Les exemples sont multiples, comme lorsqu'Anchieta se plaint de l'excès d'exigences « des uns et des autres », reproduisant un discours indigène standardisé : « [...] ils m'ont donné un grand travail, me prenant dans les prédications d'une manière très importune, car lorsque l'un était fatigué et était parti, l'autre venait et disait : je suis untel, j'ai tel ou tel nom, et j'ai fait tel acte de bravoure, j'en ai tué tellement, et d'autres choses semblables ; ainsi, ils n'en finissaient jamais[26]. »

La présence ténue des voix de personnages indigènes tels que ceux-ci, occupant des rôles secondaires dans les lettres, n'est pas comparable, bien entendu, à la force expressive des personnages dans la construction dramatique de l'*auto*. Il existe des différences marquées entre les genres, mais il convient de noter que pour l'*auto* comme pour les doctrines, l'écrit fonctionne comme une sorte de relais *a posteriori* de la parole orale, permettant la répétition de l'action performative, compte tenu de sa fonction mnémonique, ce qui n'est pas le cas pour les missives[27].

Les dialogues doctrinaux et les *autos*, comme on a eu l'occasion de le voir, constituent des éléments fondamentaux du fonctionnement de la « scène de la conversion des âmes » par la soumission de tous ceux qui, à travers la rédemption, sont intégrés à l'empire mystique portugais. En ce sens, par exemple, la vilaineté des énoncés des personnages diaboliques dans l'*auto* renvoie de manière cohérente à l'évocation du péché dans les questions et réponses répétées par un supposé Indigène-catéchumène dans les dialogues. En dehors de cet espace « ouvert » contrôlé par la doctrine, il ne reste, dans l'espace « fermé » de l'écriture et de la circulation des missives, que l'indétermination des paroles indigènes sans qualité.

Il convient cependant de considérer les circularités entre ces différents genres, notamment dans les écrits du même jésuite qui serait leur *auctor*,

26 *Id.*, p. 229 : « [...] *me deram grande trabalho detendo-me em práticas mui importunamente, porque cansando um, e tendo ido, vinha o outro, e dizia : Eu sou fulano, tenho tal e tal nome, e fiz tal valentia, matei tantos, e outras cousas semelhantes e com isto nunca acabavam* ».

27 J'adapte ici une affirmation de Marc Fumaroli, qui s'applique plutôt aux réceptions successives de l'écrit : « L'écrit n'est jamais qu'un simple relais de la parole, il est en quelque sorte une aide mnémotechnique qui de génération en génération soutient la transmission, le fil de la parole [...] ». Fumaroli, Marc, « La parole vive au XVIIe siècle (entretien avec Christine Goëme) », *La voix au XVIIe siècle. Littératures classiques*, n° 12, janvier 1990, p. 8.

José Anchieta. Entre la lettre envoyée au Père Général en 1565 et l'*auto* « De la Fête de saint Laurent », représenté quelques années plus tard, le transit des matières et des *topoï* semble évident.

Quant aux dialogues doctrinaux en tupi, en raison de leur caractère très standardisé et prescriptif, ils trouvent un écho dans tous les discours qui mettent en scène les convertis. Dans le drame de saint Laurent, par exemple, les énoncés des dialogues doctrinaux sur la confession résonnent dans des vers « rusés », attribués à *Aimberê*, qui mimétisent la parole des jeunes indigènes confessant « comme s'ils n'avaient pas de péchés » : « Absous / "À l'approche de la mort, / Je renonce à mes grands péchés", disent-ils [...][28]. »

Si la langue générale des doctrines et des *autos* n'apparaît pas nettement attribuée aux Indigènes dans la correspondance d'Anchieta, la désignation même de « disciples » appliquée aux convertis contribue à l'identification de la structure de disputation orale du dialogue doctrinal. C'est cette codification rigide de la langue qui soutient certainement ses usages plus larges, en dehors de la scène mystique particulière de la conversion.

En ce sens, les effets de la réception de la langue générale métrifiée des *autos* semblent être moins immédiats que ceux des questions et réponses répétées à partir des catéchismes. Mais il reste clair que la parole indigène s'y intègre dans un vaste ensemble allégorique et dramatique, se déroulant dans des contextes publics et festifs qui encadrent parfaitement, du point de vue sonore et visuel, l'actualisation de la langue. En tant qu'expression collective, l'*auto* contribue, comme on le sait, à une réorganisation du temps et de l'espace, et, en dernier lieu, de la « mémoire coloniale[29] ». Le sens de la proportionnalité de la langue attribuée aux personnages favorise manifestement cette réorganisation ontologique, en tant qu'élément indispensable à la victoire du souverain Bien et à l'établissement « des coutumes saines, d'une meilleure gouvernance et du salut de l'âme[30] ». En participant activement à ces festivités, Indigènes et colons se montraient aptes à intégrer le corps hiérarchique de l'Église,

---

28 Anchieta, José de, S. J., *Poesias*, *op. cit.*, p. 705 : « *Semõ jepé, / "Teõ rerobýka e, / xe angaipá tubixaguéra / amoséne" eí ñe* [...] ». « *Absolvidos / "Ao aproximar-se a morte, / a meus grandes pecados / renunciarei", dizem* [...]. »

29 *Cf.* Marin, Louis, *De la représentation*, Paris, Seuil/Gallimard, 1994, p. 48.

30 *Cf.* Pécora, Alcir, « Vieira, o índio e o corpo místico », *Tempo e história*, dir. Adauto Novais, São Paulo, Companhia das Letras, 1992, p. 430.

étant simultanément imprégnés d'un sentiment d'homogénéité et de finalité politique inhérent au *corpus mysticum* de l'État chrétien.

Mais le corps mystique est toujours un corps manquant, comme disait Michel de Certeau. Dans les questions et les réponses des catéchismes se trouve ce corps « découpé par la doctrine » et qui constitue sa propre quête[31]. Dans le drame mis en scène dans les *autos* jésuites, les personnages et les langues se combinent allégoriquement pour produire la présence de l'État monarchique portugais dans ces régions très lointaines. Cela garantissait la participation de tous ceux qui s'engageaient pour le salut de leurs âmes dans ce corps mystique impérial, absent et pourtant présent, perçu comme une totalité unifiée d'une volonté collective que l'on s'efforçait de bien faire énoncer.

31 De Certeau, Michel, *La Fable Mystique*, Paris, Gallimard, 1982, p. 107.

DEUXIÈME PARTIE

LA CONFÉRENCE DANS LA SCÈNE MYSTIQUE CAPUCINE

L'AMITIÉ FRANCO-TUPI

Par rapport au vaste *corpus* de textes jésuites, l'importance des récits capucins issus de l'expérience missionnaire et coloniale à Maragnan, la France Équinoxiale, dépasse largement la simple question de la présence de la parole indigène dans le discours. Cette particularité soulève toute une série d'autres questions concernant les contraintes auxquelles sont soumises les modalités du rapport entre les missionnaires et les Indigènes. De même, le lien entre la scène mystique de la conversion *par-delà*, à Maragnan, et la fonction de ces discours *par-deçà*, en France[1], établi à partir des pratiques scripturaires liées à l'expérience « à chaud » des missionnaires capucins, a produit des « effets de présence » puissants dans l'ordre du discours. Cela inclut notamment les harangues et les conférences qui impliquent les voix indigènes. Leur caractère éphémère est paradoxalement remis en question par la « vivacité » de la description de la scène où ces voix se faisaient entendre. Toujours est-il que ces textes nous parviennent aujourd'hui après avoir été l'objet d'une instrumentalisation documentaire « froide », utilisée à des fins ethnologiques ou historiques, ce qui semble pratiquement effacer le caractère mystique de la scène qui accueillait les échanges oraux et les façonnait.

En ce qui concerne l'oralité, il est évident que dans les récits des capucins, la transcription de la parole indigène au sein de la scène mystique qui l'encadre normalise la diversité des voix impliquées dans la pratique du troc, les organise et leur confère un nouveau sens. Les voix françaises et tupi présentes dans les récits capucins cessent ainsi d'être assimilées au simple « vacarme » des échanges commerciaux pour converger de manière ordonnée vers le salut des âmes des Tupinamba. Ce mouvement, envisageable par rapport aux voix des locuteurs indigènes nommés dans le récit, est soumis aux conditions politico-économiques de

1 Cette division spatiale est récurrente dans le récit du capucin Claude d'Abbeville. *Cf.* Daher, Andrea, *Les Singularités de la France Équinoxiale. Histoire de la mission des pères capucins au Brésil (1612-1615)*, Paris, Classiques Garnier, 2002.

l'alliance amicale franco-tupi, entre lusophobie et douceur, et déterminé par les modes d'identification et de relation qui découlent des contacts établis avec les Français. Le résultat de cette codification des gestes et des paroles est une écriture capucine parfaitement ajustée, prenant la forme d'une « ethno-graphie » bien particulière.

LES VOIX DU TROC
Entre lusophobie et douceur

Le long travail d'évangélisation mené par les jésuites, face au caractère éphémère des expériences coloniales françaises au Brésil, ne correspond pas à l'orientation qui a animé la publication des récits français, largement diffusés à partir du milieu du XVIe siècle dès la première parution de l'*Histoire d'un voyage en la terre du Brésil* de Jean de Léry en 1578[2]. Avec la publication de ce récit, la « terre du Brésil » cesse, en effet, d'être un monde sans voix.

Le livre de Jean de Léry comporte sur la couverture la mention d'un « colloque de leur langage », se référant au chapitre XX : « Colloque de l'entree ou arrivee en la terre du Bresil, entre les gens du pays nommez Tououpinambauoults, & Toupinenkins en langage Sauvage & François[3] ». D'après Léry, ce dialogue a été possible grâce à l'aide d'un interprète, un truchement, qui non seulement avait résidé dans le pays pendant sept ou huit ans et comprenait parfaitement la langue des Indigènes, mais aussi parce qu'il avait étudié la langue grecque, dont les Tupinamba posséderaient, selon lui, quelques mots.

Au-delà de la tension entre oralité indigène et écriture occidentale, telle que perçue par Michel de Certeau dans le colloque de Léry[4], la

---

2 Léry, Jean de, *Histoire d'un voyage fait en la terre du Bresil, autrement dicte Amerique* [...] *par Jean de* [...] *A La Rochelle, Pour Antoine Chuppin. M. D. LXXVIII.*

3 Léry, Jean de, *Histoire d'un voyage fait en la terre du Brésil*, Genève, Droz, 1975 [1580], p. 306-338, chapitre XX : « *Colloque de l'entree ou arrivee en la terre du Bresil, entre les gens du pays nommez Tououpinambauoults, & Toupinenkins en langage Sauvage & François.* » Cette édition en fac-similé sera citée tout au long de ce livre.

4 De Certeau, Michel, « Ethno-graphie. L'oralité ou l'espace de l'autre : Léry », *L'Écriture de l'histoire*, Paris, Gallimard, 1975, p. 215-248.

question théologique de la convertibilité des Tupinamba est également exprimée dans les modalités de transposition écrite de la « parole sauvage ». Pour le huguenot, les Indigènes de Rio de Janeiro étaient les descendants légitimes de Cham, comme il l'annonce dans le chapitre XVI de son livre consacré à leur religion. Sous sa plume, la conjecture de leur origine maudite compromet radicalement la possibilité de leur conversion. Ainsi, dans l'*Histoire d'un voyage*, le récit de l'échec de la France Antarctique, intégré dans un discours anticolonialiste, ne fait que nourrir le pessimisme dogmatique de Léry, qui voit le Tupinamba comme ayant « succedé à la malediction que Dieu luy donna[5] ». Le Tupinamba de Léry, inconvertible, est un personnage hypothétique dans son dialogue-modèle. Ainsi conversent un « Toupinamboult » et un « Français » sur le rivage brésilien :

> TOUOUPINAMBAOULT. – *Ere-ioubé?* Es-tu venu ?
> FRANÇOIS. – *Pa-aiout.* Ouy, je suis venu.
> T. – *Teh ! auge-ny-po.* Voilà bien dit.
> T. – *Mara-pé-déréré?* Comment te nommes-tu ?
> F. – *Lery-oussou.* Une grosse huitre[6].

Même si la voix de Jean de Léry ne représente pas nécessairement celle du « Français » qui parle dans le dialogue, il y a laissé sa marque, en inscrivant son nom « en langage sauvage », *Léry-ouassou.* En revanche, son interlocuteur tupinamba n'est pas nommé, tel le truchement, qui est en fait le locuteur caché derrière la grosse huître.

Frank Lestringant souligne que de tels textes circulaient fréquemment parmi les équipages se rendant au Brésil[7]. Ils servaient de guides, exposant les gestes, les mots et les situations probables lors des rencontres avec les Indigènes. Cette fonction est renforcée par le fait que les échanges adoptent, à la fin, la forme d'un vocabulaire ou même d'un abrégé de grammaire tupi. C'est de la bouche du Tupinamba que seront énoncés les termes qui nécessitent l'introduction de préceptes grammaticaux, toujours à travers l'intervention évidente, mais jamais ouvertement déclarée, du truchement qui se cache derrière le « je ». C'est le cas, par exemple, du vocabulaire des parties du corps, qui commence ainsi :

5 *Id.*, p. 261.
6 *Id.*, p. 306.
7 Léry, Jean de, *Histoire d'un voyage en terre de Brésil*, Paris, Le Livre de Poche, 1994, éd. critique par Frank Lestringant, n. 3, p. 479-480.

> *Chè-acan*. Ma teste. *Ycan*, Sa teste, *Oreacan*. Nostre teste, *Pè acan*, Vostre teste. *An atcan*, Leur teste.
>
> Mais pour mieux entendre ces pronoms en passant, je declaireray seulement les personnes tant du singulier que du pluriel
>
> Premierement.
>
> *Ché*, C'est la premiere personne du singulier qui sert en toute manière de parler, tant primitive que derivative, possessive, ou autrement. Et les autres personnes aussi. [...][8]

À ce vertige vocabulaire en « langage sauvage », qui ouvre l'accès à un monde inouï, s'ajoutent les sonorités des interjections et des onomatopées qui constituent « la cadence et le refrain de la ballade » des Indigènes, « à chacun couplet tous en traisnans leurs voix » : « *Heu, heuaüre, heüra, heüraüre, heüra, oueh*[9]... ».

Au fil d'une cinquantaine d'années et des multiples rééditions et réimpressions de l'*Histoire d'un voyage* de Léry, un horizon d'attente s'est forgé, dans lequel s'est inséré le récit du capucin Claude d'Abbeville en 1614[10]. Sans s'affranchir des cadres plus stricts de la pratique du troc et de l'intermédiation des truchements, la présence d'un Tupinamba doté de parole dans le récit du père Claude assume une tout autre fonction. Dans son *Histoire de la mission en l'Isle de Maragnan*, la transcription des discours en tupi, expression d'un Indigène qui prononce une harangue devant les missionnaires et les lieutenants du roi de France, s'éloigne du caractère hypothétique du dialogue-modèle en « langage sauvage » reproduit par Jean de Léry. Dans ces harangues, les locuteurs sont toujours nommés et expriment leur désir de conversion et de soumission à la monarchie française, dans le cadre d'une alliance franco-tupi. En somme, les discours tenus par les Tupinamba à Maragnan – et aussi par leurs ambassadeurs reçus en France en 1614 – occupent une place centrale dans le récit de Claude d'Abbeville : transcriptibles, ils révèlent la circulation de sens entre l'oral et l'écrit, entre le tupi et le français, et illustrent ainsi la convertibilité potentielle de ceux qui les prononcent[11].

8 *Id.*, p. 326-327.

9 *Id.*, p. 247.

10 Le père Claude s'est permis par ailleurs de paraphraser les passages du récit de Jean de Léry relatifs aux coutumes indigènes. Cette appropriation catholique d'un écrit réformé soumet les lieux communs sur le « naturel tupinamba » à l'objectif d'exhortation à la colonisation et de propagande de l'œuvre missionnaire capucine. *Cf.* Daher, Andrea, *Les Singularités de la France Équinoxiale. Histoire de la mission des pères capucins au Brésil (1612-1615)*, *op. cit.*

11 *Ibid.*

À son tour, le récit du capucin Yves d'Évreux, *Suitte de l'histoire des choses mémorables advenues à Maragnan*[12], imprimé un an plus tard, se montre plus programmatique, au sens « colonialiste », que celui de son coreligionnaire d'Abbeville. Il ne circulera effectivement qu'à partir de 1835, lorsqu'un exemplaire est découvert et réédité par le bibliophile Ferdinand Denis, supposé être la seule copie survivante. En 1615, les exemplaires du livre du père Yves avaient été détruits dans les ateliers d'imprimerie de François Huby, selon la même politique d'alliance avec la monarchie hispanique qui avait conduit la France à abandonner l'entreprise coloniale brésilienne[13].

De par sa nature « programmatique », c'est le livre du père Yves qui fournit la clé de compréhension des modalités des rapports humains établis par la pratique du troc dans la France Équinoxiale, une fois de plus à travers le choix d'un dialogue. Après avoir exploré les « singularités » humaines et naturelles de Maragnan, trois chapitres concluent le premier traité du livre du père Yves, comme un véritable « guide du voyageur » de la France Équinoxiale, visant à stimuler de nouveaux bienfaiteurs et d'éventuels colons pour une seconde expédition.

Le chapitre XLVIII expose d'abord un certain nombre de « [...] demandes qu'on fait en ces pays des Indes Occidentales », auxquelles le père Yves répond, s'adressant directement à ceux supposés les avoir posées[14]. Le texte cherche à apaiser toute inquiétude concernant l'adaptation des Français aux conditions de vie à Maragnan, notamment en matière d'habitation, de nourriture et de salubrité. Répondant à une question posée par un interlocuteur français hypothétique sur la viabilité économique de l'entreprise – « On dit : Si cela est [de bonnes conditions de

12 Yves d'Évreux, *Suitte de l'histoire des choses plus mémorables advennues en Maragnan, ès années 1613 & 1614* [...] *Second Traité* [...] *À Paris, De l'Imprimerie de François Huby, M. DC. XV.*

13 Yves d'Évreux, *Voyage dans le nord du Brésil fait durant les années 1613 et 1614 par le Père Yves d'Évreux. Publié d'après l'exemplaire unique conservé à la Bibliothèque Impériale de Paris. Avec une introduction et des notes par M. Ferdinand Denis, Conservateur à la Bibliothèque Sainte Geneviève*, Librairie A. Franck, Leipzig & Paris, 1864. Cette édition a été utilisée aussi comme référence pour une publication récente qui réunit le texte des deux exemplaires restants, l'un conservé à la Bibliothèque Nationale de Paris et l'autre à la *Public Library* de New York : Yves d'Évreux, *Voyage au Nord du Brésil* (1615), éd. Franz Obermeier, Kiel, Westensee-Verlag, 2012. Compte tenu des problèmes éditoriaux et critiques de cette dernière édition, elle ne sera évoquée ici dans les notes que lorsqu'il s'agit d'un extrait tiré de l'exemplaire de New York.

14 *Id.*, p. 208.

vie], ce n'est pas mal : mais y peut-on faire du profit ? Car depuis qu'on y est allé nous n'avons veu chose aucune qui merite de nous encourager à y dependre de l'argent[15] » –, Yves d'Évreux affirme que le pays est riche en ressources exploitables, offrant des opportunités de production de diverses marchandises.

En ce qui concerne le choix du dialogue, rappelons que, dans le régime rhétorique de discours, l'attribution de la parole ou de l'action à autrui s'effectue conformément au *décorum* ou à la convenance de l'orateur ou de l'agent. Ainsi, le caractère d'une personne qui parle hypothétiquement (*etopeia*) est imité, souvent sous forme de dialogue, mais aussi de monologue ou de réflexion spirituelle, comme dans un discours déclamatoire. Le dialogisme favorise alors cette séparation entre le discours d'un narrateur qui introduit la parole d'un interlocuteur, reproduite sous la forme de discours direct. C'est ainsi qu'à travers un véritable exercice déclamatoire, le père Yves répond aux questions des « jeunes Gentils-hommes qui n'ont rien que l'espée & le poignart quant aux biens de la fortune, mais riches de courage » sur les conditions de vie dans la France Équinoxiale :

> Que faites vous en France sinon espouser les querelles de vos freres aisnez ? Que ne tentez vous fortune, & au moins que n'enrichissez-vous vostre esprit de la veuë des choses nouvelles ? Vous passeriez le temps tandis que vostre cœur s'accoiseroit, & vostre jugement s'affermiroit : vous feriez service à Dieu & à vostre Roy en visitant cette nouvelle France[16].

Le chapitre suivant constitue un véritable « manuel du troc » : « Instructions pour ceux qui nouvellement vont aux Indes[17] ». Yves d'Évreux y soutient que le succès de l'entreprise commerciale au Brésil dépend de deux types de provisions, celles pour soi-même et celles destinées aux Indigènes, afin d'obtenir des vivres et des marchandises en échange. Il expose ainsi la logique rituelle du troc, soulignant que la politique de bonne entente avec les Tupinamba impliquait des relations sociales dont les codes sont bien connus des Français.

Finalement, le chapitre qui clôt le premier traité du livre, « De la Reception que font les Sauvages aux Français nouveaux venus & comme

15 *Id.*, p. 212.
16 *Ibid.*
17 *Id.*, p. 214.

se faut comporter avec eux[18] », donne les détails de ce rapport amical, illustrant par une situation imaginée la manière dont un Indigène accueillerait un Français nouvellement débarqué. Dans cette mise en scène exemplaire, la voix d'un Indigène dramatise les enjeux d'un premier contact idéal. Cette prosopopée résume, par anticipation, à la fois le déroulement presque rituel des événements et le comportement convenable pour le Français lors de la rencontre : « Voilà les Navires de France qui viennent – se dit l'Indigène –, je feray un bon Compere : il me donnera des haches, des serpes, des couteaux, des espees & des vestemens : Je luy donneray ma fille : J'iray à la chasse & à la pesche pour luy, je feray force cotons, je chercheray des Aigrettes & de l'Ambre pour luy donner, je seray riche [...][19] ».

À travers cette dramatisation, le père Yves reproduit les circonstances possibles pour l'établissement des premiers échanges potentiels avec les Indigènes dans la France Équinoxiale. Il s'agit peut-être du second acte du colloque de Jean de Léry, sous forme de dialogue exemplaire bilingue. Si chez Léry le dialogisme sert à la reproduction des paroles et des gestes souvent répétés sur les rivages brésiliens, chez Yves d'Évreux cette reproduction est moins le résultat d'une observation – ou d'une répétition – que la divulgation d'un « programme » à être suivi.

Il est donc question, dans les toutes dernières lignes de ce premier traité du livre du père Yves, de l'image de la confiance que le Français doit accorder à son hôte tupinamba, encore une fois à travers la fictionnalisation de sa voix :

> *Ereipotar touroumi* ? *Ereipotar Kerè* ? As-tu faim de dormir ? veux-tu te coucher ? – demande l'Indigène. Le François, *Pa che potar.* Ouy je veux dormir, laisse moy. Alors le Sauvage luy donne le bon soir & bonne nuict disant, *Nein tyande Karouk tyande petom*, bon soir, bonne nuict, reposez à vostre aise : Laissons les en ce repos, & commençons le second traité de ceste Histoire.

Des signaux forts sont émis dans le discours du capucin, réunissant les éléments nécessaires pour soutenir l'amitié franco-tupi : une certaine compatibilité de tempérament entre les Français et leurs hôtes indigènes et une critique déclarée des manières de faire de leurs ennemis communs, les Portugais.

18 *Id.*, p. 218.
19 *Id.*, p. 219.

Il s'agit principalement de relations de confiance, encouragées par le troc, notamment celui du bois de brésil, qui impliquait l'utilisation d'une main-d'œuvre bénévole pour le chargement des bateaux, une tâche qui aurait été impossible sans la coopération systématique de leurs alliés indigènes. Motivé par la demande croissante de teinture rouge dans le secteur textile en expansion en France, le commerce du bois de brésil a pris une importance centrale vers la fin du XVIe siècle. Cela permet de conjecturer que les échanges, non seulement matériels mais aussi verbaux, ont été nombreux et constants sur les côtes brésiliennes entre Français et Tupinamba.

Cette alliance amicale franco-tupi, qui caractérise les rapports établis à Rio de Janeiro en 1555 et à Maragnan en 1612, est sans doute la première condition de l'émergence de la représentation d'un Tupinamba doté de parole et investi dans des échanges oraux transcrits dans les récits français. C'est ainsi que le livre de Jean de Léry, malgré son caractère anticatholique et anticolonialiste, participe, aux côtés des œuvres des missionnaires capucins, à une véritable lignée de récits dans laquelle la représentation du « Sauvage » est considérée comme « positive », en raison notamment de son éloquence. En somme, bien que divisée par le caractère confessionnel, reflétant les conceptions divergentes sur la « convertibilité » des Indigènes – entre le « Sauvage chamite et condamné » du huguenot et le « Sauvage convertible » des capucins[20] –, cette triade de récits français porte néanmoins la marque indélébile de l'amitié franco-tupi.

Bien entendu, le « désordre des voix » dans le récit de Jean de Léry – représenté par les onomatopées, les chants, les voix mises par écrit « à vif » – devient « inaudible » dans les récits missionnaires capucins, laissant la place, d'abord, à la harangue indigène dans l'œuvre du père Claude d'Abbeville. Renforçant le lien inexorable de l'amitié, les discours des chefs indigènes reproduits dans son *Histoire de la mission* traitent généralement le problème des cruautés commises par les Portugais, comme c'est notamment le cas de la première harangue du chef *Japy Ouassou* adressée aux Français dans l'île de Maragnan :

> [...] nous nous deliberions de quiter cette coste, & abandonner ce pays pour la crainte que nous avions des *Pero* (c'est à dire Portugais) nos mortels ennemis. [...]

---

20 Sur la représentation du « Sauvage convertible », *cf.* Daher, Andrea, *Les singularités de la France Équinoxiale*, *op. cit.*

> Et apres tant de miseres, pour nous combler de malheurs, cette maudite race de *Pero*, sont venus prendre nostre pays, & ont espuisé cette grande & ancienne nation, & l'ont reduit au petit nombre [...][21].

Il apparaît que le fondement de la nouvelle alliance franco-tupi que le Seigneur des Vaux proclame au nom des lieutenants du roi de France est celui de la protection des corps et du salut des âmes indigènes. En signe d'amitié, c'est par la conversation avec les Tupinamba que cette alliance a réussi à s'imposer, comme il l'affirme :

> Mes amis, vous sçavez tous comme ayant conversé plusieurs années avec vous autres, vous me priastes d'aller en France pour faire entendre à nostre grand Roy, la necessité que vous aviez de l'assistance des Fraçois, non seulement pour vous deffendre de l'invasion de vos ennemis mais aussi pour vous entretenir tousjours le traffic des marchandises dont vous avez besoin. A quoy deslors je vous donnay parole d'y travailler, pourveu que vous me promissiez de recevoir la loy de nostre Dieu [...][22].

Les fruits de cette communauté chrétienne à venir sont projetés également dans la réponse du chef *Japy Ouassou*, reproduite cette fois-ci à la troisième personne par Claude d'Abbeville : le Principal de *Juniparan* et de toute l'île de Maragnan déclare à l'occasion qu'il avait toujours été « amy des François [...], les ayans reconneu d'une conversation beaucoup plus agreable & aymable que les *Pero*, & autres, & qu'ils avoit toujours desiré pour se mettre en leur obeissance & protection [...] pour ne faire qu'une mesme nation de la Françoise & de la leur, comme ils avoient tant de fois desiré [...][23] ».

Les deux propositions, celle du lieutenant du roi et celle du chef indigène, présentent la même référence aux échanges oraux – la conversation – comme élément fondamental qui sous-tend la dynamique amicale des échanges en général – y compris et surtout le troc – dans la France Équinoxiale. À l'intérieur d'une logique d'antagonismes, ces discours se définissent par une lusophobie, naturellement inscrite dans le système d'alliances politico-commerciales de la côte brésilienne, et en contrepoint, avancent l'idée de la formation d'une nouvelle nation franco-tupi dans la sujétion volontaire des Indigènes à la monarchie française.

21 Claude d'Abbeville, *Histoire de la mission des Peres Capucins en l'Isle de Maragnan et terres circonvoisines* [...], Paris, François Huby, 1614, p. 68-70.

22 *Id.*, p. 102 v.

23 *Id.*, p. 104.

Il reste évident qu'il existait une continuité de longue date dans l'éloge des relations d'amitié franco-tupi, où les récits des missionnaires capucins se sont inscrits. Depuis au moins un demi-siècle, les rapports franco-tupi étaient placés sous le signe de la bonne entente, ouvrant ainsi la voie à des discussions sur la possible création d'un empire colonial au Brésil. L'événement symbolique de ce projet fut sans doute la « Fête brésilienne » à Rouen, avec la participation d'Indigènes amenés du Brésil[24]. Des manifestations comme celle-ci reposaient sur le phénomène de pénétration des Français dans le tissu social indigène, que Frank Lestringant a notamment appelé « endotisme[25] ». En effet, la présence ostensible d'interprètes français, les truchements, vivant parmi les Indigènes, a configuré une modalité de relation sociale basée sur l'alliance amicale à des fins commerciales, ce qui a soutenu le projet politico-économique des deux tentatives françaises d'établissement colonial en 1555 et en 1612. Par ailleurs, c'est ce que disent les voix du dialogue de Jean de Léry ; et un demi-siècle plus tard, ce que confirment les voix désireuses de l'union des nations française et tupi dans les conférences établies entre le capucin Yves d'Évreux et les chefs indigènes, sous le signe de l'acceptation du christianisme.

Quant aux truchements, intermédiaires naturels des échanges codifiés dans le cadre de la pratique du troc, chez Léry, ils deviendront également les médiateurs par excellence des interactions à l'intérieur des « scènes mystiques » de la conversion des Tupinamba à Maragnan. L'alliance amicale franco-tupi se construit ainsi sur leur parole qui répercute la promesse de soumission « au grand Roy de France » et « à la Loy de Dieu » que les missionnaires capucins étaient venus proclamer.

24 *Cf.* Daher, Andrea, *Les singularités de la France Équinoxiale*, *op. cit.*, p. 141.

25 Lestringant, Frank, « Les débuts de la poésie latine au Brésil : le *De Rebus Gestis Mendi de Saa* (1563) », *De Virgile à Jacob Balde. Hommage à Mme Andrée Thill*, éd. G. Freyburger, s. l., Publication du Centre de recherches et d'études rhénanes, Université de Haute-Alsace (diffusion Les Belles Lettres), 1987, p. 231-245.

UNE ETHNO-GRAPHIE DE LA SIMILITUDE

E os Francezes porque forão tão bem recebidos onde quer que desembarcarão ? Porque acharão tanto apoio nos Indigenas ? Por duas razões : não só porque o seu caracter sympathisa facilmente com o de todos os outros povos, mas porque tratavão com os Indigenas, como de iguaes para iguaes ; querião antes amigos que escravos, commerciavão em vez de escravisar. Eis toda a sua diplomacia com os índios[26].

« Et les Français pourquoi étaient-ils si bien reçus partout où ils ont débarqué ? Pourquoi trouvèrent-ils autant de soutien chez les Indigènes ? Pour deux raisons : non seulement parce que leur caractère sympathise facilement avec celui de tous les autres peuples, mais parce qu'ils traitaient avec les Indigènes d'égal à égal ; ils voulaient des amis plutôt que des esclaves, ils pratiquaient le commerce plutôt que l'esclavage. Voilà toute leur diplomatie avec les Indigènes. »

C'est dans ces termes que l'écrivain brésilien Gonçalves Dias s'exprime dans la première édition du magazine *Guanabara* en 1849 pour rendre compte de l'argument de la violence de la colonisation portugaise exercée contre les Indigènes, à travers le *topos* de la sympathie et de l'amitié des colonisateurs français. Au sein de l'indianisme romantique que le magazine a tellement propulsé, ces termes témoignent de la tension omniprésente dans la littérature brésilienne naissante entre la figure d'un « Indigène historique », que l'on pouvait découvrir à travers les résidus textuels coloniaux, et celle d'un « Indigène contemporain », passible d'être connu mais menacé de se désintégrer sous l'effet de siècles de destruction. La nationalisation de la première représentation – en raison de sa pureté et de sa distance idéalisable, « lisibles » dans le *corpus* de récits français des XVIe et XVIIe siècles – la situait plus près des origines, faisant couler beaucoup d'encre parmi les écrivains romantiques.

À la fin des années 1950, bien loin de cette conception et très proche de la mise en place d'une critique historique de la colonisation portugaise, l'historien brésilien Sérgio Buarque de Holanda évoque, à son tour, le

26 Dias, Gonçalves, « História pátria : reflexões sobre os annaes históricos do Maranhão por Bernardo Pereira de Berredo », *Guanabara : revista mensal, artística, scientifica e litteraria*, Rio de Janeiro, Typographia Guanabarense de L. de Menezes, 1850, p. 27.

« réalisme sobre et désabusé » des écrits portugais de l'époque coloniale, en contrepoint à la « tendance qui se répand progressivement dans le Vieux Monde avec des figures telles que Las Casas ou Jean de Léry ». Cette observation est complétée par une note érudite, où l'historien explore les théories de l'Antiquité concernant la bonté naturelle et le « mythe du noble et bon Sauvage ». Il soutient l'hypothèse que « sur les résidus de ce fonds archaïque, ou peut-être indépendamment d'eux », s'était implantée, au XVIe siècle, « l'idéalisation des peuples primitifs, notamment par certains écrivains français tels que Montaigne, inspirés à leur tour par les récits sur les Indigènes de la France Antarctique, faits par des voyageurs, notamment par Jean de Léry[27] ».

En 1986, dans l'introduction de l'anthropologue Hélène Clastres au récit du père Yves d'Évreux, la mention de l'attitude respectueuse et sympathique du capucin envers les Indigènes conduit à la comparaison inévitable avec l'attitude des jésuites portugais : « À lire Yves d'Évreux, à découvrir le respect, la sympathie peut-être que lui inspirent les Sauvages, l'aversion qu'il ressent pour la contrainte et la manière forte, on ne peut s'empêcher de penser aux dispositions si opposées d'un Anchieta, à sa dure conviction que "pour des gens de cette sorte, il n'y a pas de meilleurs prédication que l'épée et la lance"[28] ».

Dans ces appropriations contemporaines, la permanence du *topos* de la sympathie comme caractéristique des rapports entre Français et Indigènes est assurée par la manière dont leurs codes relationnels ont été délibérément inscrits dans l'ordre du discours. Le résultat immédiat en est une représentation « positive » des Indigènes, élément central, tout d'abord, dans le récit du huguenot Jean de Léry.

Au départ, au positionnement anticatholique et anticolonialiste de Léry s'est ajoutée la thèse de l'inconvertibilité des Tupinamba, on le sait, basée sur la supposition de leur origine chamite, ce qui les excluait, dans

27 Buarque de Holanda, Sérgio, *A Visão do Paraíso. Os Motivos edênicos no descobrimento e colonização do Brasil*, São Paulo, Companhia Editora Nacional, 1985, p. 297 : « *realismo sóbrio e desenganado* » ; « *tendência que se alastra aos poucos no Velho Mundo com um Las Casas ou um Jean de Léry* » ; « *sobre os resíduos desse fundo arcaico ou talvez independentemente deles* » ; « *a idealização dos povos primitivos, por obra, sobretudo, de alguns autores franceses como Montaigne, inspirados, por sua vez, nas relações sobre os indígenas da França Antártica, levadas por viajantes, especialmente por Jean de Léry.* »

28 Yves d'Évreux, *Voyage au nord du Brésil. Fait en 1613 et 1614*, éd. Hélène Clastres, Paris, Payot, 1985, p. 14.

la perspective calviniste qui était la sienne, de la possibilité de salut[29]. Cependant, au sein de ce pessimisme dogmatique, l'argument de la malédiction chamitique impliquait également un besoin de préserver leur « intégrité physique et culturelle[30] ». Il s'agissait d'une forme de « générosité du regard », bien que teintée d'hésitation[31]. Selon Frank Lestringant, cela aurait conduit à « l'invention du Sauvage » entre « théologie et ethnographie[32] ». C'est fondamentalement cette même « ouverture à l'autre », perceptible dans les dispositifs narratifs du récit, qui a conduit Michel de Certeau à considérer l'écriture de l'*Histoire d'un voyage* comme une « ethno-graphie », avant l'émergence de la discipline au XIXe siècle[33].

Chez les capucins Claude d'Abbeville et Yves d'Évreux, une forme d'« ethno-graphie » émerge également, indissociable cette fois-ci d'une théologie assurément salvifique. C'est dans ce sens – contredisant la thèse largement répandue dans les traités théologiques et les rapports de missions sur l'« inconstance des Sauvages » qui auraient du mal à maintenir leur conversion –, que Claude d'Abbeville avance l'argument en faveur du « naturel » constant des Tupinamba :

---

29 « C'est pour cette raison que Léry apparaît en définitive comme un anticolonialiste : l'Indien étant inconvertible, ainsi que l'échec de la colonie française du Brésil l'a montré, les Espagnols et les portugais n'ont aucun droit à occuper ses terres sous prétexte de colonisation. » Léry, Jean de, *Histoire d'un voyage fait en la terre du Brésil*, Préface de Frank Lestringant, Aubenas d'Ardèche, Presses du Languedoc / Max Chaleil Éditeur, 1992, p. 11.

30 Frank Lestringant signale notamment que c'est « par défaut, et non par quelque mérite particulier, que la France a le mieux préservé l'intégrité physique et culturelle de l'autre, grâce, si l'on peut dire, à la série d'échecs militaires qui, tout en la maintenant présente sur les lieux par le biais des coureurs des bois, lui ont interdit toute conquête effective comme toute évangélisation durable ». Lestringant, Frank, *Le huguenot et le Sauvage, Essai sur l'Histoire d'un voyage faict en la terre du Brésil*, Paris, Honoré Champion, 1999, p. 272-273.

31 « La sympathie profonde qu'il [Léry] ressent pour ces hommes libres [...] n'est jamais étouffée par la perspective apocalyptique qu'il leur prédit. » Préface de Frank Lestringant à Léry, Jean de, *Histoire d'un voyage fait en la terre du Brésil (1557)*, Presses du Languedoc / Max Chaleil éditeur, 1992, p. 10. *Cf.* aussi Lestringant, Frank, *Jean de Léry ou l'invention du sauvage. Essai sur l'*Histoire d'un voyage faict en la terre du Bresil, Paris, Classiques Garnier, 2016. Les expressions « sympathie » et « générosité du regard » apparaissent à quelques reprises, notamment dans le chapitre « La chorégraphie des indiens, ou le ravissement de Jean de Léry », p. 149-173.

32 *Cf.* Lestringant, Frank, *Jean de Léry ou l'invention du sauvage*, *op. cit.*, p. 81-208.

33 De Certeau, Michel, « Ethno-graphie. L'oralité ou l'espace de l'autre : Léry », *L'Écriture de l'histoire*, *op. cit.*

> Aucuns les estiment merveilleusement obstinez ; les autres disent qu'ils sont sort inconstants & variables. Ils sont à la vérité fort inconstans, si c'est inconstance de se laisser aller à la raison ; car ils sont si dociles que par la raison vous les menez aysement çà & là : Ils vous obeïssent aussi tost & leur saictes saire tout ce que desirez[34].

Et après avoir évoqué un certain nombre d'anciennes « coutumes sauvages », telles que « se percer la lèvre, s'arracher la barbe, se peindre le corps & autres », le capucin tire une conclusion générale, de manière déclamatoire :

> [...] telles coustumes estant indiferentes de soy, & qu'elles n'empeschoient de leur donner le Baptesme nous nous contentasmes de leur dire seulement que nous les laissions pour cela à leur liberté, & que nous ne nous en soucions pas.
>
> Au contraire, leur dismes nous, si vous voulez encore vous percer les jouës & les narines comme vos lévres, percez les de tous les costez, nous en sommes contens ; & mesme si désirez vous peindre le corps, nous ferons venir de belles couleurs de la France que vous n'avez pas en vostre païs, afin d'estre plus beaux & de vous peindre encore davantage. Mais si vous voulez croire nostre conseil, vous ferez comme nous[35].

L'« ouverture à l'autre » suggérée dans ce passage ne correspond pas à la conception contemporaine d'empathie, selon laquelle on reconnaît l'altérité comme différence. En effet, dans le régime analogique de représentation de l'époque moderne, la notion d'altérité n'était pas déterminée par l'idée de « différence culturelle », mais plutôt définie par des degrés de similitude. Considéré comme un « prochain » du fait d'avoir une âme, l'Indigène était intégré dans l'échelle hiérarchique des hommes, présentant ainsi une certaine similitude – bien que faible – avec la bonne humanité chrétienne. Sa conversion était donc perçue comme un passage du *même* au *même* : du Sauvage corrompu par l'emprise du diable sur son âme à la révélation de sa véritable nature humaine, devenant ainsi proportionnellement plus proche de Dieu.

Il en va de même pour Jean de Léry. Sous sa plume, l'accusation de l'incohérence du projet colonial français de 1555 est associée à la construction de l'image d'un Tupinamba implicitement déguisé en huguenot massacré. Pour lui, l'*autre* sauvage, chamite et condamné,

---

34 Claude d'Abbeville, *Histoire de la mission*, *op. cit.*, p. 313-313v.

35 *Ibid.*

est donc le *même*, dans le « fantasme d'identification » du huguenot persécuté, comme le suggère Frank Lestringant[36].

Pour Claude d'Abbeville, le Tupinamba qu'il a rencontré un demi-siècle plus tard, docile et disposé à la conversion, semble incarner par extension la victoire sur l'hérésie qui a motivé l'avancée de l'ordre missionnaire des frères mineurs capucins dans les provinces françaises. Son coreligionnaire d'Évreux, à son tour, fournit dans son récit des preuves irréfutables des capacités de civilisation des Indigènes à travers une définition positive de leur « naturel », en soutenant, par exemple, qu'ils seraient « beaucoup plus aisez à civiliser que le commun de nos Païsans de France[37] ». En somme, pour les capucins, l'*autre* tupinamba en tant que « Sauvage convertible », semble être une fois de plus le *même*, ou plutôt le « prochain ».

En effet, le régime analogique qui commandait les modalités des rapports avec l'autre – ainsi que l'usage des dispositifs rhétoriques dans les discours – fonctionnait comme un véritable système « topographique » identitaire. Ainsi, aux XVIe et XVIIe siècles, les conditions du rapport aux Indigènes peuvent aussi être comprises à partir des termes forgés et des lieux communs mobilisés dans leur désignation. Cela permet de déterminer l'ensemble de conventions symboliques distinctives qui servaient à conférer ou à soustraire de la similitude, plutôt qu'à désigner les individus empiriques auxquels elles étaient appliquées, en présupposant le fondement de la représentation, c'est-à-dire la position hiérarchique.

Dans les textes jésuites, tout d'abord, les Indigènes du Brésil sont appelés « Gentils » [*Gentio*] ou encore « nègres » [*negros*], définis scolastiquement par leur infériorité naturelle, comme des bêtes par nature, dotés de force physique mais d'un entendement déficient, et incapables de l'exercice de police en raison de leur inconstance et de la pratique des vices contre-nature. Cette définition correspond donc à l'absence des institutions de la politique catholique, puisque l'Indigène, en tant que barbare, est considéré comme un obstacle à la Conquête qui le conduit à la civilisation[38].

---

36 Lestringant, Frank, *Jean de Léry ou l'invention du sauvage*, *op. cit.*, p. 406-410.

37 Yves d'Évreux, *Voyage dans le nord du Brésil*, *op. cit.*, p. 64.

38 *Cf.* Hansen, João Adolfo, *A sátira e o engenho. Gregório de Matos e a Bahia do século XVII*, São Paulo, Companhia das Letras, 1989, p. 309.

D'une manière générale, les termes « nègre » ou « bête » remplissaient sémantiquement des lieux communs de personne, classant des types de genre inférieur. Leur signification reflète ainsi la hiérarchie sociale en valeurs sémantiques d'ordre éthique, juridique et théologique. De par sa descendance chamite, son comportement approprié et convenable envers les chrétiens devait être déterminé de manière pragmatique. Ainsi, l'Indigène est susceptible de trouver sa définition au sein de l'orthodoxie catholique, s'éloignant de celle de « Gentil ». Les continuités dans l'emploi de ce vocabulaire scolastique et des *topoï* qui le soutiennent sont frappantes dans les écrits des jésuites, réfractant toujours, à travers une topologie pragmatique, les positions hiérarchiques parmi lesquelles les Indigènes occupent la place la plus basse sur l'échelle du corps social[39].

Dans le « *Diálogo sobre a conversão do Gentio* » [« Dialogue sur la conversion des Gentils »][40], conçu vers les années 1556 et 1557 par le jésuite Manuel da Nóbrega, Supérieur de la Compagnie de Jésus au Brésil, les Indigènes apparaissent comme les descendants légitimes de Cham et porteurs de sa malédiction. Reprenant de manière exemplaire les termes couramment utilisés par les colons chrétiens « qui les maintiennent dans l'ignorance de Dieu[41] », ils sont également désignés dans le « Dialogue » comme « chiens » [*cães*] ou « porcs » [*porcos*], mobilisant avec ces termes des métaphores qui sont des allégories de vices bestiaux, tels que le cannibalisme et la polygamie, autorisées par Saint Matthieu : « Gardez-vous de donner aux chiens ce qui est sacré, et ne jetez pas vos perles devant les porcs, de peur qu'ils piétinent vos perles et que les chiens se retournent contre vous pour vous déchirer[42] ».

Au même moment que le père Nóbrega, Jean de Léry fait usage des termes « Sauvages », « Barbares », « Américains », « Brésiliens ». Le terme « Sauvage » est employé, comme dans les récits français en général, sous la forme d'épithète et comme substantif, de manière prédominante[43]. L'adjectivation chez Léry renvoie généralement à l'idée de

39 *Ibid.*

40 Nóbrega, Manoel da, « Diálogo sobre a conversão do gentio », éd. Serafim Leite, *Cartas dos primeiros Jesuítas do Brasil*, São Paulo, Comissão do IV° Centenário da cidade de São Paulo, 1954, vol. II.

41 Pécora, Alcir, *Máquina de gêneros*, São Paulo, Edusp, 2001, p. 91.

42 Matthieu 7, 6.

43 *Cf.* Nicot, *Thresor de la langue française*, Paris, David Douceur, 1606, p. 583 : « Sauvage, m. penac. *quasi in syluis agens, Syluester, Syluicola*. Demi sauvage, *Semiferus*. Gent sauvage,

« brute », par opposition à celle d'« homme », se basant sur le *De Officiis* [*Des devoirs*] de Cicéron. C'est ainsi que Léry écrit dans le chapitre XVI de son *Histoire* : « Comment doncques, dira maintenant quelqu'un, se peut-il faire que, comme bestes brutes, ces Américquains vivent sans aucune religion[44] ? » En tant que « bestes brutes », les Sauvages de Rio de Janeiro sont, sous la plume de Léry, « pauvres » et « misérables », signe de la condamnation qui résulte de la malédiction chamitique, déclarée dans le même chapitre XVI de son livre : « [...] ce sont pauvres gens issus de la race corrompue d'Adam[45] ».

Chez Claude d'Abbeville, le dispositif de dénomination des Indigènes est saturé par la répétition du nom « Sauvage », s'inscrivant dans le même champ sémantique que son prédécesseur français. Leur nature en tant que « brutes » n'est pas explicitement substantivée dans son récit, mais elle est affirmée dans les passages où sont décrites les coutumes indigènes que Claude d'Abbeville a paraphrasés de l'*Histoire* de Jean de Léry. Dans le chapitre XLVI, consacré à la nudité des Tupinamba, le capucin adopte une forme élocutive similaire à celle du huguenot : « Il est ainsi que ceste coustume de marcher nud est merveieusement difforme & deshonneste, ressentant infiniment sa brutalité[46] ».

Les Indigènes sont encore désignés comme « Maragnans » ou « Barbares » et unifiés comme « nation » ou « peuple ». Soumis à l'emprise du diable, ils sont considérés par Claude d'Abbeville comme un « miserable peuple qui a toujours esté sien [du diable] comme barbares, cruels & yvrognes, ne prenant plaisir qu'à danser & Caouinner [...][47] ».

Un passage du livre du père Claude montre précisément l'artifice amplificateur du « naturel indigène » par l'utilisation d'un dispositif de saturation nominative, visant à établir les cadres de la représentation des Tupinamba de Maragnan. La métaphore héliotropique se réfère ici fondamentalement à leur éloignement de la Justice divine, proportionnel à leur état de misère :

Deuia et syluestris gens." Dans le *Dictionnaire de L'Académie française*, Paris, Imprimerie royale, 1694, p. 445 : "Sauvage, se dit aussi, De certains Peuples qui vivent ordinairement dans les bois, sans religion, sans loix, sans habitation fixe, & plustost en bestes qu'en hommes. Les peuples sauvages de l'Amerique, de l'Affrique &c. En ce sens, il est aussi subst. Les Sauvages de l'Amerique, il a vescu long-temps parmi les Sauvages, un Sauvage ».

44 Léry, Jean de, *op. cit.*, p. 233.

45 *Id.*, p. 261.

46 Claude d'Abbeville, *Histoire de la mission*, *op. cit.*, p. 271.

47 *Id.*, p. 304.

> Quoy qu'il en soit, ce sont des esprits domestiques de la region du Soleil merveilleusement bien complexionnez, d'un bon naturel & d'un bel esprit ; mais d'autant plus eslognez du Soleil de Justice nostre Sauveur, qu'ils ont toujours esté jusques à maintenant pauvres, miserables, Barbares, Sauvages & Payens [...][48].

Face à cette condition de pauvreté, Claude d'Abbeville soutient dans le chapitre XV de son livre que les missionnaires doivent visiter les villages de l'île de Maragnan afin de « reconnoistre toutes leurs costumes et manieres de vivre, pour puis apres leur faire entendre plus facilement la fin pour laquelle nous estions là venus[49] ». Une fois de plus, l'ouverture à l'altérité indigène, perceptible dans ce passage, est renforcée par des dispositifs rhétoriques qui construisent la figure de la « conversion à rebours », d'après l'archétype paulinien de la conversion[50].

Des effets d'identification entre le missionnaire et l'Indigène sont opérés dans le récit de Claude d'Abbeville à travers le même adjectif « misérable », employé par les frères mineurs franciscains et capucins dans les *topoï* de la « modestie affectée » et pour désigner la condition sauvage. C'est ainsi que, dans les lettres écrites depuis Maragnan, le père Claude étend la *valedictio* couramment utilisée par les capucins, basée sur le *topos* de l'humilité, et appose la formule suivante : « Votre petit frère et serviteur en Nostre Seigneur, frère Claude d'Abbeville, Capucin indigne et Indien et pour le présent[51] ».

Certes, la forme du « je » de l'énonciation rhétorique n'était pas psychologiquement expressive comme de nos jours, mais plutôt inventée à travers l'application des caractères, définis selon Aristote, qui se référaient à la typologie hiérarchique des hommes. Sous l'institution rhétorique, ces formes, ainsi que les sujets représentés, ont toujours été médiés par les catégories d'identité et de similitude, qui constituaient la forme même de la représentation au XVIIe siècle. C'est par cette voie que la condition indigne et misérable des frères mineurs rencontre l'indigence indigène, telle qu'elle figure dans la *valedictio* des missives du capucin.

Quant au récit d'Yves d'Évreux, les désignations les plus courantes, telles que « Sauvages », « Barbares » et « Maragnans », ainsi que la

48 *Id.*, p. 321v.

49 *Id.*, p. 94v-95.

50 Première Épître de Paul aux Corinthiens (9,27).

51 Claude d'Abbeville, *L'Arrivée des peres capucins en l'Inde Nouvelle appellée Maragnon* [...], Paris, Abraham Le Febvre, 1612, p. 16.

référence à la « nation barbare » des Tupinamba, y sont également fréquentes. L'adjectivation est limitée au vocabulaire propre à la théologie franciscaine, comme en témoigne la mention des « pauvres Sauvages » dans la préface du livre, suivie de la nomenclature des diverses nations prêtes à se soumettre au joug de la monarchie française. À l'instar des succès de Saint Louis – dont le culte dans les premières décennies du XVIIe siècle a inspiré le nom donné à l'île où les Français s'étaient installés à Maragnan –, le père Yves souligne l'opportunité ainsi offerte au roi Louis XIII : « l'ouverture vous est faicte d'imiter sa Pieté & religion [à Saint Louis] envers ces pauvres Sauvages, qui desirent extremement cognoistre Dieu, et vivre soubs l'ombre de vos Lys. »

La référence aux « pauvres Sauvages », « pauvres gens » ou « pauvres âmes captives » dans ces pages concerne également l'hypothèse assumée de leur descendance des Cananéens. La préface se termine par l'« istoire Evangelique de la pauvre Chananee reputé pour chienne, laquelle ne demandoit pour la deslivrance de sa fille possedee du Diable que les miettes tombantes de la table Royale du Redempteur ». L'analogie permet de confronter la misère des uns et la richesse des autres : « Ceste nation des Sauvages est issue d'un mesme Pere que ceste Chananee, ses enfans sont possedez des Demons par l'infidelité : Elle ne demande ny vos thresors ny grande somme de deniers, ains seulement les miettes superflues, qui tombent deçà, delà, de vostre Royale grandeur[52]. »

Sous la plume des missionnaires capucins, ces « enfants du diable », « ignorants de tout[53] » et demandeurs de la royale protection de la France sont pourtant exemptés du poison de l'hérésie. Cela constitue le fondement même de leur relation avec ce « prochain », qu'il est urgent de ramener à la bonne humanité catholique par la conversion, renforcée par l'indéniable cordialité des relations humaines dans la nouvelle France de l'Équinoxe.

52 Yves d'Évreux, *Voyage dans le nord du Brésil*, *op. cit.*, p. 7.

53 Claude d'Abbeville, *Histoire de la mission*, *op. cit.*, p. 311.

LA MISE EN SCÈNE D'UNE FRANCE DE L'ÉQUINOXE

La condition de « pauvreté » ou de « misère » définit rhétoriquement, sémantiquement et pragmatiquement les Tupinamba dans le *corpus* de textes français. C'est précisément autour de cette même condition que se structurent les deux grands arguments divergents sur les rapports établis avec les Indigènes, tous deux conçus sous le signe de la similitude, de l'identification ou de la sympathie : un certain pessimisme primitiviste du huguenot Jean de Léry et la projection utopique capucine.

En ce qui concerne particulièrement les Français et les Tupinamba, une alliance mystique unifiait les aspirations individuelles dans la volonté unique et légitime de l'État chrétien français, fondée sur la structure du corps collectif de la colonie brésilienne de Maragnan. Ainsi, la France Équinoxiale pouvait pleinement incarner cet espace idéalisé de positions, où les voix sympathiques s'entendent, potentiellement aptes à participer, en toute légitimité, au cadre du bien commun des nations.

LES VOIX EN PROJECTION

Frank Lestringant a montré de manière définitive que, pour Jean de Léry, le Brésil était un nouvel Éden d'hommes libres, mais misérablement réfractaires à la Parole, et de ce fait condamné à une destruction imminente, comme annoncé dans l'*Apocalypse*[1]. En effet, dans *Histoire d'un voyage*, la dénonciation de la violence luso-espagnole cède la place

1 Léry, Jean de, *op. cit.*, p. 257 : « Voila le texte lequel, quant à la lettre, approche fort du dire et de ce que pratiquent nos *Toüpinambaoults* ».

à un « sentiment d'urgence apocalyptique[2] », selon lequel le pauvre Sauvage est condamné, non seulement pour son origine maudite, mais aussi par la destruction de l'Amérique par les puissances catholiques. Au milieu de ce théâtre en ruines, Léry écrit le récit de son exil parmi les Tupinamba, au cours de l'expérience malheureuse de la colonisation française d'une Amérique qui, à ce moment-là, cesse d'être la terre promise des réformés.

Le récit de la persécution et de la fuite des huguenots de l'île de Villegagnon et leur refuge sur la terre ferme auprès des cannibales, avec lesquels Léry vivra « familièrement » et « en bonne intelligence », constitue l'épreuve nécessaire à sa propre rédemption, sans que Léry n'expérimente aucune exigence de prosélytisme envers ses hôtes sauvages. En bref, il n'y aurait sous la plume du huguenot aucune « projection politique globale » ou collective en faveur de l'isolement individuel[3]. Comme le montre Lestringant, sa représentation du Sauvage serait un produit nostalgique, fruit de la perte et de la distance, exprimées notamment dans sa phrase lapidaire : « je regrette souvent que je ne suis parmi les sauvages[4] ». À l'isolement individuel autorisant le remords s'ajoute le caractère puritain du calvinisme de Léry qui le positionne vers un passé toujours perdu. Le prix de cette expérience est l'absence de projection utopique et l'investissement dans un primitivisme tourné vers les origines[5].

Un demi-siècle plus tard, en 1612, rien ne pouvait présager la fin malheureuse de la France Équinoxiale, une entreprise impérativement catholique soutenue par la reine régente, malgré la présence des chefs huguenots comme La Ravardière, garant de l'alliance avec les Tupinamba. Pendant de longues années de contacts, comme on l'a vu, la pénétration des Français dans le tissu social indigène était la condition de ces alliances, visant, dans un premier temps, à garantir l'efficacité des rapports commerciaux basés sur le troc, et ensuite le projet durable de colonisation d'une région qui s'offrait aux prétentions de la monarchie française à partir des premières décennies du XVIIe siècle.

Dans le discours capucin, la mission de Maragnan consistait avant tout en une réponse à l'appel pathétique des Indigènes eux-mêmes,

---

2 Lestringant, Frank, *Jean de Léry ou l'invention du sauvage*, *op. cit.*, p. 98.

3 *Id.*, p. 74-78.

4 Léry, Jean de, *op. cit.*, p. 342.

5 Lestringant, Frank, *Jean de Léry ou l'invention du Sauvage*, *op. cit.*, p. 78.

comme l'écrit Claude d'Abbeville dans la préface de son livre adressée à la France : « N'entends-tu pas les cris de ces petites colombes plorantes et gemissantes, te suppliant avec tant de douceur, d'humilité et d'amour, de leur ouvrir la porte[6] ? »

Incontestablement, l'apologie du Tupinamba que les récits des capucins véhiculent s'éloigne de façon stratégique du « sentiment apocalyptique » de destruction, cher à Jean de Léry, pour pouvoir répondre à l'appel de ces « petites colombes », annonçant l'urgence missionnaire sur des bases programmatiques. Face à l'avenir français de Maragnan, les pères Claude et Yves construisent dans leurs récits une représentation de l'union franco-tupi à partir d'un argumentaire comparable à celui des discours que l'on pourrait qualifier d'utopiques.

La publication en 1516 d'*Utopie* n'a pas désigné un genre à proprement parler, bien qu'il ait marqué une diffusion, dans divers genres, des lieux communs qui avancent dans le sens de l'invention de Thomas More, c'est-à-dire la description d'un pays de nulle part (*ou-topia*) et de bonheur (*eu-topia*)[7]. Le livre, on le sait, est situé entre la *République* idéale de Platon et l'*Histoire véritable* de Lucien de Samosate (dont More avait traduit avec Érasme les premiers opuscules).

Les éditions des deux premières traductions d'*Utopie* en français permettent de reconstruire normativement ses premières « lisibilités ». La traduction de Jean Le Blond, publiée en 1550, a pour titre *La description de l'isle d'Utopie ou est compris le miroer des republicques du monde, & l'exemplaire de vie heureuse.* Réédité par Barthélemy Aneau neuf ans plus tard, le livre s'appellera *La Republique d'Utopie* [...] *œuvre grandement utile & profitable, demonstrant le parfait estat d'une bien ordonnée politique.* Les titres français ont tendance apparemment à accentuer, d'une part, l'adhésion de More au texte de *La République* de Platon, en ajoutant la poursuite du bonheur terrestre introduite dans l'*Utopie* ; et d'autre part, le caractère de description exemplaire.

Comme l'a souligné Jean Céard, pour le traducteur français, Le Blond, il s'agit de déplorer la corruption de son époque et de faire

6 *Id.*, p. 6.

7 En refusant l'idée d'utopie comme genre littéraire, très largement soutenue, je considère ici les discours dans lesquels sont mobilisés certains *topoï* identifiables dans différents genres, dans le sillage de l'*Utopie* de Thomas More. *Cf.* Fortunati, Vita, « Utopia as a Literary Genre », éd. Vita Fortunati & Raymond Trousson, *Dictionary of Literary Utopias*, Paris, Honoré Champion, 2000, p. 634-643.

« la louange de la sainte vie des Utopiens », en accord avec la notion d'« exemplaire de vie heureuse » qui figure dans le titre de l'édition de 1550. Pour son deuxième éditeur français, Aneau, le livre de More est juste un « argument contemplatif », puisque cette « République morale [est…] si très-parfaite que jamais telle ne fut, ne est, ne par aventure sera[8] ». En tout cas, dans les paratextes d'introduction et en particulier dans la composition des titres de ces éditions françaises, le caractère d'« utilité » se trouve garanti : la conception de la coïncidence de la volonté collective et de la finalité du corps politique l'emporte sur le caractère de « simulation » – « lieux et faits, feintz et inventez plustost que vrais », dans les termes mêmes d'Aneau[9]. En effet, le sens de « jeu » ou de « scène » (*scena*) est affirmé par More lui-même dans une note (toujours présente dans l'édition française de 1559), dans laquelle *Utopie* est comparée à une « fable qu'on joue ». Cependant, étant « plus belle, & plus élégante[10] », il s'agit, une fois de plus, de la meilleure mise en scène possible d'une *respublica*.

Cette mise en scène exemplaire est le premier motif utopique majeur que l'on retrouve dans le livre de Claude d'Abbeville, dans les lieux communs de l'union mystique projetée dans l'organisation du corps collectif de la colonie de Maragnan, qui rassemble les volontés individuelles dans la volonté unique et légitime de l'État chrétien français. Dans cette perspective, la colonie est dépeinte dans l'*Histoire de la mission* comme une communauté chrétienne qui fusionne la France et la nouvelle France d'outre-mer, jusqu'à la conclusion ultime du livre : « O nous heureux & nos fatigues par trop bien employées, si ces conceptions de nos entendemens, qui si ardamment embrasent & enflamment nos affections, se voyent un jour heureusement accomplies en l'une & l'autre France[11]. »

La France Équinoxiale réalise ainsi la vocation assumée par la mission des capucins comme « reflet » – un « miroir[12] » sans doute imparfait,

8 Céard, Jean, « Premiers lecteurs français de l'*Utopie* de Thomas More », *Morus. Utopia e Renascimento*, n° 8, 2012, p. 27-39.

9 *Id.*, p. 33.

10 *Cf.* Demonet, Marie-Luce, « L'utopie comme comble de la fiction à la Renaissance », *Morus. Utopia e Renascimento*, n° 6, 2009, p. 82.

11 *Id.*, p. 381.

12 *Cf.* le titre de la traduction française de l'*Utopie* de Thomas More, de Jean Le Blond, publiée en 1550 : *La description de l'isle d'Utopie ou est compris le miroer des republicques du monde, & l'exemplaire de vie heureuse.*

qui reflète une image « disproportionnée » – de la monarchie catholique française, où s'instaure utopiquement la régularité de la loi sur la coutume indigène et où se consubstancialise l'amitié, dans le cadre du bien commun des nations.

En ce sens, dans le chapitre XXVIII de son livre, le père Claude transcrit l'ensemble des quatre lois fondamentales établies dans la France Équinoxiale, « tenant pour maxime certaine, que sans la justice que Dieu a ordonnée entre les hommes, comme son Image, nulle Republique ne peut subsister[13] ». Il est vrai que cet ensemble de lois, destiné à promouvoir la discipline nécessaire à la prospérité de la colonie, était directement lié à la situation créée par de longues années de contacts entre Tupinamba et Français à Maragnan, codée par les gestes amicaux de la pratique du troc. Sous la plume des capucins, l'« estroite union entre la Religion & la Loy[14] » convertit l'amitié franco-tupi dans la figure qui opère la communion dans la nouvelle France Équinoxiale. Conduisant les Indigènes à une forme civile plus proportionnellement proche de la *respublica*, la colonie deviendrait ainsi un espace dans lequel se réaliserait moralement et politiquement leur participation dans le corps politique et social, en tant que sujets du roi de France. C'est précisément ce qu'annonce le Seigneur des Vaux au nom de ses lieutenants, dans une harangue en tupi, dans laquelle il affirme la « bonne volonté » des Tupinamba pour « se soumettre à la domination » française et recevoir les lois « saintes, justes et propres » à la conservation et l'augmentation de la « prospérité du pays[15] ».

Il n'est pas étonnant que la meilleure mise en scène possible de cette république française des tropiques soit réalisée sur une île, « l'Île de Maragnan ». L'insularité est peut-être le motif le plus courant des récits utopiques, puisqu'une communauté isolée serait préservée de la corruption étrangère, pouvant offrir le miroir parfait de son état.

Le père Claude raconte qu'après un court séjour sur deux îlots, Fernand de La Rocque et Sainte Anne, l'expédition française part en 1612 vers la « Grande Isle de Maragnan » pour trouver les Indigènes, qui étaient « les thresors, & pierres precieuses » qu'ils cherchaient[16]. Sur cette île,

13 Claude d'Abbeville, *Histoire de la mission*, p. 166.
14 *Id.*, p. 165.
15 *Id.*, p. 102v.
16 *Id.*, p. 61.

nommée « Île de Saint Louis », Claude d'Abbeville rencontre aussi « un air plus beau & plus serein qu'il y a ordinairement », où « Les Elements sont naturellement purs & nets ; s'ils sont corrompus, ce n'est pas d'eux mesmes, c'est par accident, & faut que l'impureté & corruption vienne d'ailleurs[17] ». S'appuyant sur les lieux communs qui fondent la thèse du déterminisme climatique – très répandue en France au XVIIe siècle, y compris dans la théologie capucine[18] –, il estime que « l'air Meridional chaut & subtil, les subtilise & les rend d'un esprit relevé & gentil » ; et il ajoute : « C'est pour cela que les Maragnans estant en un climat si temperé, sont d'un si bon naturel & ont l'esprit si gaillard[19] ».

Sous la plume de Claude d'Abbeville, l'île de Maragnan – où les Tupinamba s'étaient installés quelques années à peine avant l'arrivée de la compagnie française, fuyant les persécutions de leurs ennemis – a certainement été le lieu choisi par les Indigènes eux-mêmes pour réaliser, de par le dessein de la Providence et l'impulsion de la mission capucine, l'heureux destin de l'alliance franco-tupi.

> Quelques uns s'emparerent de la grande Isle de Maragnan – dit le Père Claude – reconnoissant que c'estoit une place tres forte & un lieu d'asseurance pour eux, que ce grand Dieu peut estre leur avoit preparé de toute eternité, pour les conserver de la persecution de leurs ennemis & du Diable & moyenner par eux le salut de cette nation voulant estre servy, adoré & glorifié parmy ce peuple barbare qui se devoit convertir par la predication avant la fin du monde[20].

Il s'agit déjà de la fin d'un monde. Mais pour Claude d'Abbeville et Yves d'Évreux, en revanche, répondre à l'appel des Indigènes signifie les inscrire dans le projet eschatologique chrétien, en projetant l'alliance franco-tupi dans un avenir prospère. La succession de harangues énoncées par les Tupinamba et les missionnaires (ou truchements et lieutenants du roi) à Maragnan est le signe même de cette réalisation d'ordre moral et politique. Cela se rapproche du modèle dialogique platonicien, où différents discours sont basés sur le récit d'une scène dramatique minimale qui présuppose la présence de personnages avec des positions distinctes et réunis dans une situation donnée, exigeant une pratique rationnelle.

---

17 *Id.*, p. 192.

18 *Cf.* Yves de Paris, *La Théologie naturelle. Tome quatriesme. De la Religion. Que la religion chrestienne est la vraye* […], Paris, N. Buon, 1638, p. 689.

19 Claude d'Abbeville, *Histoire de la mission*, *op. cit.*, p. 311.

20 *Id.*, p. 260v.

C'est ce que représente la République de Platon, où le dialogue apporte virtuellement la preuve de la valeur du juste et démontre les conditions d'ajustement de positions aussi distinctes dans l'invention d'une cité idéale. Cependant, dans la cité idéale de la France Équinoxiale mise en scène par Claude d'Abbeville, le dialogue proprement dit laisse la place aux harangues, sous forme d'interpellations réciproques. Il n'y a donc pas de dynamique dramatique à travers le jeu dialectique des discours particuliers des personnages, qu'ils soient conflictuels ou coopératifs. Le discours ne produit pas non plus progressivement une hiérarchie à laquelle seraient soumises les traditions réconciliées ou révoquées dans un plan rationnel et universel de la république. Chez le capucin, les harangues des Indigènes, prononcées dans leur succession obligatoire, se conforment ainsi à une vraisemblance universelle capable de définir immédiatement la qualité de la parole des intervenants.

On pourrait en dire autant des échanges oraux représentés dans le récit d'Yves d'Évreux, où le dialogisme crée un espace de positions définissant la projection d'un Maragnan français, dans lequel les voix sympathiques communiquent grâce à la douceur de leurs propos.

> [...] les hommes sont attirez par la douceur & par la raison à l'obeissance des loix divines & humaines [...]. [Cela] nous appartenoit quand sa Majesté & nos Peres nous envoyerent par delà, pour amener à la cognoissance de Dieu ces pauvres ames barbares, lesquelles nous recogneusmes avant que nous mettre en besongne, desireuses de la douceur : Et par ainsi nous conclumes ensemble de regler nos paroles nos façons de faire avec eux au niveau d'une parfaicte douceur, dont nous nous sommes bien trouvez[21].

Il ne semble y avoir aucun joug exercé sur les Indigènes qui s'expriment dans la prosopopée caractéristique de ces dialogues, car ils semblent adhérer librement au projet politique et missionnaire, prenant la parole tout en étant insérés dans un ordre établi qui leur est approprié. L'apparente hybridité des positions hiérarchiques dans la colonie de Maragnan, sous « la Religion & la Loy » des Français, se manifeste dans les discours qui circulent sans frictions majeures entre la langue française et la langue tupi.

21 Yves d'Évreux, *Voyage dans le nord du Brésil (1615)*, *op. cit.*, p. 265.

L'ALLIANCE INÉGALE

> [...] nous nous sommes tousjour massacrez, & entremangez les uns les autres, le diable *Jeropary* sejoüant de nous. [...] Mais maintenant nous ne craignons plus rien puis que tu es venu, & que tu remettras avec ta bonne nation, la nostre aussi grande qu'elle a esté autrefois[22].

Sur cette scène idéale, en rupture radicale avec la temporalité de la « coutume indigène », le Tupinamba qui parle de façon cohérente au nom de l'alliance franco-tupi se montre potentiellement convertible. Dans ces conditions, son éloquence semble être totalement dépendante de l'invention d'une mémoire du péché, qui définira le temps de l'expérience indigène en tant que temps catholique scindé en deux, avant et après la conversion.

À partir de cette temporalité de l'expérience mystique de l'avant et de l'après, le chef *Japy Ouassou* s'adresse au lieutenant du roi de France à l'arrivée des Français à Maragnan, pour projeter dans son discours l'avenir de son peuple. La coupure temporelle qu'il énonce, entre le temps passé de « la coutume indigène » et le futur de l'histoire des hommes, s'accompagne d'une « décontextualisation », c'est-à-dire une abstraction des circonstances particulières liées au « passé sauvage[23] ». Dans le récit du père Claude, cet « effet uchronique », qui inscrit les nouveaux convertis dans le temps eschatologique de l'histoire universelle, est renforcé par une coupure spatiale analogue entre *par-deçà* et *par-delà*, soulignant toujours la disparité entre la pauvre nation tupi et le grand royaume de France.

Le discours véhément prononcé par le Sieur des Vaux, en réponse à une harangue du vieillard *Moboré Ouassou*, révèle également cette disproportion. Reprenant la comparaison faite par le vieillard entre les *Pero* [Portugais] et les Français, il accentue la différence entre « l'humeur des uns et des autres ». L'évocation de l'installation brutale

---

22 *Id.*, p. 70. Le nom *Jeropary*, diable, s'écrit *Giropay*, chez Yves Évreux.

23 Cette décontextualisation correspond à une généralisation des règles écrites – et aussi des Écritures –, afin de recouvrir ou de remplacer les normes plus contextualisées des sociétés orales. *Cf.* Goody, Jack, *La logique de l'écriture*, Paris, Colin, 1986, p. 24. Voir Daher, Andrea, *Les singularités de la France Équinoxiale*, *op. cit.*, p. 281.

des Portugais à *Fernambourg* et *Potyiou* entraîne, à l'opposé, l'argument de la reconnaissance des faits des échanges fréquents de marchandises, de leur défense contre leurs ennemis et la fin de leur extermination croissante avec le secours apporté par la présence des « grands guerriers » français. Au Sieur des Vaux de conclure : « Si les François t'ont faict tant de bien & à Tous tes semblables, & s'ils sont Vos grands Amis & Alliez, comme tu ne sçaurois desavouer : tu as grand tort de les comparer aux *Pero*, que tu dis estre vos ennemis, qui ont tant fait de Mal à Toute ta Nation[24] ».

Les termes de ce discours « pour la deffence de l'honneur des François » désignent nettement une « alliance inégale » entre les nations tupi et française, dont les conditions sont semblables à celles que prévoyait Jean Bodin lorsque « ceux qui ne sont point ennemis, [...] l'un reçoit l'autre en protection », reconnaissant « leurs protecteurs en tout honneur ».

> [...] les Princes – écrit Bodin – qui sont en protection, s'il n'y a autre sujétion, retiennent la souveraineté, [bien] qu'ils aient traité alliance inégale, par laquelle ils sont tenus reconnaître leurs protecteurs en tout honneur. Mais il y a différence entre ceux qui sont en protection simplement, et ceux qui tiennent en foi et hommage. Quand je dis foi et hommage, j'entends le serment de fidélité, la soumission, le service et devoir du vassal envers le seigneur[25].

Bien entendu, l'alliance inégale entre les Tupinamba et les Français se matérialise dans la demande de protection exprimée par les premiers, comme l'a déclaré le chef *Japy Ouassou* :

> Je suis tres-ayse (vaillant guerrier) de ce que tu es venu en cette terre pour nous rendre heureux, & nous defendre de nos ennemis. Nous commencions desja à nous ennuyer tous, de ne voir venir des François guerriers sous la conduite d'un grand *Bourouvichave* pour habiter cette terre [...] Estans resolus de passer le reste de nos jours privez de la compagnie des François nos bons amis [...] & nous remettre à l'ancienne & miserable vie de nos Ancestres [...][26].

La marque de cette inégalité est manifeste également dans le discours prononcé en langue tupi par l'ambassadeur *Itapoucou* (appelé Louis Marie

24 Claude d'Abbeville, *Histoire de la mission*, *op. cit.*, p. 152.

25 Bodin, Jean, *Six Livres de la République* [...] *À Paris, Chez Jacques du Puys*, 1576, Livre Premier, p. 138-139.

26 Claude d'Abbeville, *Histoire de la mission*, *op. cit.*, p. 68. Le terme *Bourouvichave*, qui s'écrit *Mourouvichave* chez Yves d'Évreux, signifie Principal ou chef.

après son baptême) devant le roi de France au Palais du Louvre en 1614, et traduit en français dans le livre du père Claude :

> Grand Monarque, tu as eu agreable de nous envoyer des grands personnages avec des Prophetes pour nous enseigner la Loy de Dieu & nous maintenir contre nos ennemis. A jamais nous t'en serons redevables : d'autant que jusqu'à present nous avons mené une vie miserable [...] J'admire ta grandeur te voyant le Monarque d'une telle nation & d'un si grand païs. Et suis honteux de me presenter icy devant toy, reconnoissant la difference qu'il y a entre les enfants de Dieu, que vous estes, & les enfants de Jeropary [Diable] que nous avons tousjours esté. [...] les Principaux de nostre païs nous ont icy envoyé au nom de toute nostre nation pour faire hommage à ta grandeur telle que nous devons [...], protestans qu'à jamais nous demeurerons tes subjects & tes serviteurs treshumbles & tres-fideles amis de tous les François[27].

Les termes de cette harangue soulignent, une fois de plus, l'effet de rupture entre le passé sauvage des ténèbres et l'avenir français de la révélation, à travers des techniques d'amplification, résultant de l'usage de *topoï* rhétoriques appliqués par le moyen d'oppositions – le bien et le mal, Dieu et *Jeropary*, la misère et la grandeur. Autrement dit, dans ce discours qui aurait été prononcé par *Itapoucou* devant le roi de France, la coupure temporelle établissant le passé dissolu des Tupinamba est précisément ce que permet la projection, en 1614, de l'avenir français de Maragnan. Apparemment, ces discours solennellement prononcés par les Indigènes portent les marques de cet « assujétissement, [du] service et [de] l'obéissance » au Prince qui découlent des conclusions de Jean Bodin sur la « vraie marque de la Monarchie Royale », à savoir :

> [...] quand le Prince se rend aussi doux, et ployable aux lois de nature, qu'il désire ses sujets lui être obéissants : ce qu'il fera, s'il craint Dieu sur tout, s'il est pitoyable aux affligés, prudent aux entreprises, hardi aux exploits, modeste en prospérité, constant en adversité, ferme en sa parole, sage en son conseil, soigneux des sujets, secourable aux amis, terrible aux ennemis, courtois aux gens de bien [...][28].

Le drame de la conversion de la nation tupinamba, unie dans l'amour de Dieu et l'amitié entre les hommes, est analogue à celui de la nouvelle

---

27 *Id.*, p. 341v-342.

28 Bodin, Jean, *Six Livres de la République*, *op. cit.*, p. 125.

France de l'Équinoxe qui ne parviendra jamais à exister. Si le *topos* de l'amitié franco-tupi est à la base de la formulation de l'argument colonialiste français, il corrobore, dans le même mouvement, l'invention du « Sauvage convertible » des capucins, intégré à travers son propre discours à l'histoire universelle des hommes : « [...] nous estions avides – dit le père Claude – de faire voir aux François les fruits de nostre Mission & comme les premieres greffes de nostre nouvelle Colonie[29] ».

Lorsque les voix du passé indigène ont été réduites aux harangues transcrites par le capucin, la figure d'un Tupinamba doté d'une langue et d'une parole pleines de sens a pu se faire « greffer » dans une nouvelle temporalité. Leurs harangues, solennellement prononcées au Palais du Louvre devant une audience tout autre que celle du *Carbet*, l'assemblée indigène, en sont l'évidence.

La réponse du roi de France au discours qu'il a entendu de la bouche d'*Itapoucou* à cette occasion montre la convergence inébranlable de leurs aspirations :

> [... le Roi] commanda de son propre mouvement – raconte Claude d'Abbeville – de leur faire entendre qu'il les conserveroit contre tous, comme ses propres sujets. Et d'autre part la Reyne beaucoup plus desireuse, sans comparaison, du salut de ces pauvres âmes Sauvages & barbares que de toutes les pierres precieuses du Monde, [...] adjousta qu'Elle leur envoiroit des Prophètes selon leur desir pour les enseigner, & nombre de François généreux, pour les maintenir & deffendre[30].

LA SYMPATHIE DES HUMEURS

Le caractère dénonciateur des harangues faites par les Indigènes à Maragnan repose sur l'accusation de l'emprise de leurs corps par les Portugais et de leurs âmes par le diable. À l'opposé, elles indiquent que la douceur est un attribut de « l'humeur française », et par conséquent du gouvernement que leur proposent les lieutenants du roi de France. D'emblée, le « naturel tupinamba » s'avère compatible avec la douceur

29 Claude d'Abbeville, *Histoire de la mission*, p. 334.
30 *Id.*, p. 342v.

des capucins et la clémence des lieutenants du roi, dans les termes du Principal *Japy Ouassou* :

> Au reste j'ay grande esperance en ta bonté, & douceur : car tu me sembles avoir parmy ta façon guerriere, une façon douce, & d'un personnage qui nous gouvernera fort sagement ; & te diray là dessus, que tant plus un homme est nay grand & avec de l'authorité sur les autres, d'autant doit il estre doux, gracieux & clement. Car les hommes, & principalement ceux de cette nation, se rangent plus facilement par la douceur, que par la violence[31].

La perspective d'une « ethno-graphie de la similitude » chez les capucins de Maragnan, comme démontré précédemment, se manifeste par un « effet d'utopie » et par la mise en scène d'une alliance politique « inégale » entre la grande nation française et la pauvre nation des Tupinamba. Cette configuration a sans doute orienté les interprétations « positives » des relations franco-tupi dans les réceptions successives des récits français jusqu'à nos jours. Toutefois, bien que la notion de « sympathie » ait été employée aux XIXe et XXe siècles pour caractériser les relations franco-tupi de l'époque coloniale, elle a depuis le XVIe siècle une longue histoire qui la distingue de ses usages contemporains.

Dès lors, si la notion de « sympathie » a été déterminante pour caractériser de manière générale ces relations, elle se révèle particulièrement manifeste à plusieurs égards dans l'histoire de la France Équinoxiale, au début du XVIIe siècle. Tout d'abord, d'une perspective politique, la prétendue sympathie franco-espagnole, dans le contexte de l'union des couronnes, l'emporte apparemment sur la sympathie franco-tupi. La cordialité des relations entre Français et Tupinamba, la familiarité des Français avec la côte nord du Brésil et le caractère ouvertement missionnaire de l'entreprise n'ont pas suffi à garantir la pérennité de la France Équinoxiale. Le soutien de la monarchie française à la colonie a été progressivement menacé, sous la pression croissante du « parti espagnol » pour que la France abandonne le projet de colonisation, notamment en raison des mariages royaux entre Louis XIII et l'Infante Anne d'Autriche, ainsi qu'entre l'Infant Philippe et Élisabeth de France.

Dans la volumineuse correspondance officielle concernant la présence française dans le nord du Brésil, émanant des agents de la bureaucratie hispanique, l'usage du *topos* de l'amitié entre l'Espagne et la France est

31 *Id.*, p. 70-70v.

fréquent. Un exemple se trouve dans une note de chancellerie datant de 1621, qui demande l'application de « graves peines » à La Ravardière, alors emprisonné au Portugal, s'il persiste dans ses projets de retourner à Maragnan avec l'aide de « particuliers », et qui souligne : « comme on l'attend de l'amitié et de la bonne correspondance des deux couronnes[32] ».

Au sein de la même tension politique qui ressort des termes généraux de cette vaste correspondance officielle hispanique, de nombreux ouvrages ont été publiés en France et en Espagne à la même époque pour soutenir, de manière polémique, « l'antipathie naturelle » entre les Français et les Espagnols. La publication la plus exemplaire est sans doute *La oposición y conjunción de los dos grandes luminares de la tierra. Obra apacible y curiosa en la cual se trata de la dichosa Alianza de Francia y España. Con la Antipathía entre Españoles y Franceses*, imprimée à Paris par François Huby en 1617, et réimprimée avec le titre emblématique *Antipatía de los franceses y españoles* à de nombreuses reprises tout au long du XVIIe siècle, en français, espagnol, italien, allemand et anglais. Sa très large diffusion a assuré la pérennité du *topos* de l'antipathie, fondé sur le modèle relationnel des Français et des Espagnols, en raison de l'incompatibilité entre l'humeur colérique des premiers et la flegmatique des seconds.

Au XVIIe siècle, en France, ce *topos* persiste dans des pamphlets et des ouvrages controversés, dont beaucoup revêtent un caractère satirique[33]. Il est particulièrement mis en évidence par le titre du livre que La Mothe le Vayer, sous le pseudonyme de Campolini, publie en 1636 : *Discours de la contrariete d'humeurs qui se trouve entre certaines Nations, & singulièrement entre la Françoise & L'Espagnole*[34]. Avec ce livre, l'argument de l'incompatibilité des humeurs assure une fois pour toutes l'intégration du terme « antipathie » dans les ouvrages polémiques, les traités et les recueils historiques en France[35].

32 « [...] *executando las [graves penas a La Ravardière] sino lo cumpliese como se espera de la amistad y buena correspondena de ambas coronas* [...] ». *Papéis da conquista do Maranhão*, éd. critique par Andrea Daher, Rio de Janeiro, Academia Maranhense de Letras, 2010, p. 78.

33 *Cf.* Bareau, Michel, *L'univers de la satire antiespagnole en France de 1590 à 1690*, Paris, EPHE, Section des sciences historiques et philologiques, 1969, 2 vols.

34 [La Mothe Le Vayer], *Discours de la contrariete d'humeurs qui se trouve entre certaines Nations, & singulièrement entre la Françoise & L'Espagnole* [...], Paris, E. Richer, 1636.

35 *Cf.* Méchoulan, Henri, « L'Espagne dans le miroir des textes français », *L'État baroque. Regards sur la pensée politique de la France du premier XVIIe siècle (1610-1652)*, dir. Henri Méchoulan, Paris, Vrin, 1985, p. 421-446.

La *Dissertation historique et politique sur l'Antipathie qui se trouve entre les Français et les Espagnols*, paru en 1688, est un autre texte polémique, clairement tributaire des précédents ouvrages de Garcia et de La Mothe Le Vayer. Selon le titre de ce livre, la notion d'« antipathie » acquiert la valeur d'objet d'un mémoire historique et politique. En partant de l'argument qui oppose la souffrance des uns au bonheur des autres, les premières lignes du discours dressent une liste d'antipathies, parmi lesquelles figure la suivante : « Les Cannibares du Brésil sont ennemis jurés des Toupinambours, & les Tapouyes font tous les jours les courses sur les autres Indiens[36] ». Si le système d'alliances entre les tribus de la côte du Brésil ne pouvait pas échapper à la logique opposant d'un côté « amitié et bonne correspondance » et de l'autre, « antipathie », l'inventaire de la *Dissertation* culmine inévitablement avec la plus grande de toutes les antipathies, la franco-espagnole, marquée par « un souverain degré » sur toutes les autres[37].

Tout au long du XVIIe siècle, les dictionnaires français confirment que les usages de la notion d'« antipathie » montrent que son caractère polémique l'emporte sur la simple opposition à « sympathie », selon les théories naturalistes des humeurs. D'après le dictionnaire de Nicot de 1606, le mot « sympathie » est défini comme « similitude et comme conjonction de nature », tandis que son opposé, « antipathie », exprime plus ouvertement les passions colériques. Une discordance est également discernable entre les définitions de ces deux notions dans le dictionnaire de l'Académie Française de 1694, où seul le terme « antipathie » apparaît sous la forme substantivée :

> SYMPATHIQUE. adj. de t. g. Qui a de la sympathie. Ces choses là ne sont pas sympathiques.
>
> ANTIPATHIE. s. f. Contrarieté d'inclinations, de qualitez. Il se dit des personnes, des animaux, & des choses inanimées. Antipathie naturelle, invincible, grande, furieuse. avoir de l'antipathie à quelque chose ou contre quelque chose. par antipathie. il y a bien de l'antipathie entre ces deux personnes. l'antipathie qui est entre le loup & la brebis, entre le crapaud & la belette, entre le fresne & les serpents[38].

36 *Dissertation historique et politique sur l'Antipathie qui se trouve entre les Français et les Espagnols*, s. l., 1688, p. 9.

37 *Id.*, p. 10.

38 *Cf. Le Dictionnaire de l'Académie française* [...], Paris, Veuve de Jean-Baptiste Coignard, 1694.

En effet, si « sympathie » et « antipathie » étaient des notions étymologiquement opposées, se référant aux « inclinations naturelles », leurs usages depuis les dernières décennies du XVIe siècle ne les opposaient pas diamétralement, la notion d'antipathie étant plus immédiatement appropriée pour des usages politiques. Les deux notions convergent en tout cas vers ce que Crucé écrit en 1623, après avoir énuméré les discordes entre Turcs et Perses, Français et Espagnols, Chinois et Tartares, etc. : « la similitude du naturel [est] le vrai fondement d'amitié et société humaine[39] ».

À partir de ces fondements, il est possible d'établir le sens de la notion de sympathie en tant que marque des codes relationnels franco-tupi dans les récits français.

D'une part, chez Jean de Léry, la sympathie affichée pour l'Indigène tupinamba s'appuie plus radicalement sur le courant anticatholique qui alimente la polémique pamphlétaire, prôné par les reformés hostiles à la domination des Habsbourg[40]. Dans ce cas, on peut dire qu'elle n'est pas fondée sur la « compatibilité des humeurs », mais elle se définit par opposition au *topos* de l'antipathie entre Ibériques et Français, telle une « anti-antipathie ». Elle serait ainsi pleinement justifiée dans le cadre des accusations des crimes commis en Amérique par les Espagnols contre les Indigènes, portées par les calvinistes en France. En bref, les notions de sympathie et d'antipathie ont un sens tout à fait particulier sous la plume du huguenot, au sein des luttes de représentation dans lesquelles les groupes réformés prétendent imposer l'image de la destruction de l'Amérique basée sur l'idée de l'adversité naturelle entre les peuples.

D'autre part, dans les récits des capucins, il y a une élaboration rhétorique-théologique-politique faite à partir de ces mêmes codes relationnels basés sur une sympathie supposée envers les Indigènes, mais qui avance dans le sens de l'argument de la compatibilité des humeurs entre la nation tupinamba et la française par opposition aux Portugais. Il s'agit, comme on le sait, d'un schéma réfléchi du système belliqueux qui divisait la côte brésilienne selon des conflits intertribaux.

Dans son récit, Yves d'Évreux transcrit les paroles d'un Indigène nommé *Grand-Raye*, qui aurait vécu en France pendant un an et appris

39 Crucé, Émeric, *Nouveau Cynée ou Discours d'Estat représentant les occasions et moyens d'establir une paix générale et la liberté de commerce pour tout le monde*, Paris, J. Villery, 1623, p. 440.

40 *Cf.* Lestringant, Frank, *Le huguenot et le Sauvage*, *op. cit.*

à parler français. Les termes énoncés mettent en évidence l'antipathie entre Français et Portugais, la plaçant hors du cadre de la lusophobie impliquée dans le système d'alliances à Maragnan : « LES François sont forts, ont un grand pays plein de bons vivres [...] Les François haïssent, comme nous les Peros, & leur font la guerre par mer & par terre, & demeurent les plus forts. Car les Peros sont en ce pays là tenus pour foibles, & les François pour vaillans, & plus valeureux que toute autre Nation[41] ».

Plus loin, dans le chapitre intitulé « Des humeurs incompatibles avec les Sauvages », le capucin présente un portrait euphémique du caractère bestial souvent attribué aux Indigènes. Dans une perspective critique, et s'appuyant sur l'autorité de Saint Basile, Saint Grégoire et Platon, il conclut en attribuant la « passion colérique » aux Français, une caractéristique pourtant réservée aux brutes :

> Il ne se faut pas estonner, si ces Sauvages fuyent de telle façon la colère & ses effects, puisque cette passion répugne immédiatement au naturel de l'homme, & le faict devenir totalement brute [...] Ce n'est donc point chose tant nouvelle, ny si hors de propos, si ces Sauvages craignent, se tirent à part quand ils voyent un homme en colère spécialement un François [...][42].

À l'intérieur des convenances établies par ce système de sympathies, la mission capucine de Maragnan représentait avant tout le triomphe de la politique de la monarchie catholique de France. En observant les signes divins dans les choses et leurs effets dans le naturel des hommes, et en les ordonnant sémantiquement dans leur prédication, les missionnaires capucins étaient censés affecter la volonté et la raison des Indigènes-catéchumènes. En ce sens, dans leurs récits, les *topoï* de la prédication douce soutenaient l'argument de la compatibilité entre le « naturel sauvage » et l'humeur française, de façon à promouvoir l'acceptation volontaire, innocente et consentie de la foi catholique.

Claude d'Abbeville raconte un épisode qui se déroule dans le village d'*Eussaouãp*, au moment du *Carbet*, lorsque le truchement Migan fait une harangue au nom des Français, afin de démontrer la différence entre ceux qui venaient trafiquer dans le passé et les grands *Bourouvichaves*, les « braves guerriers » envoyés de France à Maragnan pour défendre la nation

41 Yves d'Évreux, *Voyage dans le nord du Brésil*, *op. cit.*, p. 133.

42 *Id.*, p. 102.

tupinamba contre leurs ennemis, les *Pero*, et vivre parmi les Indigènes comme de « bons amis ». Après avoir rappelé les lois intrinsèques du troc, Migan définit ainsi le tempérament français : « [il n'est pas] en leur puissance [aux Français] de rien faire contre leur bon naturel, qui ne les porte qu'à toute sorte de biens & de douceur. Penses tu qu'il y aye nation au monde qui s'approche de la bonté des François ? Non, non[43]. »

À son tour, le « naturel tupinamba » – bien que marqué par l'action du diable jusqu'au moment de l'arrivée des Français – sert également à qualifier les relations d'amitié entre les Indigènes eux-mêmes, comme l'affirme le père Claude dans l'*Histoire de la mission* : « C'est une chose bien admirable, que les Indiens *Topinamba*, n'estans conduits que par leur naturel, quelque corrompu qu'il soit, s'entraynent neanmoins d'un amour si cordial et fraternel [...] comme s'ils estoit tous d'une mesme famille & parenté[44] ».

Le présupposé de ces relations naturellement conduites par l'amour est à la base des conceptions capucines d'une pastorale de la douceur. Cela définit la proposition d'une « théologie naturelle », formulée par le théologien capucin Yves de Paris au XVIIe siècle, auteur de plusieurs ouvrages d'apologétique et de théologie morale[45]. Les termes qu'il emploie en 1653 dans *La conduite du Religieux*, en se référant à ceux pour qui « la nature semble nous donner moins de sympathie », fondent la représentation de l'action idéale du missionnaire exhortée par le modèle de prédication douce[46] :

> [...] si l'on vient à la concurrence, ceder sur tout aux humeurs altieres qui se piquent d'estre mises en comparaison : en cela vous faites un double bien, d'entretenir la paix, & de satisfaire votre humilité. S'il se propose quelque question où l'on attende vos sentimens, les dire & les appuyer de raisons avec une modestie qui excuse les opinions contraires ; si vous troves des opiniastres à ne point ceder, gardez vous de tomber dans cette vanitez pedantesque qui condamne de fausseté, d'ignorance d'heresie, tout ce qui ne s'accorde pas à

43 Claude d'Abbeville, *Histoire de la mission*, *op. cit.*, p. 155.

44 *Id.*, p. 284 v.

45 Yves de Paris, *La Théologie naturelle* [...], Paris, N. Buon, 4 tomes, 1633-1638.

46 Bernard Dompnier a démontré la cohérence conceptuelle de cette pastorale pour les capucins, au long du XVIIe siècle, en mettant en évidence les liens entre les textes normatifs, notamment les écrits des théologiens appartenant à l'ordre de ces frères mineurs. Dompnier, Bernard, « Pastorale de la peur et pastorale de la séduction : la méthode de conversion des missionnaires Capucins », *La Conversion au XVIIe siècle. Actes du XIIe Colloque du Centre Méridional de Rencontres sur le XVIIe siècle* (1982), Marseille, CMR, 1983, p. 257-273.

son dire : pour ne point venir dans l'aigreur, laissez plutost la chose indécise, & faites quelque agreable diversion des discours[47].

L'œuvre du père Yves de Paris énonce des principes sur la gestion des relations d'amour ou d'amitié, considérées comme des inclinations naturelles des hommes, afin de permettre à ceux-ci de poursuivre ensemble le bien commun. Dans les préceptes recueillis dans son livre de 1656, *L'Agent de Dieu dans le monde*, les fondements providentiels de l'État monarchique sont identifiables dans l'union de ces penchants naturels :

> [...] quand vous voyez que les peuples jaloux de leur liberté la luy souzmettent sans contrainte & par inclination, il faut conclurre que cette vertu dominante, dont il ne se trouve aucun fondement en la personne, vient de Dieu. Il a fait naistre les hommes avec de grandes affections pour la société, afin que les graces particulières qu'il leur distribuë devinsent communes & que chacun fust esclairé par les lumières, soulagé par la vertu, riche par l'abondance des autres & dautant que cette grande multitude ne peut subsister sans un pouvoir qui domine, non plus que les nombres sans l'unité, les elemens sans le Ciel, les Cieux sans un premier mobile, la divine providence pourvoit les estats d'un Prince ou d'un Sénat qui les gouverne[48].

Partant du principe que c'est par amour, comme aptitude de la volonté, et non pas par la raison, que les élus s'unissent à Dieu – car la volonté, selon la conception augustinienne, en tant que l'une des facultés de l'âme, surpasse l'autre, l'intellect, qu'elle meut[49] –, Yves de Paris reconnaît, par extension, que c'est aussi par amour qu'elle se tourne activement vers sa finalité, le bien, ou plutôt le bien commun : « Si chacun ayme les autres comme soy mesme, il ne leur fera point de mal, il leur souhaittera tout le bien possible, il estouffera toutes les

47 Yvesde Paris, *La conduite du Religieux* [...], Rennes, P. Garnier, 1653, p. 452.

48 Yves de Paris, *L'Agent de Dieu dans le monde* [...], Paris, Denis Thierry, 1656, p. 196-197.

49 Pour le thomisme, en ce qui concerne les puissances de l'âme – mémoire, intellect et volonté – ce qui importe sont leurs relations mutuelles, car elles sont à un niveau métaphysique d'égalité. L'augustinisme, repris dans les œuvres de plusieurs philosophes à partir du XIVe siècle, avance l'idée de l'assujétissement de la volonté à l'entendement. Selon Émile Bréhier, « Pour les Franciscains, les puissances de l'âme ne sont pas, on le sait, distinctes de son essence, mais elles l'expriment d'une manière plus ou moins profonde, et la volonté est plus près de l'essence que l'entendement ». Avec saint Paul (par exemple, chez Henri de Gand, depuis le XIIIe siècle) la supériorité de l'amour sur le savoir, tout comme celle du bien sur le vrai, serait reconnue, « car l'amour est une aptitude de la volonté et le savoir, de l'intelligence ». Bréhier, Émile, *La philosophie du Moyen Âge*, Paris, Albin Michel, 1949, p. 358.

injustes convoitises de l'amour propre, & luy donnera des estendues qui s'accorderont parfaitement avec les inclinations naturelles que nous avons de vivre en societé[50]. »

Bien entendu, une éthique chrétienne de l'amitié, de la concorde et de l'amour entre les hommes est également la clé de la consolidation de l'État chrétien pour les jésuites portugais, comprise avant tout comme agrément commun aux lieux de la hiérarchie. C'est sans doute en cela que consiste la singularité du positionnement des jésuites par rapport aux principes théologico-politiques et aux pratiques missionnaires des ordres missionnaires français, notamment ceux des frères mineurs capucins : pour les premiers, la conduite des Indigènes au corps mystique social correspondait, avant tout, à une politique tournée vers le triomphe historique de l'empire lusitanien ; pour les derniers, cela s'inscrivait dans une continuité de la lutte contre l'hérésie qui déchirait le royaume de France et qui demandait une réponse fondée sur la douceur.

Les effets de ces postures générales se ressentent à plusieurs niveaux, dans l'ordre du discours. Cela pourrait encore une fois soutenir la grande distance entre les rares transcriptions de la parole indigène dans les écrits des jésuites portugais et l'éloquence du Tupinamba qui s'exprime de façon cohérente et volontaire – et « suave », dirait encore le père Yves d'Évreux – dans les récits français, au nom de l'amitié entre les nations.

50 Yves de Paris, *L'Agent de Dieu dans le monde*, *op. cit.*, p. 190-191.

LA DOUCEUR DES PAROLES

La prétendue « ouverture à l'autre » véhiculée par les discours français sur les Tupinamba de Maragnan est un dispositif narratif particulier, doté d'un double sens, politique et mystique. Ainsi, la douceur prêchée par les capucins est sans doute le résultat antithétique d'une lusophobie intégrée dans le système d'alliances politiques et, à la fois, un modèle pastoral propre à l'époque.

À l'intérieur des cadres préalables d'une alliance franco-tupi, l'utilisation de la douceur en tant que méthode évangélique a instillé des caractéristiques particulières dans le processus de conversion des Tupinamba, car sa logique opère en fonction de la conscience présumée des futurs convertis, élément essentiel dans l'instruction des catéchumènes par les missionnaires, comme énoncé par les Indigènes eux-mêmes dans leurs discours. L'idéal de cette pastorale capucine qui prône la non-violence se réalise ainsi, par excellence, dans l'ordre du discours, grâce aux échanges de paroles douces.

LA LANGUE DE L'AMITIÉ

> Qui veut gaigner les hommes en amitié, il faut qu'il ayt la langue ruisselante de miel, & la main pleine de fruicts, c'est-à-dire, qu'il faut qu'il use de douces paroles, & donne les services selon les paroles. Nous ne pouvions faire davantage vers ces Sauvages que de nous insinuër en leur amitié par douces paroles, & leur offrir la connoissance de Dieu, & les Sacremens de l'Eglise seuls fruicts de la Passion de IESVS-CHRIST[1].

La consigne est claire. Yves d'Évreux évoque le *Traité des Apophtegmes Laconiques* de Plutarque pour conformer les usages verbaux dans la colonie,

---

1 Yves d'Évreux, *Voyage dans le nord du Brésil*, *op. cit.*, p. 267.

certainement très marqués jusque-là par le « bruitage » produit par la pratique du troc et par la dépendance vis-à-vis du travail traducteur des truchements qui multipliait les « choses dites ».

La circulation de « douces paroles » dans la colonie de Maragnan se fera tout d'abord à travers la répétition d'énoncés doctrinaux par les catéchumènes. L'établissement d'une doctrine chrétienne « en la langue des Topinambos & en François », qui devait être apprise et récitée par cœur par les catéchumènes avant le baptême[2], constitue l'objectif principal du chapitre VII du livre du père Yves d'Évreux, qui présente un « Formulaire de la doctrine Chrestienne, laquelle les Catecummenes apprenoient & recitoient par cœur, avant d'estre baptisez[3] ».

Deux aspects méritent l'attention : l'homogénéisation du vocabulaire en langue tupi ; et la transformation de l'*habitus* indigène dans le processus de conversion. Le premier concerne particulièrement la voix, dont l'effet de stabilisation, qui s'accorde à l'universalisation du locuteur-catéchumène à travers la typification des énoncés répétés, corrobore la construction de la représentation d'un Indigène docile et convertible. Quant à la performance corporelle qui lui est exigée, elle est manifeste dans une consigne, dans ce chapitre VII, traitant précisément de l'*hexis* des « Novices de la Foy Chrestienne » dans la « scène de la conversion », combinée à l'exigence de disposition cognitive, *eidos*, en vue d'une « opération de l'entendement » des fondements doctrinaux disposés dans les formulaires.

> La premiere chose requise à ces Catecumenes est, qu'ils mettent les mains dessus la teste : les mains sont les hierogliphiques des œuvres, & la teste est le siege de l'esprit & entendement. La premiere chose donc necessaire à ces Novices de la Foy Chrestienne, est l'operation de l'entendement : je veux dire, qu'il faut qu'ils sçachent & entendent ce qu'ils pretendent croire & promettre [...][4].

C'est à la réussite de l'opération de conversion à ces trois niveaux – éthico-moral, corporel et cognitif[5] –, comme on aura l'occasion de

2 *Id.*, p. 286-290.

3 *Ibid.*

4 Yves d'Évreux, *Voyage dans le nord du Brésil*, *op. cit.*, p. 272.

5 Selon Pierre Bourdieu, « tous les principes de choix sont incorporés, devenus postures, dispositions du corps : les valeurs sont des gestes, des manières de se tenir debout, de marcher, de parler. La force de l'*ethos*, c'est que c'est une morale devenue *hexis*, geste,

voir plus loin, que correspond le drame mis en scène dans les derniers chapitres du livre du père Yves, contenant les conférences établies avec les Principaux de Maragnan.

Mais parallèlement aux voix qui s'ordonnent par la répétition des contenus doctrinaux des formulaires et par la formalité « rituelle » des échanges entre Principaux et missionnaires (ou lieutenants du roi), on suppose toujours la présence d'autres voix représentant le travail d'intermédiation linguistique. Le rôle crucial joué par les truchements ne fait aucun doute, tant dans la pratique du troc que dans le travail apostolique auprès des missionnaires, tous deux ancrés dans des échanges oraux. Selon le chroniqueur portugais Bernardo Pereira de Berredo, les doctrines présentes dans le livre du père Yves « ont été traduites par le sieur des Vaux et par un Indigène catholique appelé Sébastien, qui pratiquait également la langue française[6] ».

La présence des truchements est très prononcée dans les récits français, où ils occupent une place importante, pouvant même apparaître explicitement nommés. C'est le cas du truchement David Migan, de Dieppe, « qui dès son enfance avoit tousjours demeuré dans ce païs », selon Claude d'Abbeville[7], et qui avait un statut sans doute important dans la France Équinoxiale. Cela ressort clairement de plusieurs passages du récit du capucin, et très particulièrement dans la « Table des Choses les plus remarquables contenuës en ceste Histoire », où se trouve l'entrée : « *Momboré Ouassou* vaincu par les raisons de Migan ».

C'est ce même truchement expérimenté que le père Yves d'Évreux envoyait auprès des chefs indigènes pour leur présenter les principes de la foi :

> [...] le Truchement du sieur de la Ravardiere appellé Migan vint me trouver, à cause que j'avois envoyé querir pour entretenir Pacamont : pour-ce que ces Sauvages ont cela de naturel de priser plus les Truchemens anciens que

posture ». Il reprend ainsi le concept d'*habitus*, d'après Aristote, qui englobe ces dimensions, soulignant pertinemment qu'en « compartimentant l'*habitus* en dimensions, *ethos, eidos, hexis*, on risque de renforcer la vision réaliste qui porte à penser en termes d'instances séparées ». Bourdieu, Pierre, *Questions de sociologie*, Paris, Les Éditions de Minuit, 1984, p. 133-134.

6 Berredo, Bernardo Pereira de, *Annaes Historicos do Estado do Maranhão* [...], *Lisboa, Na officina de Francisco Luiz Ameno, 1749*, p. 100 : « *foram traduzidas pelo Sieur des Vaux e por um índio católico chamado Sébastien, que também praticava a língua francesa* ».

7 Claude d'Abbeville, *Histoire de la mission*, *op. cit.*, p. 153v.

> les jeunes. Je luy raconté mot à mot tout ce que nous avions conferé jusqu'à cette heure là & le priay de luy faire une harangue correspondante à mes discours & aux siens[8].

Outre Migan, Yves d'Évreux fait également référence à Sébastien, qui l'aurait aidé à traduire la doctrine chrétienne, et à un certain Grégoire. Ils sont présentés comme « jeunes hommes Indiens, convertis & baptisez, [...] lesquels ont espousé les filles de deux Principaux ; Sebastien la fille de *Japy-Ouassou*, Gregoire la fille du plus ancien d'*Usaap, &* ces deux jeunes hommes nous assistent fort à la conversion de leurs semblables[9] ».

En somme, concernant les échanges oraux, une typologie sommaire des fonctions des interprètes dans le récit d'Yves d'Évreux indique, de manière générale, trois modalités d'intervention. La première est, bien entendu, le travail d'intermédiation dans les conversations entre missionnaires et Indigènes. Ces échanges sont ponctués dans le récit du père Yves par le discours indirect, introduit par des expressions comme « Telle fut leur responce par le Truchemement... » et, en retour, « Je luy fey responce par le Truchemement... ».

La deuxième fonction des truchements est celle d'informateurs, comme le montre le capucin dans des situations où il déclare : « Je fus curieux incontinent de sçavoir par mon Truchement... » ; ou simplement « J'ai compris d'un Truchemement[10]... ».

Troisièmement, les truchements remplissaient également la fonction de représentation de leurs supérieurs, qu'il s'agisse des missionnaires ou des lieutenants du roi. Même un jeune truchement pouvait jouer ce rôle, comme le raconte le père Yves : « [Les Indigènes] me demandent mon petit Truchement pour aller avec eux, afin d'asseurer Thion leur Grand & tous leurs semblables, que je les recevois pour enfans de Dieu, & qu'ils vinssent hardiment ». À cette occasion, le capucin confie à son « petit truchement » « quelques images » à présenter à ce Principal. Comme on l'a vu, dans ces circonstances de représentation, les truchements plus expérimentés apparaissent en première ligne, comme c'est souvent le cas de Migan, qui se charge, par exemple, d'accueillir les Indigènes Long-Cheveux, jusqu'alors inconnus des Français : « ILS arriverent – dit

8 Yves d'Évreux, *Voyage dans le nord du Brésil*, *op. cit.*, p. 330.

9 Yves d'Évreux, *Voyage au nord du Brésil (1615)*, *op. cit.*, p. 328 [p. 302v de l'exemplaire de New York].

10 *Id.*, p. 46.

le père Yves – donc vis à vis de Tapouitapere, où estoit pour lors le Truchement Migan, qui adverti de leur venue, les alla trouver sur mer, & parlementa avec leur Principal fort longtemps[11]. »

Certes, outre leur importance dans la dynamique des positions hiérarchiques dans la colonie française, la présence « souterraine » des interprètes est constante partout où des transpositions en langue tupi ont lieu, ce qui laisse supposer une grande diversité des voix dans l'économie des échanges linguistiques coloniaux. Bien que moins explicites dans les écrits des jésuites, les références ponctuelles à des interprètes indigènes ou même à des hommes – dont certains sont français – « élevés dans la terre » et parlant des langues locales ne manquent pas. Le « bruissement » de ces voix dans les textes jésuites résonne à côté de l'éloge des capacités linguistiques, considérées comme miraculeuses, de quelques missionnaires « *línguas* », comme le père José de Anchieta. En revanche, dans le cas français, les interprètes acquièrent une certaine autonomie et une importance qui renforcent l'image de leur présence durable parmi les Indigènes.

De tous les aspects évoqués, il est possible de déduire, de manière pragmatique, l'hypothèse d'une « nouvelle langue » parlée par les Indigènes dans le cadre des échanges verbaux dans la France Équinoxiale. Le *topos* du « langage nouveau », tiré de Saint Marc[12], très courant dans les discours catéchétiques, est ici marqué par l'évidence de cette dynamique relationnelle entre les langues. Cela est démontré par le père Yves, qui intercale une fois de plus le tupi, le français et le latin dans son récit :

> *Linguis loquentur novis*, ils parleront nouveaux languages. Vraiement nos Sauvages de *Maragnan* parlent un language bien nouveau, puis qu'aucun devant nostre Mission [...] ne leur appris à parler comme ils parlent à present à sçavoir, la profession du Christianisme, en recitant le Symbole des Apostres *Arobiar Toupan &c.* & parler à Dieu par l'Oraison Dominicale, *Ererouve* &c. dresser leurs vies & leurs actions suivant les commandemens de Dieu, *ymoeté yepé Toupan &c.* & selon les commandemens de l'Eglise. *Are maratecouare ehumè* &c. laver & fortifier leurs ames par les S. Sacremens. *Iemongaraïve* &c.
>
> N'EST-CE pas parler un langage nouveau que discourir ensemble des mysteres de nostre Foy tels que sont l'Unité d'Essence en Dieu & Trinité de Personnes [...][13].

11 *Id.*, p. 144.
12 Saint Marc, 16:14-20.
13 *Id.*, p. 313.

Outre les contenus doctrinaires inculqués à travers les opérations de répétition des énoncés sur la base des formulaires en langue tupi, que penser des nombreuses harangues indigènes qui font référence à la douceur et à l'amitié ? Ce sont des notions que la langue générale des peuples de la côte, initialement « réduite » par les missionnaires portugais, ne contenait sans doute pas au départ. Et en termes de douceur, quels effets ces discours « doux » pourraient-ils avoir sur la voix indigène qui les prononce ?

Dans le chapitre du livre du père Yves qui présente les « REGLES ET MOYENS purement naturels, observez des Sauvages, par lesquels ils menent une vie fort douce & plaisante[14] », les Tupinamba semblent accomplir les maximes du « Philosophe Payen » Sénèque. La constatation est faite à partir de la conversation établie avec eux, suivant le principe que l'homme est un « animal politique & conversable avec ses semblables ». Les règles de « bien doucement vivre » de Senèque donnent ainsi les couleurs de la peinture des Tupinamba à partir du haut de leur hiérarchie, selon leurs Principaux, les *Mourouvichaves* : « [ils] n'usent d'aucune gravité, parole haute & de commandement ; ne mesprisent pas un de leurs inferieurs, escoutent le conseil de tous ceux qui sont parvenus au degré de l'aage des Anciens, & ne bouchent leur oreille à pas un[15] ». Les inférieurs, à leur tour, seraient animés d'un « contentement naturel » de respecter leurs Principaux. Le portrait se complète par la présence des paroles douces entre eux, comme témoignage de leurs inclinations naturelles. La présence du tupi et du français dans le passage suggère, encore une fois, que la traductibilité de la langue indigène est un signe évident de sympathie :

> Tous ensemble vivent doucement, selon la troisiesme regle de Seneque en benignité, debonnaireté, egalité, joyeuseté sans se piquer. Pour ce subject ils appellent l'homme affable *Gerecoacatou*, c'est à dire, l'homme de bon propos, de bon discours & suave. Une de plus belles loüanges qu'ils se donnent parlans d'eux-mesmes, est *Chere-coacatou* : je suis affable, doux & suave en mon parler & honorans leur Patrie & Nation : quand ils devisoient avec nous, ils s'arrestoient selon leur façon à fin que l'Auditeur pese ce qu'ils disent, à ce mot *Oregerecoa-catou*, nous sommes tous autres affables, de bonne parole

14 Chapitre XXIIII, exemplaire de New York : Yves d'Évreux, *Voyage au nord du Brésil (1615)*, *op. cit.*, p. 112 [p. 100v de l'exemplaire de New York].

15 Yves d'Évreux, *Voyage dans le nord du Brésil*, *op. cit.* p. 101r.

> & conversation : puis adjoutoient la convenance de leur humeur avec celle des François, disans, *Pegerecoa-catou*, vous estes debonnaires, mais pour les Portugais, il[s] sont *Tessay-pochu*, aigres & meschans, qui n'ont que paroles rudes & arogantes. Ils appellent un homme debonnaire *Yaroube-catou*, c'est à dire, homme qui converse familierement & doucement avec ses semblables [...][16].

La démonstration se développe en montrant les vertus des Tupinamba, en détaillant les affections de leurs voix – intonations, durée et intensité – et en précisant les circonstances les plus « familières » de leur « actualisation » – le matin, le soir, avant de s'endormir, etc. –, produisant, plus que jamais, un effet de présence.

> Leurs salutations, demandes, & responces, quand ils se trouvent par ensemble, sont si douces que rien plus : d'autant qu'ils les prononcent avec un accent assez long, fort doux, & attrayant, specialement les femmes & les filles ; & pour ce que ie sçay, que cela apportera une consolation au Lecteur : J'ay mis cy dessoubs la forme & maniere ordinaire de leur pourparler, qui est telle.
>
> Le matin quand ils se levent, ils se disent
>
> Bon jour. *Tyen-de-Koem.*
> Et à vous aussi. *Nein Tyen-de-Koem.*
>
> Le soir quand ils reviennent du travail, & qu'ils se separent, ils se disent.
>
> Bon soir. *Tyen de Karouq.*
> Et à vous aussi. *Nein Tyende Karouq.*
>
> Quand la nuict est fermee, & qu'ils veulent aller coucher, ils disent l'un à l'autre.
>
> Bonne nuict *Tyen-de-petom.*
> Et à vous aussi. *Nein-Tyen-de-petom.*
>
> S'ils voient quelqu'un venir à eux, ou passer aupres d'eux, ou s'ils se rencontrent en chemin, souvent ils s'arrestent un peu, & s'entre-demandent avec une parole & un visage familier.
>
> D'où venez vous ? *Mamo souï pereiou ?*
> Où allez-vous ? *Mamo peresso ?*
>
> [...][17]

16 Le texte de l'exemplaire de New York est coupé à cette hauteur. Yves d'Évreux, *Voyage au nord du Brésil (1615)*, *op. cit.*, p. 115 [p. 104v de l'exemplaire de New York].

17 *Id.*, p. 116.

La vie que les Tupinamba mènent « paisiblement » entre eux, dans une « familiarité » évidente, est ainsi naturalisée dans les termes mêmes de l'argumentation finale du capucin. La description doit fonctionner comme une « consolation », attendue par le « Lecteur chrétien » de *par-deçà*, privé de tout témoignage auditif. L'effet de présence des voix indigènes – « si douces que rien plus » – se fait sentir comme une préparation aux conférences avec les Principaux des tribus locales qui seront transcrites par le capucin dans les dernières pages de son livre.

Au cœur de cette naturalisation des formes de vie quotidienne, à travers les échanges oraux des Indigènes, se trouve sans doute une valorisation de l'euphonie de la langue tupi, toujours en fonction de la douceur caractéristique de certaines langues, comme le grec et le latin. Certes, le *topos* du rapprochement entre la langue des Indigènes du Brésil et le grec participe de cette réflexion. La connaissance du grec ancien par les Indigènes est un argument fréquent, que l'on peut rencontrer notamment chez les missionnaires ibériques des premiers temps de la conquête, ainsi que dans le « Colloque » de Jean de Léry. Montaigne répercute ce lieu commun dans le chapitre « Des Cannibales » des *Essais*, lorsqu'il attribue aux Sauvages du Brésil « un doux langage, et qui a le son aggreable, retirant aux terminaisons Grecques[18] ».

D'une manière générale, sous la plume du père Yves, la prononciation du tupi est jugée « fort douce » et « attrayante », en particulier en ce que concerne les voix féminines. Ces voix naturellement douces sont compatibles avec les préceptes de recherche de la douceur dans les discours du « Vieux Monde », qui circulent dans les milieux en pleine expansion et cherchant à satisfaire leur aspiration à la civilité.

En 1606, le terme « *Doulceur* » apparaît dans le *Thresor de la langue francoyse* de Nicot comme « Benignitas, Comitas, Dulcedo, Humanitas, Lenitas, Lepor, Suavitas[19] ». Dans son enquête sur les sens de *lenitas* et *suavitas*, présents dans la glose du terme[20], Huchon affirme que, chez les théoriciens français du XVIe siècle, les passages qui évoquent ces deux catégories relèvent des registres des sons, des mots, des arrangements,

18 Montaigne, Michel de, *Essais*, I, 31, Paris, Flammarion, 1969, p. 262.

19 Nicot, Jean, *Thresor de la langue francoyse*, *op. cit.*, p. 214.

20 L'enquête de Mireille Huchon s'est limitée à la douceur au sens de *lenitas* et *suavitas*. *Cf.* Huchon, Mireille, « Le doux dans les rhétoriques et poétiques françaises du XVIe siècle », *Le doux aux XVIe et XVIIe siècles. Écriture, esthétique, politique, spiritualité.* Colloque des 28 et 29 mars 2003. Cahiers du GADGES n° 1, 2003, p. 9-28.

ainsi que des tropes et figures. En particulier, à partir du genre épidictique et du choix du style moyen[21], la douceur est impliquée dans toutes les parties du discours, notamment dans l'*actio*. Quant à la substance des sons, elle semble constituer un aspect central, « qu'il s'agisse de la douceur ou de la rudesse du son simple, de l'harmonie imitative, de l'alliance des sons au sein du mot ». La recherche de la douceur se reflète dans le choix des mots pour leur sonorité, leur arrangement et leur résonance, notamment à travers les procédés de répétition des « voix et sons semblables », qui, selon Fouquelin, provoquent plaisir et délectation[22].

Bien entendu, l'idéal de douceur recherché à l'aube du XVIIe siècle s'est manifesté de manière significative en réponse aux exigences de civilité, en accord avec la compatibilité entre l'*actio* rhétorique et la morale chrétienne. Comme l'indique Yves d'Évreux, les effets sur l'âme du rythme et de la mélodie dans la voix reposent souvent sur l'autorité de Sénèque, qui associe les voix au progrès vers la sagesse tout en condamnant l'influence néfaste des clameurs de la foule[23]. En tout cas, il semble évident que ces voix indigènes naturellement douces sont en accord avec les préceptes de l'*actio* missionnaire, qui requiert une élocution incarnée dans une voix « qui frappe » tout en étant empreinte de douceur.

LE CHOIX DES FORMES

C'est dans la perspective de la capacité des capucins à être à l'avant-garde de la réforme catholique, en s'intégrant pleinement aux populations qu'ils servaient, que doit être comprise la mission de Maragnan. Certes, l'idée d'une continuité entre la lutte contre l'hérésie en Europe et la conversion des « âmes sauvages » pouvait mener à une identification entre la mission intérieure et la mission lointaine chez les capucins, et cela découle de deux aspects essentiels : la vocation missionnaire, fondée sur la conception particulière que l'ordre avait de la vie religieuse, ainsi

21 Cicéron, *De l'orateur*, éd. É. Courbaud, Paris, Les Belles Lettres, 1927, II, XIII, p. 42.

22 *Cf.* Huchon, Mireille, art. cité, p. 16-17.

23 *Cf.* Bouton-Touboulic, Anne-Isabelle, « Présentation », *Magna voce. Effets et pouvoirs de la voix dans la philosophie et la littérature antiques*, dir. Anne-Isabelle Bouton-Touboulic, Paris, Classiques Garnier, 2020, p. 14.

que les formes d'organisation missionnaire, largement similaires quel que soit le type de mission[24].

Les capucins ont développé un style de prédication apostolique inhérent à leur mode de vie[25], en parfaite adéquation avec leur conception de la vocation missionnaire : « [...] toutes les règles de la vie religieuse, ses austérités et mortifications trouvent dès lors leur justification, autant dans leurs vertus de conversion que dans l'acheminement à la perfection personnelle[26] ». Au début du XVIIe siècle, l'ordre des frères mineurs capucins jouissait d'un grand prestige à Paris et en France, grâce notamment aux succès qu'il avait remportés dans la conversion de personnalités protestantes notables, telles que le comte de Bouchage, devenu le père Ange de Joyeuse après avoir renoncé aux fastes de la cour et à ses charges militaires, et le père Archange de Pembrocke, qui avait abjuré le calvinisme et quitté son pays natal, l'Écosse. Ces deux conversions éclatantes sont racontées dans des récits qui ont connu un grand succès jusqu'à la fin du siècle[27].

Par ailleurs, les capucins étaient confrontés à des traditions d'écriture de rapports et de chroniques des missions, perpétuées par les historiens des Provinces, attachés à une observance plus rigoureuse, ce qui a donné lieu à un *corpus* de textes très homogène. Dans le cas d'une mission lointaine comme celle du Brésil, les missionnaires devaient faire face à une expérience singulière qui exigeait le choix de formes d'écriture adaptées à de nouvelles réalités. En tout cas, il y avait chez les ordres séraphiques, de manière générale, une prédisposition au « témoignage à chaud ». Cela va de pair avec leur veine « biographique », particulièrement tournée vers les récits de conversion comme genres (ou sous-genres) qui privilégient

24 *Cf.* Dompnier, Bernard « Mission lointaine et mission de l'intérieur chez les capucins français de la première moitié du XVIIe siècle », *Les réveils de la conscience missionnaire en France*, Actes du Colloque de Lyon, Paris, Beauchesne, 1984, p. 91-92. Dompnier rajoute qu'à partir de 1622, il y a une tendance à l'assimilation progressive entre les missions de l'intérieur et les missions lointaines avec la création de la Congrégation *De Propaganda Fide*.

25 *Id.*, p. 127.

26 *Id.*, p. 97.

27 *La vie bienheureuse et glorieux trespas du R. P. F. Ange, de l'ordre des Frères mineurs capucins, jadis Duc de Joyeuse* [...] Orléans, Imprimerie de Saturnin et Fabian les Hutots frères, 1608 ; [Brousse, J.], *La Vie du R. P. Ange de Joyeuse* [...] *ensemble les vies des RR. PP. Benoist anglois et Archange escossois* [...] *Paris, A. Taupinart, 1621.* [Antoine Aubery] *Histoire du Cardinal de Joyeuse* [...], *Paris, 1654 ; Le Capucin Escossois. Histoire merveilleuse et très véritable arrivée de nostre temps* [...] *Rouen, 1662.* Reédité à Rouen, chez Besogne, 1700.

les descriptions de formes de « vie intérieure » en tant que choix de présentation de la vie régulière. Pour eux, les récits de vie constituaient un véhicule des règles de conduite idéales qui remontaient à l'origine de l'ordre. Selon Bernard Dompnier, « un tel choix pour présenter la vie régulière est peut-être l'indice d'un goût pour le récit de l'aventure individuelle, au sens le plus relevé du terme[28] ».

Les derniers chapitres de l'*Histoire de la mission* de Claude d'Abbeville illustrent ce goût pour les récits de vie. Le père Claude consacre quelques pages de son livre à chacun des six Indigènes venus en France en tant qu'ambassadeurs, en racontant leur conversion à la foi chrétienne. Dans le chapitre intitulé « De la mort de trois des Indiens Topinamba qui estoient venus en France », trois sous-chapitres décrivent la mort et le baptême de « *Carypyra*, appellé François », de « *Patovã*, appellé Jacques » et de « *Manen*, appellé Anthoine[29] ». Les trois autres sont présentés dans le chapitre « Des trois indiens Topinamba qui nous sont restés, vivans encore à present », portant sur ceux qui ont été baptisés à l'église des capucins à Paris : « *Itapoucou*, du depuis nommé Louys Marie », « *Ouãroyïo*, appellé Louys Henry » et « *Japouãy*, appellé Louys de Saint Jean[30] ».

L'écriture de telles histoires reposait sur les préceptes de l'art rhétorique, qui les instituaient comme le récit d'actes exemplaires, des miroirs reflétant des comportements jugés édifiants. Au XVIIe siècle, les *Vies parallèles* de Plutarque ont servi de modèle pour ce sous-genre épidictique, qui ne peut encore être qualifié de « biographie », car il ne présente pas un parcours de vie unifié selon la psychologie supposée du biographié, comme le fera la modernité littéraire. À cette époque, les arts lettrés avaient un fondement substantialiste et ne connaissaient donc pas l'autonomie esthétique qu'ils acquerront à partir de la deuxième moitié du XVIIIe siècle.

Commandés par les préceptes du portrait, les récits de vie sont autorisés par *De l'Institution Oratoire* de Quintilien, qui précise qu'« il faut parler de l'origine de la personne représentée, de sa patrie et de sa ville, de ses parents et de sa famille, de son éducation, de ses habitudes, de

28 Dompnier, Bernard, « La mémoire pour exemple. Les capucins du XVIIe siècle et la biographie », *Poétique et narration. Mélanges offerts à Guy Demerson*, dir. François Marotin et Jacques-Philippe Saint-Gérand, Paris, Honoré Champion, 1993, p. 595.

29 Claude d'Abbeville, *Histoire de la mission*, *op. cit.*, respectivement p. 348-355, p. 356-358, et p. 359-360.

30 *Id.*, respectivement, p. 362-363, p. 364, et p. 365.

son nom, de ses penchants et de son apparence, etc.[31] ». L'illustration de l'application de ces techniques apparaît dès les premières lignes du récit de la vie d'*Itapoucou* : « LE plus Ancien des trois est aagé de trente-huiet ans ou environ, natif de la grande montagne d'*Ybouyapap*. Son père estoit le Principal de *Cayeté* nommé *Ouara Ouassou*, qui estoit le nom d'un poisson ainsi appellé, sa mere *Ouyra Iara*, c'est-à-dire l'oyseau qui est pris[32]. »

Claude d'Abbeville corrobore ainsi l'usage convenable du modèle du portrait selon le *décorum* du genre, produisant des « vraisemblances textuelles » qui visent à décrypter l'ordre complexe du monde tupinamba, notamment à travers le récit des actions humaines accomplies par les personnages représentés. En général, ces exemples servent à apprendre aux hommes à agir avec prudence, en s'appuyant sur la raison plutôt que sur les passions. La description de la vie d'*Itapoucou* s'inscrit dans cette perspective à travers son portrait encomiastique :

> Aussi a-il la façon de soldat, grave en son marcher & en ses paroles, faisant assez voir l'asseurance de fon esprit. Il se plaist grandement aux harangues & n'est jamais las quand il faut dialogiser particulierement des armes et des points de nostre Foy. Il est prompte & serieux en tout ce qui touche l'honneur de Dieu, comme aussi en tout ce qui peut toucher la valeur d'un cœur magnanime[33].

La technique descriptive de l'*ekphrasis* était l'une des ressources d'amplification des *topoï* employés dans ces discours, mobilisant les affections selon les préceptes véhiculés par Horace : la plume doit imiter le pinceau, produisant des métaphores visuelles aux effets merveilleux, adaptées à la fois à l'utilité et au plaisir, tout comme le pinceau imite les *topoï* narratifs des autorités[34]. Le récit de la vie des ambassadeurs tupinamba solennellement baptisés à Paris remplit pleinement cette fonction, incitant à l'imitation d'une action honnête et digne, et produisant des dispositifs « utiles » qui dramatisent de manière spectaculaire les valeurs catholiques de la monarchie et de la papauté contre les hérésies.

---

31 *Cf.* Hansen, João Adolfo, *A sátira e o engenho. Gregório de Matos e a Bahia do século XVII*, São Paulo, Companhia das Letras, 1989, p. 42.

32 Claude d'Abbeville, *Histoire de la mission*, *op. cit.*, p. 362.

33 *Ibid.*

34 Hansen, João Adolfo, « *Ut pictura poesis* e verossimilhança na doutrina do conceito no século XVII colonial », *Agudezas seiscentistas e outros ensaios : João Adolfo Hansen*, éd. Cilaine Alves Cunha et Mayra Laudanna, São Paulo, Edusp, 2019, p. 218.

Dans chaque chapitre, l'ordre des arguments est similaire pour les six Indigènes présents à Paris : une brève description de leur passé sauvage est suivie, pour les trois premiers, de la narration des conditions vertueuses de leur mort, et pour les trois autres, d'un éloge de leurs capacités spirituelles et de leur désir de francisation. Dans les récits, un schéma unitaire de continuité de la vie sauvage se juxtapose à un schéma de rupture, culminant avec la conversion, que ce soit par l'extrême-onction ou le baptême. Les sacrements, bien entendu, confirment le principe selon lequel toute conversion est conditionnée par une vie dissolue antérieure.

Ainsi, les portraits des ambassadeurs Tupinamba réalisés par Claude d'Abbeville portent tous l'amplification démonstrative de leurs vertus spirituelles. Ce procédé descriptif *ekphrastique* est associé à la présence de six gravures dans le livre, montrant les trois Indigènes morts avant le baptême, dépourvus de vêtements, et les trois autres nouvellement baptisés, habillés à la française[35].

Les effets vocaux sont particulièrement importants dans la narration du processus singularisé de conversion des Indigènes. C'est notamment le cas de la conversion de *Carypyra* qui, juste avant son baptême, est hanté par la vision d'une troupe de grands oiseaux noirs s'acharnant sur lui. La délivrance, par la réception du sacrement du baptême, est marquée par un accès verbal en langue tupi, qui vient briser son silence :

> Aussi tost qu'il fut baptisé, il se tourna la face vers la muraille, demeurant en un grand & assez long repos : comme resveillé de son profond silence, lascha avec un soupir ces paroles, *Maété tecatoua Toupan raheire asséréco ! Aycoap cohu Jeropary raheire chréko royré : soupicatou seran ouïnbaue ouyramemoä booure ocaryénondé chemoär chémomemoämé oouahure moän cherécorémé. Ouyässouch royré ouyratin oour chévé Toupan raheire aycon né*[36].

Une démarche similaire se trouve chez Yves d'Évreux, notamment dans le chapitre intitulé « Du Baptesme de plusieurs adultes, spécialement d'un nommé Martin[37] ». La description de la conversion de cet Indigène suit la même *dispositio* que celle des pages consacrés aux ambassadeurs tupinamba par Claude d'Abbeville. Elle débute par une description minutieuse de la constitution physique et morale du futur

35 *Cf.* Daher, Andrea, *Les singularités de la France Équinoxiale*, *op. cit.*, p. 271-321.
36 Claude d'Abbeville, *Histoire de la mission*, *op. cit.*, p. 353.
37 Yves d'Évreux, *Voyage dans le nord du Brésil*, *op. cit.*, p. 244.

converti avant son baptême : « [il] avoit tousjours esté grand amy des François homme de bon naturel fort modeste, peu parlant, les yeux arrestez, & souvent inclinez vers la terre, avoit esté autrefois entre les siens tenu pour un des asseurez barbiers ou sorciers [...] ». Vient ensuite le récit des transformations physiques et éthico-morales de *Maretin* (devenu Martin), au cours du processus de conversion, marqué par des visions délirantes : « [...] pendant ce sommeil il veit les Cieux ouverts, & monter dans iceluy une grande quantité de gens vestus de blanc, & après eux, beaucoup de Tapinambos a mesure qu'ils estoient baptisez de nous. » Au terme de cette extase, la transformation définitive s'opère : « il ne dit mot, mais demeura extrêmement pensif & mélancolique ». Frappé alors par la maladie et sous la menace de la mort sans avoir reçu le sacrement du baptême, il atteint le sommet de son cheminement individuel lorsqu'« En fin il ouyt une voix intérieure qui luy dit, que s'il vouloit estre delivré de cette affliction & maladie, & de plus d'aller avec Dieu au Ciel, il falloit avant que de mourir, qu'il fust laué de cette Eau tombée sur luy pendant qu'il estoit en la maison de Toupan [...][38] ».

Maretin deviendra Martin François, et selon le père Yves, « [...] depuis qu'il fut Chrestien, l'on n'a jamais remarqué en luy aucune trace de vieil homme, c'est à dire, des coustumes mauvaises que les Sauvages observent. Il estoit grave, modeste & peu parlant, & rarement pouvoit-il estre incité & rire : Il s'abstenoit de tout ce qui luy sembloit contrarier a la profession du Christianisme[39] ».

Toujours dans le sillage de son coreligionnaire d'Abbeville, le père Yves consacrera les derniers chapitres de son livre au portrait quelques Principaux et Pagés des tribus locales. Ces pages sont remplies par leurs voix singularisées, lorsqu'il présente la transcription des conversations qu'il a eues avec eux[40]. Les raisons fournies pour le choix de ces conférences reflètent, selon le capucin, le désir ardent des Tupinamba, « curieux de sçavoir les choses de Dieu », posant tous les jours « mille questions » aux missionnaires.

38 *Id.*, p. 248.

39 *Id.*, p. 246.

40 Il s'agit moins d'une stratégie de conversion des élites indigènes qu'une stratégie de conversion par la conversation douce, qui s'établit uniquement entre ceux qui sont autorisés à parler dans des conditions symétriques. Pour le cas mexicain, *cf.* Tedlock, Dennis, « El surgimiento de la antropología dialógica en las Americas », dir. Miguel Léon-Portilla, *Motivos de la antropologia americanista : Indagaciones en la diferencia*, Mexico, Fondo de Cultura Economica, 2001, p. 480.

> A toutes ces demandes & plusieurs autres – dit le père Yves –, nous leurs respondions ce qui en estoit, & faisoient paroistre exterieurement par leurs gestes & paroles le contentement qu'ils en recevoient : aussi à la verité le temps s'escouloit doucement parmy toutes ces demandes & confabulations : Et pour ce que je veux mettre cy apres les divers & plus singuliers discours que j'ay eu avec les Mourouvichaves, c'est à dire, les Principaux de Maragnan, Tapoüitapere, Comma, Caietez, Para & Miary. Je ne me veux arrester davantage sur ces questions & demandes : d'autant que vous les verrez au long, & mes responces parmy ces conferences, lesquelles comme j'espere, vous donneront un grand contentement, vous asseurant que je les rapporteray tres fidelement, & ne m'escarteray que le moins qu'il me sera possible, de la phrase ordinaire qu'ils ont en leurs harangues : en quoy l'on m'excusera, comme aussi du passé, si l'on ne trouve tant d'ornement en ceste Histoire, ainsi que requerroit la curiosité du siecle : mon opinion est que la beauté d'une Histoire est la verité du faict & la simplicité du stile[41].

Yves d'Évreux prépare ainsi la réception de ses conférences avec les Principaux, « très fidèlement » transcrites, selon lui, dans les pages suivantes de son livre. La reproduction de la « phrase ordinaire » et le manque d'ornement qu'il revendique sont autant de *topoï* qui se rapportent à l'efficacité de la prédication, servant de démonstration offerte au « lecteur chrétien » à qui ces discours s'adressent.

En 1625, le jésuite italien Emmanuele Tesauro reprend la distinction d'Aristote entre le genre pèlerin, propre aux intellects sensibles, et le concertatif, propre à la masse populaire. Le genre pèlerin est caractéristique de l'écriture, tandis que le concertatif est adapté à la voix. Seul ce dernier se prête à la prédication, dans le but de convaincre la foule, d'enseigner et de faire plaisir. Tesauro le divise encore en deux, en se basant sur les styles musicaux, tout aussi parfaits pour s'adresser à un public populaire : le diatonique, composé de tons graves, et le chromatique, composé de demi-tons doux. Le diatonique est majestueux et sérieux, prenant possession de l'esprit du public comme un prince vêtu de pourpre sacrée ; le chromatique est familier et agréable, s'adressant au public comme un ami aimable. Ce ton familier tire son avantage de la simplicité et conserve son décorum en proposant à chacun des arguments et des raisons très clairs[42].

41 Yves d'Évreux, *Voyage dans le nord du Brésil*, *op. cit.*, p. 324.

42 Hansen, João Adolfo. « Sobre "o juízo", panegírico de Emanuele Tesauro », *RÉTOR* 8 (1), 2018, p. 30-57.

Yves d'Évreux prend nettement parti de la prédication de type concertatif, dont l'argument sert à la fois de conclusion au chapitre sur les diverses questions posées par les Sauvages et d'exorde pour les conférences qui suivent. L'exigence de « simplicité » est liée à l'idée que les ornements diminuent la « croyance en la vérité », car dans les « choses saintes » l'efficacité persuasive doit d'abord reposer sur les raisons et non sur les artifices. C'est le même *topos* que l'on retrouve, par exemple, chez Pallavicino, à partir de la critique de Pic de la Mirandole contre les écrivains sacrés qui chargeaient leurs compositions d'artifices. Selon lui, la vérité révélée dans la conversion du monde nécessite un mode d'exposition simple et doux (*semplice* et *piano*)[43].

Les raisons pour lesquelles Yves d'Évreux a choisi la conférence s'inscrivent également dans la perspective de la « vérité révélée ». Loin de l'effet de « révélation » qui résulte de l'opération mimétique dans la mise en scène maître-disciple des catéchismes, la transcription des conférences du père Yves intensifie l'*enargeia* par l'application des « formes de dire » (*characteres dicendi*), lorsque le mode narratif (*diégésis*) dominant est remplacé par le mode de reproduction des échanges avec les Indigènes (*mimésis*).

Comme dans les harangues transcrites par Claude d'Abbeville, la succession même des langues parlées, du français au tupi, provoque un effet de présence des affections de ceux à qui la parole est donnée et l'action prêtée. De même, le choix du temps verbal est approprié, car, selon les rhétoriques anciennes, l'utilisation du présent de l'indicatif intensifie l'évidence. C'est précisément ce qui se produit lorsqu'on passe du mode diégétique au mode mimétique ou du passé au présent : le premier rend compte du résultat de quelque chose d'autopsié et ainsi narré ; le second porte l'équivalence de sa prétendue vérité, en l'occurrence la familiarité avec les Indigènes et le fait d'avoir conversé avec eux. C'est encore une autre manière de représenter vraisemblablement l'Indigène

---

43 *Apud* Moreira, Marcello, « Uma história das práticas letradas : homenagem a Andrea Daher por Roger Chartier, Hélio Guimarães e Marcello Moreira », *Topoi*, Rio de Janeiro, v. 20, nº 41, mai/août, 2019, p. 292. Pallavicino, Sforza. *Considerazioni sopra arte dello stile, e del dialogo*, Roma, Eredi del Corbelleti, 1662, p. 24 : « *Le ragioni del Pico si riducono alle seguenti : che se tratassi dell'eloquenza, gli ornamenti di lei tolgon la fede alla verità, e la rendono incerta ; mentre il lettore dubita se la forza che sente farsi all'intelletto, deriui dall'efficacia della ragione, ò dall'artificio dello Scrittore : Perciò nelle Sacre Lettere haver Dio voluto vno símplice stile e piano, col quales'è convertito el mondo* ».

éloquent, et de ce fait convertible, qui prend la parole prétendument parce qu'il veut parler.

À la douceur du missionnaire correspond ainsi la volonté qui ouvre la voie à la conscience des Tupinamba qui prennent la parole. Sous l'influence du tabac, c'est-à-dire du *pétun*, les Indigènes se montrent par ailleurs capables de l'exercer de façon éloquente, comme l'explique Yves d'Évreux, exposant sa propre expérience pour naturaliser de cette vérité :

> [...] ils croyent que cette fumee les rend diserts, de bon jugement & eloquens en parole, tellement que jamais ils ne commencent une harangue qu'ils n'en ayent pris. Et me semble que leur opinion n'est point tant superstitieuse, qu'elle n'aye quelque raison naturelle ; car je l'ay experimenté moy mesme, que cette fumee esclaircit l'entendement, dissipant les vapeurs, qui possedent l'organe du Cerveau, & affermit la voix, en ce qu'elle desseiche les humiditez & crachats de la bouche, qui se rencontrent à la sortie de la veine vocale tellement que la langue en est bien plus libre à faire sa fonction : La verité de cecy est bien aisee à experimenter, pourveu qu'on en prenne avec modestie, & au temps convenable [...][44].

Encore une fois, dans ce constat, il n'y a aucune forme de relativisme ni d'exigence de réciprocité ; il y a seulement la recherche, sur le mode analogique, des raisons qui soutiennent la sympathie des humeurs et justifient la douceur qui entretient la circulation des voix dans les formes dialogiques, faisant des capucins et des Tupinamba des interlocuteurs. Une certaine « liberté de parole » de la part des Indigènes est supposée dans la description de l'usage du *pétun*, mais elle ne s'accorde pas à une « liberté de conscience ». Rares sont les témoignages dans le récit d'Yves d'Évreux faisant référence ouvertement à la conscience des Indigènes. Un seul cas, celui d'un vieillard tabajare mourant, se réfère explicitement à « sa conscience inspirée de Dieu » lorsqu'il demande à être baptisé. La plupart des évocations de la conscience dans le récit du capucin se rapportent au cheminement spirituel des missionnaires, notamment à l'image de « la décharge des consciences » en ce qui concerne le fait de « reveiller ces Barbares du profond sommeil d'une mescroyance[45] ».

À partir du XVIe siècle, l'autorité et l'efficacité de la prédication catholique résident dans le jugement des missionnaires, guidés par la lumière naturelle de la Grâce innée, qui oriente les effets des discours

44 Yves d'Évreux, *Voyage dans le nord du Brésil*, *op. cit.*, p., p. 110.

45 *Id.*, p. 278.

doctrinaires qu'ils composent. Ainsi, le choix des styles sert à démontrer la présence divine dans le monde selon le principe analogique de participation, de proportion ou de proportionnalité. Dans le même mouvement, obéir à une loi juste revient à obéir à Dieu, car sa justice reflète la lumière naturelle. En d'autres termes, le prédicateur, inspiré par le Saint-Esprit, est animé par l'idéal de justice révélé dans les Écritures et la *traditio* comme volonté de Dieu[46].

Pour les catéchumènes qui reçoivent ces discours justes et proportionnés, la consigne est de ne jamais agir contre sa conscience, même si elle est erronée. Suivre une conscience erronée ne saurait justifier nécessairement le péché, car il est impératif de cultiver une conscience éclairée et de discerner ce qui est approprié à sa propre condition. L'ignorance, souvent due à la négligence ou à la témérité, contredit ainsi la vertu de prudence. En ce sens, l'excuse du péché ne résiderait que dans une ignorance invincible ou involontaire, c'est-à-dire une ignorance qui persiste malgré les efforts déployés pour éclairer la conscience[47]. Mais cette ignorance ne serait ni souveraine, ni créatrice, mais plutôt médiatrice entre la volonté et la loi divine transcendante. En somme, du point de vue théologico-politique dominant, celui du thomisme, le pouvoir de la conscience est reconnu, mais il n'est pas question de « liberté de conscience ». En tout cas, le principe fondamental demeure inébranlable : agir contre sa conscience, même erronée, est considéré comme hérétique.

En effet, cette conception de l'ignorance invincible et excusable, qui s'étend du domaine des faits à celui du droit positif divin, inclut la révélation, ce qui signifie que ceux qui n'ont jamais été exposés à la vérité divine pourraient être excusés de leurs erreurs. Cette perspective offre une justification théologique à l'« excuse du péché » appliquée aux âmes de la totalité du monde connu, conformément à la doctrine catholique du pouvoir et à l'impératif théologique de conversion.

46 *Cf.* Hansen, João Adolfo, « A civilização pela palavra », *Agudezas seiscentistas e outros ensaios : João Adolfo Hansen*, éd. Cilaine Alves Cunha et Mayra Laudanna, São Paulo, Edusp, 2019, p. 55-74.

47 *Cf.* Massaut, Jean-Pierre, « La conscience erronée », *La liberté de conscience (XVIe-XVIIe siècles). Actes du Colloque de Mulhouse et Bâle (1989)*, dir. Hans R. Guggisberg, Frank Lestringant et Jean-Claude Margolin, Genève, Droz, 1991, p. 237-255.

LA CONQUÊTE DES ÂMES EN QUESTIONS ET RÉPONSES

L'histoire de la conquête des âmes américaines ne manque pas de « questions et réponses », en particulier par l'application du modèle mimétique du catéchisme. Mais une autre forme lettrée, également dérivée de la *disputatio*, a été déterminante dans l'invention de l'« âme indigène » : la controverse, qui contient exclusivement les voix des conquérants.

La définition des principes fondamentaux de la Conquête américaine a été marquée de manière emblématique par une *disputatio publica*, convoquée par Charles Quint en août 1550, connue sous le nom de « controverse de Valladolid ». La légitimité des guerres menées contre les Indigènes au XVIe siècle était ainsi débattue à travers des *quaestiones* qui exigeaient des arguments de la part de leurs deux adversaires : l'évêque de Chiapas, Bartolomé de Las Casas, et le théologien Juan Ginés de Sepúlveda. Leurs interventions ont été recueillies par le théologien impérial Domingo de Soto, qui signe le « Prologue » du volume imprimé en septembre 1552 contenant l'essentiel de la controverse[48].

La réalité même de la controverse de Valladolid souligne que les préceptes rhétoriques et éthico-juridiques à partir desquels les thèmes ont été mobilisés dans la disputation devraient renforcer le fondement métaphysique du droit, de la politique et de l'éthique de la monarchie hispanique qui a gouverné la conquête du Nouveau Monde. En fait, l'enjeu était la constitution d'un inventaire d'arguments autour de la question de la guerre juste, de la servitude des Indigènes et de leur degré d'humanité – vérifié par la présence des facultés de l'âme, à savoir la mémoire, la raison et la volonté –, ainsi que d'autres *topoï* corollaires que l'on retrouve dans la *Relectio de Indis* de Francisco de Vitoria, énoncée en 1539.

On s'interrogeait alors sur la soumission imposée par la guerre juste ou sur l'encouragement de la *syndérèse*, la lumière de la Grâce

48 *Aqui se contiene una disputa, o controversia : entre el Obispo don fray Bartholome de las Casas, o Casaus, obispo que fue de la ciudad Real de Chiapa, que es en las Indias, parte de la nueva España, y el doctor Gines de Sepulveda Coronista del Emperador nuestro señor* [...], Sevilla, Sebastian Trujillo, 1552.

naturelle éteinte chez les Gentils, qui pouvaient enfin y participer une fois guidés par la Providence. Bien que l'*auctoritas* de Vitoria ne soit pas mentionnée dans la somme de Domingo Soto, l'ensemble des *topoï* autour de ces questions doit être considéré comme structurant les deux discours en opposition, leur conférant des fondements reconnaissables et, surtout, unifiés, sans la marque d'une distinction de positionnements irréconciliables. En constituant une mémoire des différends, les convictions partagées par les deux parties véhiculent les instruments les plus adéquats pour justifier la domination, construisant ainsi le succès définitif de la conquête[49].

La perfection de la perspective catholique du bien commun et des prédicats de l'expansion de la *respublica christiana* dans l'orbe, selon le principe de *compelle intrare*, extrait de Saint Luc et évoqué dans la *Relectio de Indis*, sert de base à la « deuxième raison » observée par Sepúlveda pour la juste guerre contre les Gentils, par laquelle serait affirmée leur condition de servitude naturelle (*natura servi*). À son tour, l'évêque de Chiapas répond, dans le cadre de l'argument, en invoquant le même principe de *compelle intrare*, qu'il ne faut pas comprendre, selon lui, comme une « compulsion extérieure » par les guerres :

> [...] *si se entiende quanto a todo linaje de gente que esta en peccado y particularmente de los gentiles que nunca oyeron la fee : se ha de entender de la interior compulsion que Dios haze por sus inspiraciones : o por ministerios de Angeles.* [...] *Por manera que* compelle intrare, *no significa la guerra : sino la gran virtud de Dios que mueve los coraçones empedernecidos de los hombres.*
>
> « [...] si l'on considère toute la lignée des gens qui sont dans le péché et particulièrement les Gentils qui n'ont jamais reçu la foi, on doit entendre la compulsion intérieure que Dieu fait par ses inspirations ou par le ministère des Anges [...] De manière que *compelle intrare* ne signifie pas la guerre, mais la grande vertu de Dieu qui meut les cœurs endurcis des hommes[50] ».

Sous l'autorité d'Augustin, l'argumentation de Las Casas mène à l'évocation de la liberté de recevoir la foi, établissant la différence entre « les infidèles qui n'ont jamais entendu la foi et les hérétiques qui, l'ayant

49 *Cf.* Daher, Andrea, De Sá, Luiz César, « A cena monumental de Valladolid », *A memória na ordem do escrito* : Das práticas letradas dos séculos XVI e XVII à literatura moderna, dir. Marcello Moreira, São Paulo, Intermeios, 2021, p. 67.

50 [Soto, Domingo], *Aqui se contiene una disputa, o controvérsia*, *op. cit.*, p. 6.

reçue, l'ont quittée[51] ». Et il poursuit : « [...] les uns doivent être appelés doucement parce que, n'ayant jamais été obligés à la foi pour leur liberté (qui est nécessaire pour la recevoir), ils ne peuvent être contraints ; et les autres le peuvent : comme celui qui n'a jamais fait vœu d'une chose, il n'y est pas obligé, mais après l'avoir fait, il l'est déjà [...][52] ».

Las Casas réitère que les hérétiques peuvent être réduits de force à la foi, puisqu'ils y ont été promis par le baptême. Les Indigènes ne l'ayant pas reçu, ne sont donc pas des sujets et, par conséquent, ne peuvent pas être considérés comme des « enfants mal élevés » (« *hijos, muchachos mal criados* »), signe d'obstination et d'entêtement. Dans cette condition, il n'appartient pas à l'Église de les ramener par la violence, « mais par des caresses et la conversation douce, tendre, agréable, paisible, amoureuse et chrétienne, les voyant comme des brebis parmi les loups[53] ». En définitive, l'argument autorise le principe de la douceur dans la « conversation chrétienne » au cours du processus de conversion. Ces « échanges de paroles douces » sont le résultat indiscutable d'une expérience que seul l'évêque de Chiapas, face à un théologien illustre dans la disputation, pouvait revendiquer.

En effet, la publication des propos de la controverse de Valladolid présente une double valeur, probablement guidée par la plume de Domingo Soto. La première se révèle dans la description amplifiée de « l'expérience américaine » de Las Casas comme base pour la construction de ses arguments, selon l'expression interposée dans l'introduction : « (comme le dit le Seigneur l'évêque) tel que l'expérience aux Indes lui a montré[54] ». Dans les dernières lignes de la transcription de la disputation, l'appel final de l'évêque de Chiapas apporte ainsi tout le poids de l'*enargeia* de l'expérience sensible :

> [...] *y porque los Reyes de Castilla no pierdan las Yndias : y porque la total perdicion de tantas gentes y despoblacion de tan luengas tierras no aya effecto : como presto lo abra : y para impedir los açotes que Dios da y mas crueles que ha de dar*

51 *Id.*, p. 7 : « *los infieles que nunca oyeron la fee : y los herejes que abiendo la recebido la dexaron* ».

52 *Ibid.* : « [...] *que los unos han de ser llamados blandamente porque como nunca se obligaron a la fee por su libertad (la qual es necessaria para recebirla) no pueden ser compellidos : y los otros si : como el que nunca hizo voto de una cosa : no es obligado : pero despues de aberle hecho : ya es obligado a ella* [...] ».

53 *Id.*, p. 42v : « *Sino por halagos y dulce, mansa, blanda, pacifica, amorosa y Christiana conversacion yendo a ellos como ovejas entre lobos* ».

54 *Id.*, p. 10 : « *(como dize el señor obispo) que lo ha mostrado la experiencia en las Yndias* ».

> *por ellos a toda España : como tengo experiencia de ellos desde cincuenta años atras : pongo treynta y cinco años a tanta diligencia en esta corte. Y a esto endereço todos mis trabajos : no como el doctor me impone para cerrar las puertas de justificacion, ni a deshazer los titulos que los Reyes de Castilla tienen a aquel supremo principado. Cerro las puertas a los titulos falsos : de ninguna entidad : todos vanos : y abro las a los juridicos, solidos, fortissimos, verdaderos, catholicos, y de verdaderos christianos. Y para buscallos, saudallos, corroborallos, y declarallos : algo mas que el doctor y de mas tiempo creo que he trabajado*[55].
>
> « [...] Et pour que les Rois de Castille ne perdent pas les Indes, et pour que la destruction totale de tant de gens et le dépeuplement de terres si vastes n'aient pas lieu – ce qui arrivera bientôt si rien n'est fait – et pour empêcher les châtiments que Dieu inflige et ceux encore plus cruels qu'il infligera à toute l'Espagne à cause de cela, comme j'en ai fait l'expérience depuis cinquante ans ; ayant passé trente-cinq ans à travailler avec diligence en cette cour. Et c'est à cela que je consacre tous mes efforts : non pas, comme le docteur m'accuse, pour fermer les portes de la justification, ni pour détruire les titres que les Rois de Castille ont sur ce suprême principat. Je ferme les portes aux faux titres, de nulle valeur, tous vains, et je les ouvre aux titres juridiques, solides, très forts, véritables, catholiques et de véritables chrétiens. Et pour les chercher, les soutenir, les corroborer et les déclarer, je crois avoir travaillé quelque peu plus que le docteur et depuis plus longtemps. »

Deuxièmement, la valeur de ces discours réside dans la pertinence d'une composition fiable de la mémoire de la controverse, proposée à la lecture en langue vernaculaire. Ceci non seulement renforce l'efficacité de la *disputatio* pour résoudre les questions théologiques et éthico-juridiques, mais participe également à l'opération corollaire d'invention d'autorités et de constitution d'un répertoire d'arguments qui orienteront les hommes contre les supercheries dans le futur.

C'est en ce sens que l'on peut comprendre également l'adoption du dialogue par le Supérieur de la Compagnie de Jésus au Brésil, Manuel da Nóbrega, pour discuter les divers positionnements sur le sujet controversé des méthodes de conversion des Indigènes du Brésil. À travers les arguments favorables et contraires de chacun des frères lais, qui sont les personnages de son « Dialogue sur la conversion des Gentils », se construit progressivement la prise en considération des aspects d'ordre universel qui aboutiront à une résolution, au cœur d'une situation pratique[56]. Dans le « Dialogue », le personnage Gonçalo

55 *Id.*, p. 61-61v.
56 Pécora, Alcir, *op. cit.*, p. 99.

Alvares est un forgeron qui, dans la dynamique des échanges, surpasse en sagesse évangélique son confrère et interlocuteur Mateus Nogueira, qui est prêcheur. L'efficacité évangélique de la parole se montre ainsi inférieure à celle de l'expérience, représentée par « les œuvres et les coups de marteau » du forgeron[57].

Écrit probablement dans les années 1556 et 1557, le texte met en scène la discussion sur la pragmatique de l'assujettissement des Indigènes. En comparant l'évolution de ses positions sur ce sujet selon la correspondance active de Nóbrega, depuis son arrivée à Bahia en 1549 jusqu'au moment de la confection du dialogue, A. Pécora dresse une liste de lieux communs qui constituent l'argumentaire général de cette dramatisation autour de la conversion des Gentils.

Dès le début, on retrouve dans les premières missives de Nóbrega la croyance dans l'enseignement de la doctrine, compte tenu du désir des Indigènes de l'apprendre. La métaphore du papier blanc sur lequel sont écrites les lettres sert alors à soutenir la facilité de la tâche apostolique. Dans une lettre qu'il envoie l'année suivante au père Simão Rodrigues, la grande inconstance des Indigènes commence à peser contre eux. Ceci amène le Supérieur de la Compagnie de Jésus à juger indispensable de séparer ceux qui sont baptisés des autres, évoquant ce qui serait alors l'esquisse d'une méthode de la contrainte, à partir de la question de l'efficacité de la peur sur l'amour : « peut-être par peur ils seront convertis plus rapidement que par amour[58] ». Au fur et à mesure que le père Nóbrega acquiert de l'expérience dans la mission brésilienne, il tend à conclure qu'il n'y a que peu de fruits dans cette modalité de conversion, car les Indigènes sont des « gens serviles » qui font tout par peur. Dès lors, la thèse selon laquelle les Gentils doivent se soumettre politiquement aux lois positives de l'État monarchique en tant que sujets libres, afin d'obtenir leur conversion d'office, se solidifie dans la correspondance. Selon lui, l'efficacité de cette méthode pouvait être condamnée chez les adultes, exemptés du libre arbitre qui commande l'entrée de la vraie foi dans leurs cœurs, mais favoriserait toujours les enfants élevés sous la police de l'État chrétien.

57 Nóbrega, Manoel da, « Diálogo sobre a conversão do gentio », éd. Serafim Leite, *Cartas dos primeiros Jesuítas do Brasil*, São Paulo, Comissão do IV° Centenário da Cidade de São Paulo, 1954, vol. II, p. 319.

58 *Id.*, p. 104 : « talvez por medo se convertam mais depressa do que fazem por amor ».

À partir de ces *topoï*, transposés dans la *dispositio* du « Dialogue sur la conversion des Gentils », on peut distinguer trois étapes principales dans le discours[59]. La première étape du dialogue part d'un accord initial entre les deux personnages qui parlent des obstacles à la conversion causés par le caractère bestial des Indigènes, selon les termes du frère Gonçalo Álvarez : « [...] ils sont si bestiaux que rien de Dieu ne rentre dans leurs cœurs ; ils sont tellement déterminés à tuer et manger qu'ils ne connaissent aucun autre bonheur à désirer [...][60] ». La succession de métaphores qui allégorisent, dans cette partie initiale du dialogue, la nature rude des Indigènes ne caractérise pas exactement un obstacle à la réception de la foi qui promeut l'action de la Grâce divine, mais elle permet d'introduire une deuxième étape, à savoir la démonstration qu'il ne vaut pas la peine de chercher dans les défauts de l'entendement des Indigènes les raisons de l'incrédulité des missionnaires dans leur salut.

Cette deuxième étape du débat s'inaugure avec les propos du frère Nogueira sur l'idée de sujétion, basée sur l'expérience vécue jusqu'alors avec les Gentils, ouvrant la voie à l'objection de son confrère forgeron, selon laquelle la valeur salvifique de la conversion réside dans la volonté. Cela fait écho aux discussions sur le libre arbitre qui occupent alors les pages des traités théologiques en pleine Contre-Réforme : « [Nogueira] : Et à quoi cela servirait-il, s'ils étaient chrétiens par force, mais restaient gentils dans la vie, dans les coutumes et par volonté ? [Gonçalo Álvarez] : Pour les parents, selon ce que disent ceux qui ont cette opinion, cela ne signifie pas grand-chose, mais leurs enfants, petits-enfants, etc. pourraient le devenir, et il semble qu'ils aient raison ». S'installe alors l'argument de la nécessité d'une nouvelle manière d'élever [« *criação* »] les enfants indigènes dans les habitudes chrétiennes, susceptible d'instaurer l'exercice souhaité du libre arbitre, loin des anciennes coutumes contre-nature.

La troisième partie du « Dialogue sur la conversion des Gentils » se construit à partir des prémices établies tout au long du texte, en prenant en compte le moteur de la charité dans l'action missionnaire et la méthode la plus efficace, selon l'expérience, qui serait, en définitive,

59 *Cf.* Pécora, Alcir, *op. cit.*, p. 99-110.

60 Nóbrega, Manoel da, « Diálogo sobre a conversão do gentio », éd. Serafim Leite, *op. cit.*, p. 320 : « [...] *são tão bestiais, que não lhes entra no coração cousa de Deus ; estão tão incarniçados em matar e comer que nenhuma outra bem-aventurança sabem desejar* [...] ».

« coactive[61] ». Les termes finaux du texte fournissent le jugement pratique qui permettrait de formuler des modalités d'action efficaces pour le but salvifique de la mission. L'argument conclusif se concentre ainsi sur la formule du frère Nogueira, qui atténue les mauvaises habitudes des Indigènes du Brésil face aux vices communs des philosophes idolâtres : « [Nogueira] : Que les Romains et d'autres Gentils ont plus de police que ceux-ci ne résulte pas du fait qu'ils ont naturellement un meilleur entendement, mais du fait qu'ils sont mieux élevés et de manière plus policée[62] ». Ce même *topos*, mobilisé par Las Casas à Valladolid quelques années auparavant, correspond donc à l'idée de la soumission politique des Indigènes aux justes lois de l'État, dérivées des lois naturelles de Dieu, qui clôt le débat.

Dans le contexte apostolique moderne, l'usage du dialogue à des fins d'efficacité persuasive s'appuie sur la dramatisation de la victoire argumentative sur l'adversaire, caractéristique du « dialogue philosophique ». Cette forme discursive, issue de la matrice platonicienne, oblige le destinataire à former un jugement, censé être volontaire et rationnel, en traversant l'ordonnancement argumentatif (*dispositio*) du texte, qui contient ou prescrit, comme on l'a constaté, les étapes successives d'un combat intellectuel.

En ce qui concerne particulièrement le caractère persuasif du dialogue philosophique, on peut noter la prédominance d'un registre rhétorique informel ou familier. Le rhéteur Démétrius est le premier à l'affirmer dans son traité *Du style*, lorsqu'il définit le dialogue comme un style d'imitation de quelqu'un qui parle de manière improvisée, devenant ainsi le modèle du type de prose attribué à Platon. Dans les ouvrages de rhétorique latine, le dialogue est abordé également dans le contexte des différents styles de prose, mais jamais dans celui de l'interaction en tant que telle, bien que le terme « *sermo* » soit utilisé aux côtés d'autres termes tels que « *altercatio* » et « *disputatio* ». Dans *De oratore* [*De l'orateur*] de Cicéron, « *sermo* » est également lié à la « parole des philosophes », dans le cadre d'une réflexion sur les styles de prose, suggérant qu'il se rapproche de la conversation privée. De la même façon, dans *De Officiis* [*Des devoirs*],

61 Je reprends ici le terme employé par Pécora qui ne parle pas de « coertion » dans ce contexte, mais plutôt de « coaction ».

62 *Id.*, p. 336 : « [Nugueira] : *Terem os romanos e outros gentios mais policia que estes não lhes veio de terem naturalmente milhor entendimento, mas de terem milhor criacão e criarem-se mais politicamente.* »

« *sermo* » n'est plus considéré comme une catégorie de la prose, mais plutôt comme une forme spécifique de l'*oratio*, dans le sens plus large de « parole de conversation », opposé à « *contentio* », « parole de débat[63] ».

En ce sens, les rhéteurs médiévaux ont tendance à identifier le dialogue davantage au discours familier (*sermo*) qu'au discours formel (*contentio*), tandis que ses propriétés spéculatives, affirmées d'après Cicéron, sont explorées par les Pères de l'Église dans ses possibilités polémiques et dogmatiques de diatribe contre les hérésies[64]. Quant à la matrice platonicienne du dialogue, elle sera reprise avec vigueur au début de l'époque moderne dans l'usage du « dialogue philosophique » à des fins d'efficacité persuasive dans le contexte de l'évangélisation du Nouveau Monde.

Bien entendu, dans les deux exemples emblématiques pris ici, la controverse de Valladolid et le dialogue philosophique du jésuite Manuel da Nóbrega, la parole est toujours exclusive : aux antipodes de la controverse, qui est une mise en scène réglée d'une disputation entre deux autorités théologiques, le dialogue philosophique fictionnalise les voix de ceux qui occupent les positions les plus basses dans la hiérarchie religieuse, mais qui restent tout de même les seuls détenteurs légitimes de la parole, en tant que médiateurs par excellence de la Grâce divine à laquelle le Supérieur des Jésuites au Brésil finit par livrer le problème épineux du salut des Gentils.

En dehors des références ponctuelles aux échanges oraux qui nourrissent, d'une manière générale, les histoires et les récits missionnaires américains, l'un des seuls exemples de dialogues qui contiennent la parole indigène est celui du « Livre des Colloques », composé en 1563 par le franciscain Bernardino de Sahagún. Il s'agit, en réalité, des échanges qui ont eu lieu en 1524 entre les douze premiers franciscains arrivés au Mexique et quelques sages, les *tlamatinime*. Le texte a été élaboré d'après un manuscrit trouvé au Collège de Santa Cruz de Tlatelolco, faisant partie d'un ensemble rédigé en nahuatl, composé aussi d'un catéchisme, semblable à d'autres déjà existants.

À l'aide de « quatre vieillards très versés, compétents à la fois dans leur langue et dans toutes leurs antiquités[65] », Bernardino de Sahagún a

63 *Cf.* Aygon, Jean-Pierre, « Le dialogue comme genre dans la rhétorique antique », *Pallas*, Palladio Magistro : Mélanges Jean Soubiran (2002), Presses Universitaires du Midi, n° 59, 2002, p. 197-208.

64 Pécora, Alcir, *op. cit.*, p. 97.

65 *Los diálogos de 1524 segun el texto de fray Bernardino de Sahagún y sus colaboradores. Edicion facsimilar del manuscrito original, paleografia, versión del náhuatl, estudio y notas de Miguel*

réordonné et traduit le texte retrouvé. En s'adressant « Au Lecteur prudent », il fournit une description sommaire de l'œuvre en préparation :

> *Va este tractado distincto en dos libros : el primero tiene treinta capítulos que contienen todas las pláticas confabulaciones y sermones que vuo entre los doze religiosos y los principales y señores y sátrapas de los ydolos hasta que se rindieron a la fe de nuestro Señor Jesu Cristo y pidieron con gran instancia ser baptizados. El segundo libro trata del cathecismo, que es la doctrina cristiana ; contiene veinte y un capítulos, en los quales se pone el cathecismo y doctrina cristiana con que todos los adultos que se quieren baptizar han de ser primeramente instruidos*[66].
>
> « Voici ce traité, divisé en deux livres distincts : le premier comporte trente chapitres qui contiennent toutes les conversations, confabulations et sermons qui eurent lieu entre les douze religieux et les principaux seigneurs et satrapes des idoles jusqu'à ce qu'ils se rendent à la foi de notre Seigneur Jésus-Christ et demandent avec grande sollicitude à être baptisés. Le deuxième livre traite du catéchisme, qui est la doctrine chrétienne ; il comprend vingt-et-un chapitres, dans lesquels sont exposés le catéchisme et la doctrine chrétienne avec lesquels tous les adultes qui veulent être baptisés doivent être d'abord instruits. »

Au départ, le traité proposé par Bernardino de Sahagún devait comprendre quatre livres au total, mais il a fini par mettre de côté les troisième et quatrième livres, à savoir une histoire de l'évangélisation du Mexique et la déclaration des épîtres et des évangiles des dimanches de l'année. En tout cas, l'intention ferme d'éditer les deux premiers livres est confirmée dans les paratextes de l'unique ouvrage imprimé du franciscain une vingtaine d'années plus tard, la *Psalmodia Christiana*, parue à Mexico en 1583, d'après les licences de publication[67].

Mais le « Livre des Colloques » ne verra pas le jour non plus. Le manuscrit a longtemps été perdu, retrouvé en 1922 par le franciscain Pascual Saura dans les Archives Secrètes du Vatican. Il s'est avéré alors incomplet : seuls sont préservés le « Prologue », suivi de la rubrique « Au lecteur prudent » [« *Al prudente lector* »] ; le sommaire complet des chapitres du premier et du second livre ; un catalogue des douze frères

---

León-Portilla, Mexique, Universidad Nacional Autonoma de México / Fundación de Investigaciones Sociales, 1986, p. 75 : « *quatros viejos muy pláticos, entendidos ansí en su lengua como en todas sus antigüedades* ».

66 *Ibid.*

67 C'est un cas comparable à celui de l'*Art de grammaire* du jésuite José de Anchieta, dont la permission de publication prévoyait l'impression dans le même volume des dialogues en tupi, mais seule la grammaire a été imprimée en 1595.

franciscains ; et la « doctrine chrétienne » en castillan, qui recouvre les échanges entre les missionnaires et les sages nahua jusqu'au chapitre 13 (et une partie du 14), ainsi que le texte original en nahuatl transcrit sur le recto des feuillets 30 à 41, qui a été traduit en 1563 par des savants franciscains « en langue mexicaine bien congrue et polie[68] ».

La description du « Livre des colloques » indique qu'il comporte à l'origine 30 chapitres. Du total de 13 chapitres qui nous sont parvenus, les chapitres 1 à 5 présentent les douze frères franciscains, le rôle du pontife romain, la nature de l'Écriture sainte, l'unicité de Dieu et l'existence d'un royaume appelé « royaume des cieux », gouverné par le pape en tant que représentant de l'Église. Les chapitres 6 et 7 contiennent les réponses des *tlamatinime* à ces propos. Les chapitres 8 à 12 développent les arguments des franciscains sur l'unicité de Dieu et la représentation des anges déchus ou démons comme étant les divinités autrefois adorées au Mexique. Le chapitre 13 et une partie du chapitre 14 proposent de nouvelles explications sur la Création, le Déluge et la confusion des langues, sous l'emprise du démon[69].

Miguel Léon-Portilla, éditeur et traducteur du texte en 1986, a choisi de présenter les énoncés des *tlamatinime*, concentrés dans les chapitres 6 et 7, en les séparant en lignes, tels des vers, comme l'avait fait Walter Lehmann auparavant : « Je pense que cela permet de mieux comprendre – explique-t-il – les expressions, les diphrasismes et les parallélismes, ainsi que la plénitude de leur signification ». Il précise, néanmoins, que « les Colloques ne constituent pas une série de *cuicatl* (chants), puisqu'ils sont évidemment des *tlahtolli* (discours)[70] ».

La forme matérielle de l'ensemble original est, en effet, très dense. Dans les chapitres du colloque, organisés par Bernardino de Sahagún, chaque passage en castillan a été écrit dans un seul grand paragraphe séparé, sans ponctuation. Le texte est divisé à l'aide des lettres majuscules A, B, C, D, etc., qui signalent les différents propos abordés, comprenant les interpellations et les réponses[71].

68 *Los diálogos de 1524* [...], *op. cit.*, p. 75 : « *en lengua mexicana bien congrua y limada* ».

69 *Id.*, p. 76-77.

70 *Id.*, p. 99.

71 Suivant toujours l'exemple de Lehmann dans son édition, Léon-Portilla a séparé chacun de ces propos précédés par une lettre majuscule, qui apparaissent collés les uns dans les autres dans le texte original.

Voici un exemple de l'exorde du premier discours, dans le chapitre premier du « Livre des Colloques », qui présente la *captatio benevolentiae* adressée aux interlocuteurs indigènes, précédé du titre du chapitre et suivi des premières lignes du premier thème abordé, sous la lettre « A » :

> *El primer capítulo halla de la relación que dieron los doze frayles de S. Francisco a los principales de México declarándo les la razón de su venida.*
>
> *Señores principales de México (que aquí estáis juntos) oyd con atención y notad lo que os queremos dezir : que es dar os a entender la causa de nuestra venida. A. Ante todas cosas os rogamos, que no os turbéis, ni espantéis de nosotros, ni penseis que somos mas que hombres mortales y pasibles como vosotros* [...][72].

> « Le premier chapitre traite du rapport que les douze frères de Saint-François ont donné aux principaux de Mexico, leur expliquant la raison de leur venue.
>
> Seigneurs principaux de Mexico (qui êtes ici réunis), écoutez avec attention et notez ce que nous voulons vous dire : c'est vous faire comprendre la raison de notre venue. Avant tout, nous vous prions de ne pas vous troubler ni vous effrayer à cause de nous, et de ne pas penser que nous sommes plus que des hommes mortels et sujets aux passions comme vous [...]. »

Et sous le même format se présente, quelques pages plus loin, dans le chapitre 6, une réponse générale des sages mexicains, précédée de son titre, également divisée par l'introduction de la lettre majuscule « A » :

> *Capítulo sexto, de cómo los Señores principales respondieron a los doze cerca de lo arriba dicho.*
>
> *Después que los doze religiosos vuieron acabado la primera platica que hizieron a los Señores y principales de México : luego se levantó uno dellos y con toda cortesía y urbanidad respondió desta manera. A. Señores nuestros seáis muy bien venidos ; gozámonos de vuestra venida a nuestra Ciudad, todos somos vuestros siervos y os ofrecemos todo lo que tenemos* [...][73].

> « Chapitre six, sur la manière dont les Seigneurs principaux ont répondu aux douze concernant ce qui a été dit précédemment.
>
> Après que les douze religieux eurent terminé le premier discours qu'ils avaient adressé aux Seigneurs et principaux de Mexico, l'un d'eux se leva et, avec toute la courtoisie et l'urbanité requises, répondit de cette manière : A. Seigneurs, soyez les bienvenus ; nous nous réjouissons de votre venue dans notre ville. Nous sommes tous vos serviteurs et nous vous offrons tout ce que nous avons [...]. »

72 *Los diálogos de 1524* [...], *op. cit.*, p. 45.
73 *Id.*, p. 55.

Les réponses fournies par les *tlamatinime* sont une démonstration évidente de l'acquiescement à la réception de la doctrine chrétienne, enveloppées dans les particularités de l'« univers nahua », dont la maîtrise faisait d'eux, justement, des sages. Telle que proposée dans la traduction de Léon-Portilla, la forme interrogative de ces réponses interpelle le lecteur. Malgré leur apparence dubitative, elles confirment l'acceptation de la doctrine, selon le *décorum* de la circonstance, par l'adoption d'une formulation obséquieuse. En tout cas, les réponses mettent en scène, dans la *dispositio* du discours, la grande substitution du monde nahua, terme à terme. Ainsi répondent les sages nahuas à la fin du chapitre 7, dans la formulation « versifiée » de Léon-Portilla :

> [...]
> *ahora, nosotros,*
> *¿destruiremos la antigua regla de vida ?*
> *¿la regla de vida de los chichimecas ?*
> *¿la regla de vida de los toltecas ?*
> *¿la regla de vida de los colhuacas ?*
> *¿la regla de vida de los tecpanecas ?*
> *Porque así en nuestro corazón* [*entendemos*]
> *a quién se debe la vida,*
> *a quién se debe el nacer,*
> *a quién se debe el crecer,*
> *a quién se debe el desarrollarse.*
> [...]
> *Es ya bastante que hayamos dejado,*
> *que hayamos perdido, que se nos haya quitado,*
> *que se nos haya impedido,*
> *la estera, el sitial* [*el mando*]
> [...]
> *Haced con nosotros,*
> *lo que queráis.*
> *Esto es todo lo que respondemos,*
> *lo que contestamos*
> *a vuestro reverenciado aliento,*
> *a vuestra reverenciada palabra,*
> *oh señores nuestros*[74].
>
> « [...]
> maintenant, nous,
> allons-nous détruire l'ancienne règle de vie ?

74 *Id.*, p. 155.

la règle de vie des Chichimèques ?
la règle de vie des Toltèques ?
la règle de vie des Colhuas ?
la règle de vie des Tecpanèques ?
Car ainsi, dans notre cœur, [nous comprenons]
à qui nous devons la vie,
à qui nous devons la naissance,
à qui nous devons la croissance,
à qui nous devons l'épanouissement.
[...]
Il est déjà suffisant que nous ayons abandonné,
que nous ayons perdu,
que l'on nous ait enlevé,
que l'on nous ait empêché,
la natte, le siège [le commandement].
[...]
Faites de nous ce que vous voudrez.
C'est tout ce que nous répondons,
ce que nous répliquons
à votre honorable souffle,
à votre parole vénérée,
ô nos seigneurs. »

Manifestement, les colloques mexicains de 1524 ont été soumis à deux réorganisations discursives, introduisant de nouveaux usages et remplissant de nouvelles fonctions, à deux moments différents. La première est faite sous la plume de Bernardino de Sahagún en 1563 ; la seconde est celle proposée par les éditions contemporaines du texte, comme celle de Miguel Léon-Portilla.

Ainsi, les colloques tels qu'ils nous parviennent, selon le manuscrit établi par Bernardino de Sahagún, sont d'abord soumis à la *dispositio* de la doctrine chrétienne qui les englobe, mettant en évidence le caractère sous-jacent et fortement modelé de la structure question-réponse entre le maître et le disciple au service de l'œuvre de conversion. La sommation des contenus doctrinaux – et la présence de la codification des propos par les lettres A, B, C, etc. – fonctionne comme un renforcement du caractère doctrinal et expose un concentré d'arguments isolés, de part et d'autre, sans qu'il n'y ait de face à face entre les interlocuteurs. La structure, dans sa succession asymétrique, révèle la victoire de la doctrine du « maître » sur le caractère dubitatif et contrit du discours vaincu du « disciple » : les réponses des sages nahua, concentrées en deux chapitres séparés sur la totalité des treize chapitres connus, renvoient ainsi à la solidité doctrinale inébranlable de la doctrine chrétienne, exposée préalablement. La configuration hautement modélisée sous forme de *disputatio*, par l'exposition concentrée des arguments (*contentio*), l'emporte sur celle du colloque (*sermo*), qui généralement intercale les énoncés des intervenants. La transcription ainsi proposée par Bernardino de Sahagún ne renvoie pas à une circulation, à un transit vocal qui pourrait caractériser la circonstance même des échanges entre les franciscains et les sages nahuas en 1524 : l'effet de présence des voix se fait à peine ressentir, tant il est euphémisé par la forme textuelle assumée, une quarantaine d'années plus tard, dans la transcription des énoncés par les savants franciscains.

La seconde réorganisation discursive propose une nouvelle structure narrative, conforme aux critères de monumentalisation littéraire, pour les finalités des appropriations « documentaires » du XXe siècle. Cette forme de « lisibilité » des colloques tend à rendre les représentations de la coutume indigène – ou de « l'univers indigène », comme un domaine à part à être découvert – conformes à une supposée « réalité coloniale ». Elle remplit, ainsi, les fonctions d'une téléologie nationale dans la recherche des origines fondatrices, alliée aux principes de scientificité linguistique et ethnologique. En ce sens, la nouvelle forme matérielle des colloques – à la fois linguistique et éditoriale – adoptée dans les éditions contemporaines de Lehmann et de Léon-Portilla, qui reprennent les discours indigènes sous forme versifiée, cherche à retrouver la « force perdue » du caractère de témoignage immédiat du texte, désactivant en quelque sorte la *dispositio* appliquée par Bernardino de Sahagún qui condensait les énoncés.

Malgré les formes matérielles et syntaxiques dans lesquelles les colloques entre franciscains et *tlamatinime* au Mexique ont été légués, ces derniers révèlent la force de la structure argumentative de la *disputatio*, sans doute incontournable pour les échanges entre « sages » à l'époque moderne.

Quelques années après la confection du « Livre des Colloques » par Sahagún, des échanges publics sous forme de disputation ont eu lieu également au Japon, retranscrits par les missionnaires jésuites qui y ont participé. Sans aucun doute, le cas du Japon est particulier, car les missionnaires y opéraient dans des circonstances où la diversité des formes religieuses rendait les débats coextensifs à la prédication : « À la fin de la prédication, il y avait toujours des disputations qui duraient longtemps[75] », écrivait François Xavier en 1552, donnant aussi le détail de la posture exigée en vue des réponses fournies : « Pour répondre à leurs questions, il est nécessaire d'être lettré, surtout de bons artistes : ceux qui sont sophistes les prendront vite en contradiction manifeste[76] ».

Les jésuites étant arrivés en 1542, ces débats ont eu lieu pendant les premières décennies de la mission japonaise, une époque où les conversions étaient encore rares. Elles ont commencé à prendre de l'ampleur lorsque des seigneurs, convertis eux-mêmes, ont entraîné la conversion de leurs sujets.

La « dispute d'Yamaguchi », telle qu'elle est connue, s'est déroulée en septembre 1551 et a impliqué l'un des compagnons de François Xavier, Cosme de Torres, ainsi que des moines bouddhistes. Les débats ont été documentés grâce aux lettres de Cosme de Torres et du jésuite Juan Fernández, traducteur des échanges, datées respectivement de septembre et d'octobre de la même année. Des récits de ces disputations se sont dispersés dans plusieurs chroniques du XVIIe siècle, basées sur ces lettres.

D'autres discussions publiques ont été représentées aussi dans des chroniques historiques de l'époque. Une disputation semble avoir eu lieu pendant une semaine, en novembre 1551. François Xavier, accompagné de marchands portugais, a débattu avec un bonze nommé Fucarandono, assisté de quelques coreligionnaires. Ces échanges sont rapportés dans l'ouvrage *Peregrinação* [*Pérégrination*] du Portugais Fernão Mendes Pinto, qui en reste le seul témoin[77]. Les termes d'une autre controverse sont également rapportés par le jésuite Luis Fróis dans son *Historia do Japam* [*Histoire du Japon*]. Cette discussion publique aurait eu lieu en 1569 à Kyoto, en présence du seigneur Oda Nobunaga, lorsque Lorenço, un coadjuteur japonais, accompagné du père Fróis, aurait débattu avec un moine bouddhiste nommé Nichijo[78].

---

75 Javier, Francisco, « Carta aos seus companheiros da Europa, 29 de enero de 1552 », *Cartas y Escritos de san Francisco Javier*, Marid, Biblioteca de Autores Cristianos, MCMLXXIX, p. 391 : « *Al cabo de la predicación siempre había disputas que duraban mucho. Continuadamente éramos ocupados en responder a las preguntas, o en predicar* ».

76 *Ibid.* : « *Para responder a sus preguntas son necesarias letras, principalmente buenos artistas, y los que fueren sofistas, tomarlos han luego en contradicción manifiesta* ».

77 Mendes Pinto, Fernão, *Peregrinação*, Lisbonne, Conseil Européen, 1983, chapitres CCXII et CCXIII, p. 660-669.

78 Fróis, Luís, S. J., *Historia de Japam*, éd. critique par José Wicki, S. J., Lisbonne, Biblioteca Nacional, vol. 2, 1981, p. 278 : « Da disputa que teve o Padre diante de Nobunaga e

Les deux genres qui contiennent la narration des controverses survenues au Japon, la missive et l'histoire, diffèrent dans leurs fonctions et dans leurs usages. Le genre historique se développe comme une chronique des événements passés, une mémoire des cas exemplaires. En revanche, dans les lettres, la temporalité des sujets abordés est celle du présent de l'écriture.

La missive de João Fernandez, adressée à François Xavier le 20 octobre 1551 et publiée dans un recueil de lettres jésuites en 1598, donne le détail des questions et des réponses de la discussion de 1551. Sous sa plume, les Japonais sont représentés comme une foule anonyme qui, submergeant le père Cosme Torres de questions jusque-là non résolues, ressentait le départ imminent de François Xavier. Ces questions portaient sur les thèmes théologiques les plus controversés dans le contexte japonais – tels que la question de l'âme, de l'essence de Dieu, du démon et des anges déchus, etc. La narration mimétique des dialogues par le père João Fernandez intercale ces mêmes thèmes dans des entrées successives : « Ils nous ont demandé une fois [...] » et « À cela nous avons répondu [...] » ; ou encore « Nous leur avons dit que [...] » et « Ils ont répondu que [...] ». Chaque question est clôturée par une acquiescence générale de la part des Japonais : « Ils avouaient que nous avions raison. »

La distinction entre la masse des Japonais qui affluent, « remplissant la maison le matin et le soir » à la recherche de réponses aux questions posées aux jésuites, et la figure du bonze, qui ouvre la voie à la description des vices et des péchés irrévocables des Japonais, occupe la *conclusio* de la lettre de João Fernandez. La description se tourne alors vers le renforcement du zèle apostolique de l'ordre des jésuites :

> *Os Bonzos desta terra dizem muito mal de nosoutros, porque os reprendemos de seus peccados. Huns dizem que o demonio falou por hum idolo, dizendo que nosoutros eramos seus discipulos* [...] *Outros pretendem injuriarnos & afrontarnos, dizendo-nos que comemos carne humana.* [...] *Esteve esta cidade por espaço de oyto dias posta a fogo & sangue, porque a lei que nella avia era viva quem vence. A huns matavão por vingarse, a outros para os roubar : & em todo este tempo sempre nos buscavão para nos matar, huns polo odio que nos tinhaõ, outros para nos tormar essa pouca pobreza tinhamos. Finalmente estivemos muitas vezes em grandes perigos de morte, mas de todos nos livrou a piadosíssima mão do Señor, que tão particular cuidado de todos os*

principes de sua Corte com hum bonzo por nome Nichijó Xónin ». Cette disputation est restée inconnue du public jusqu'au XXe siècle.

que o desejão servir. De Yamanguchi, a vinte de Outubro de 1551. De V. R. inclino filho em o Senhor, João Fernandez[79].

« Les Bonzes de cette terre disent beaucoup de mal de nous parce que nous les réprimandons pour leurs péchés. Certains disent que le démon parlait par l'intermédiaire d'une idole, disant que nous étions ses disciples [...]. D'autres prétendent nous injurier et nous offenser en disant que nous mangeons de la chair humaine. [...] Cette ville a été mise à feu et à sang pendant huit jours, parce que la loi qui y régnait était celle du plus fort. Certains tuaient pour se venger, d'autres pour voler : et pendant tout ce temps, on nous cherchait toujours pour nous tuer, certains par haine, d'autres pour nous prendre ce peu de pauvreté que nous avions. Enfin, nous avons été maintes fois en grand danger de mort, mais la main très miséricordieuse du Seigneur nous a sauvés de tous, Lui qui prend un soin particulier de tous ceux qui désirent le servir. De Yamanguchi, le vingt octobre 1551. De votre Révérence, fils en le Seigneur, João Fernandez. »

Dans la missive ou dans la chronique, la représentation des discussions publiques qui ont eu lieu au Japon est intégrée à la narration comme une technique d'amplification. Les exemples fournis déterminent la composition des scènes, des objets, des personnes, des caractères, des passions et des actions[80] – dans les circonstances de la guerre et des violences généralisées –, visant toujours à démontrer la justice de l'action missionnaire des jésuites. Avec une intensité accrue dans les lettres, compte tenu de leur caractère performatif qui met en scène les positionnements au sein de l'ordre, les conditions des échanges sont décrites de manière vivante et pathétique, saturant les arguments à travers l'effet de présence des voix d'un ensemble indéfini d'interlocuteurs – dont la violence est incarnée notamment par la figure du bonze –, rendant ainsi ces arguments rhétoriquement persuasifs.

À la différence des expériences « dialogales » du Mexique et du Japon, plus proches du modèle de la *disputatio*, les conférences d'Yves d'Évreux avec les Principaux à Maragnan portent les marques de *familiaritas*,

79 *Cartas que os padres e irmãos da Companhia de Jesus escreverão dos Reynos de Japão & China aos da mesma Companhia da India, & Europa des do anno de 1549 até o de 1580, Primeiro tomo* [...], *Impressas por mandado do Reverendissimo em Christo Padre dom Theotonio de Bragança, Arcebispo d'Evora* [...] *Em Evora, por Manoel de Lyra, 1598*, p. 21.

80 João Adolfo Hansen propose cette analyse de l'*ekphrasis* à partir de Miguel de Salinas, *Rhetorica en lengua castellana*, Alcalá de Henares, 1541, f. XCVII. *Cf.* Hansen, João Adolfo, « Categorias epidíticas da *ekphrasis* », *Agudezas seiscentistas e outros ensaios : João Adolfo Hansen*, éd. Cilaine Alves Cunha et Mayra Laudanna, São Paulo, Edusp, 2019, p. 265.

soumises au principe de la mobilisation de la faculté de la volonté – comme celle de « converser » – dans l'âme de l'interlocuteur.

Certes, les Tupinamba décrits par le père Yves, dans leur manière de parler, notamment lorsqu'ils s'adressaient aux missionnaires ou aux colonisateurs français, reflétaient dans leurs discours des années de commerce avec les chrétiens, ayant plus ou moins bien échappé au joug de la colonisation portugaise de la côte[81]. Ce n'était néanmoins pas le cas des *tlamatinime* en 1524, qui avaient survécu à la violence de la Conquête lors de leur débat avec les missionnaires franciscains. Les circonstances des disputations qui ont eu lieu au Japon différaient également en raison d'une hiérarchie sociale rigide et d'une diversité religieuse bien établie, où s'affrontaient des ensembles de préceptes doctrinaux nettement opposés. En ce sens, au moins en ce qui concerne la configuration des échanges oraux, on peut dire que la conférence, telle que pratiquée à Maragnan, nécessitait un accord tacite entre les interlocuteurs d'un autre ordre, celui de la conversation entre alliés.

Il faut noter qu'au XVIIe siècle, le dialogue devient un moyen de célébrer la convivialité intellectuelle et le plaisir honnête en compagnie, se présentant comme un genre de discours qui illustre la pratique civile et courtoise par excellence. En raison de l'exigence d'une pastorale de la douceur, ce caractère amical est transposé dans les « divers & plus singuliers discours » que le père Yves échange avec les Principaux des tribus locales. Leur narration, en tant que « chose mémorable advenue à Maragnan », accomplit parfaitement l'objectif d'efficacité persuasive, comme le permet ce genre discursif.

Le point de départ de la narration est l'affluence des Indigènes désireux d'échanger avec le capucin, se rendant ainsi librement à sa rencontre. Le *topos* de la profusion de demandes de ceux qui désirent se christianiser fait partie intégrante de l'argument de l'expérience missionnaire :

> ON ne croiroit jamais, si l'experience ne le faisoit voir, combien ces gens sont curieux de sçavoir les choses de Dieu. Ils nous faisoient tous les jours mille questions quand nous discourions avec eux de ces matiere [...] A toutes ces demandes & plusieurs autres, nous leurs respondions ce qui en estoit, & faisoient paroistre exterieurement par leurs gestes & paroles le contentement

81 *Cf.* Clastres, Hélène, « Introduction », Yves d'Évreux, *Voyage au nord du Brésil. Fait en 1613 et 1614*, *op. cit.*, p. 16.

> qu'ils en recevoient : aussi à la verité le temps s'escouloit doucement parmy toutes ces demandes & confabulations[82].

En plein foisonnement des voix, le temps s'écoule en douceur face à l'urgence évangélique, ce qui pousse le capucin à ne pas « s'attarder davantage sur ces questions et demandes » du plus grand nombre, mais plutôt à se concentrer sur les échanges *ad hominem* avec les Principaux qui reflètent légitimement l'alliance entre les deux nations amies.

82 Yves d'Évreux, *Voyage dans le nord du Brésil*, *op. cit.*, p. 323.

LES VOIX DE LA CONVERSATION ÉDIFIANTE

Le statut pragmatique des textes missionnaires de l'époque moderne, qui mettent en scène la parole des Indigènes au Mexique et au Japon, vise avant tout à répondre à l'exigence d'efficacité persuasive du travail évangélique, touchant notamment aux domaines de la morale et de la métaphysique. En revanche, les conférences établies par le père Yves à Maragnan semblent, dans leur formulation, s'émanciper des cadres plus stricts de la *disputatio* et participer, dans une certaine mesure, aux formes dialogiques qui se développeront tout au long du XVIIe siècle.

D'une manière générale, les classifications des sous-genres du « dialogue » évoluent au cours du siècle, passant du « colloque » ou « conférence », plus savants, à la « conversation » ou « entretien », plus mondains. Selon Cazanave, les « scénographies du dialogue » peuvent être regroupées en quatre modèles, en fonction des diverses configurations d'échanges sociaux. Les deux premiers, inscrits dans une longue tradition lettrée et participant à des « scénographies » de longue durée, sont le catéchisme, présent depuis le XVIe siècle, avec une configuration de positions sociales hiérarchisées et des contenus doctrinaux à réciter, et le « dialogue lettré », plutôt mondain, caractérisé par des échanges de type agonal au sein d'un groupe d'hommes de Lettres, pour élaborer une doxa selon les modèles antiques platonicien et cicéronien[1]. Comme on a eu l'occasion de voir jusque-là, il s'agit des deux modèles lettrés appartenant aux « mises en scènes mystiques » de l'époque moderne. Les deux autres modèles s'affirment tout au long du XVIIe siècle, correspondant au processus croissant de « mondanisation » du genre : la « conversation », dérivant du « dialogue lettré », qui sert à instituer des

1 Cazanave, Claire, « Le dialogue au XVIIe siècle en France : un genre français moderne ? Éléments pour une mise au point », *Dix-septième siècle*, 2005/3, n° 228, Presses Universitaires de France, 2005, p. 427-441.

comportements et un langage en relation avec l'honnêteté et le purisme au sein d'un groupe de gens de Lettres ; et l'« entretien », correspondant à une interlocution à deux, entre proches, comme dans une « communion des âmes », puisque les interlocuteurs partagent une même éthique de l'honnêteté qui leur permet de se reconnaître comme semblables, échangeant non seulement des idées, mais aussi des émotions. Cazanave considère que la « scénographie » de l'entretien correspond à une interlocution « entre proches très choisis », liés par l'amitié, dans le but de promouvoir une véritable pédagogie amicale[2].

Cette typologie, qui recouvre toute la durée du XVIIe siècle français, témoigne de l'existence de modèles dialogiques sans doute assez perméables depuis la fin du siècle précédent, entre le caractère très codifié des catéchismes et la mondanisation croissante des formes « conversationnelles ». Le choix par le père Yves de la conférence édifiante avec les *Mourouvichaves* de Maragnan est un symptôme probable de la disponibilité de ces formes lettrées. Cela lui a permis, d'une certaine manière, de se démarquer dans son récit du caractère purement agonal des échanges pour atteindre l'objectif de pédagogie amicale de l'entretien, tout en s'étendant à la pédagogie évangélique de la douceur.

LES AFFECTIONS DE LA VOIX

La *Suitte de l'histoire des choses mémorables* se divise en deux traités, l'un consacré aux affaires « temporelles » et l'autre aux affaires « spirituelles » de la colonie, une dichotomie déjà avancée dans les termes d'une missive de son auteur, publiée à la fin du livre de Claude d'Abbeville[3]. Ce clivage fondamental concerne également la parole indigène, comme le montre la mention faite par le père Yves de la harangue d'un Indigène nommé *Grand-Raye*, qui avait vécu un an en France : « je ne veux icy rien dire de ce qui touche l'Estat Spirituel, ny de la Harangue qu'il me fist, concernante le Christianisme, par ce que je la diray en son lieu au Traicté suivant : mais quant à ce qui regarde le Temporel il racontoit

2 *Id.*, p. 430.
3 Claude d'Abbeville, *Histoire de la mission*, *op. cit.*, p. 382-386.

souvent à ses semblables [toutes les particularitez que nous avons en France][4] ».

Le premier traité est donc celui qui présente le plus grand nombre de chapitres sur le « naturel » et les coutumes des Tupinamba : leurs valeurs et leurs mœurs, leurs habitudes corporelles, la pratique de l'esclavage des ennemis, leurs lois relatives à la captivité, et le traitement miséricordieux qu'ils réservent aux criminels. Yves d'Évreux rend compte dans ces pages des expéditions que les Français ont menées dans les régions des Amazones et poursuit la description des Tupinamba en détaillant l'ordre et le respect naturel entre eux, les relations entre les filles et les femmes, les liens de consanguinité, jusqu'à ce qu'une coupure imposée par les pages lacérées interrompe la lecture. Sont ensuite abordées les singularités naturelles du pays, la mer, les eaux et les fontaines, la faune et la flore des forêts. Dans les trois derniers chapitres de ce premier traité, la voix d'un Indigène, sous la forme de prosopopée, fait partie intégrante du dialogue modèle établi avec un éventuel colon français, comme on l'a vu précédemment, révélant les enjeux des gestes et des paroles dans la pratique du troc.

En effet, si la présence des voix indigènes se fait sentir dès le premier traité, elle est naturellement plus prononcée dans le second, qui se concentre sur les affaires spirituelles. Inévitablement, le lieu commun qui occupe l'exorde du second traité tourne autour de la présence de la Voix divine dans le monde.

De la mention de la voix de la tourterelle – qui « signifie la voix du Saint-Esprit », allégorie de « la naissance de l'Eglise dans une nouvelle terre, non encore illuminee de la cognoissanee du vray Dieu » –, le texte évolue jusqu'à son point culminant, en s'appuyant sur la maxime des Psaumes selon laquelle « La voix du Seigneur preparant les Cerfs, revelera l'interieur des boccages & haliers & en son Temple tous chanteront ses louanges ». L'analogie est claire entre la Voix qui résonne selon les Psaumes et celle qui s'impose dans la conception de *Toupan*, comme l'affirme le père Yves, dans le but de naturaliser la croyance profonde des Tupinamba : « Or est-il que ceste voix n'est autre, si nous croyons les naturalistes, que le son du tonnerre, & la lumiere de l'esclair [...][5] ».

4 Yves d'Évreux, *Voyage dans le nord du Brésil*, *op. cit.*, p. 132.

5 *Id.*, p. 229.

Dans les pages suivantes, Yves d'Évreux propose le récit édifiant des conversions exemplaires réalisées à Maragnan. Il élabore des modèles de conversion applicables aux enfants, aux malades, aux personnes âgées et aux adultes. Ensuite, il présente les formulaires de la doctrine chrétienne, un véritable manuel bilingue du convertisseur. Ces chapitres constituent un important essai sur la religion des Tupinamba visant à démontrer leur croyance naturelle en Dieu, malgré leur longue captivité entre les mains du diable : « Quant à la croyance de Dieu, il est impossible, naturellement parlant, qu'il se trouve une Nation tant lourde, stupide, & brutale soit-elle, qu'elle ne recognoisse universellement une souveraine Majesté[6]. »

La narration est nourrie par ce que le capucin a appris des discours des vieux Indigènes sur leur croyance naturelle en des esprits qu'ils considéraient comme bons, « *Apoïaueu* », ou mauvais, « *Ouaioupia* ». Quant au diable, *Giropary*, il habiterait dans les villages abandonnés, surtout là où étaient enterrés les corps de leurs parents. Yves d'Évreux aurait « entendu dire » par quelques Indigènes qui étaient allés cueillir des acajous dans ces villages abandonnés que *Giropary* criait « avec une voix effrayante » et qu'il avait battu certains membres de leur groupe.

Du tonnerre comme expression de *Toupan* à la « voix effrayante » de *Giropary*, il est toujours question de manifestations sonores en rapport avec l'ordre spirituel de *par-deçà*. En fait, le rapport du père Yves aux singularités naturelles de Maragnan est construit sur des « conjectures de l'ouïe » – dans l'impossibilité presque totale de voir ce qu'il ne pouvait presque pas croire –, ce qui provoque cet effet fréquent de présence sonore dans le texte, y compris celle de la voix des animaux. C'est donc par l'ouïe, bien entendu, qu'il s'est résolu à « expérimenter la vérité de tout cecy » :

> [...] fort souvent ces bestes nocturnes venoient autour de nostre loge de sainct François crier hideusement, & ce au temps que les nuicts estoient sombres & noires : je me tins prest, pour courir hastivement avec d'autres François, au lieu où ces bestes estoient, selon que nous pouvions conjecturer à l'ouye : mais jamais nous ne peusmes rien voir, mesme nous les entendions crier aussi tost, à plus d'un grand quart de lieuë de là. Quelques François m'ont dit que c'estoit une espece de Chats huans : mais cela est impossible, veu le son & le bruict, & la grosseur d'iceluy que ceste beste rend. [...] J'AY aussi voulu

6 *Id.*, p. 279.

> avoir l'experience de ces oyseaux de Giropary, & à cet effect, je m'avancé doucement, où la conjecture de mon ouye me portoit, à la voix melancholique de cet oyseau, […] voicy que ce vilain oyseau s'approche à deux pas de moy, s'acroupissant dans le sable, & commença à entonner son chant hideux, chose que je ne peux supporter […][7].

À ce propos, le capucin raconte que deux Barbiers, Principaux de deux nations tabajares ennemies l'une de l'autre, maintenaient ces populations dans l'erreur et entretenaient fréquemment des contacts avec les démons sous diverses formes d'oiseaux. L'un de ces Barbiers nourrissait dans sa demeure une chauve-souris, qui lui parlait « d'une voix humaine en *Topinambos*, & si haut quelquefois qu'on la pouvoit entendre à six pas de la loge, non distinctement, ains confusement & d'un son enfantin[8] ». Par curiosité, quelques Français se sont approchés subtilement de la demeure du Barbier, où ils ont entendu sa voix, ainsi que celle « plus douce et claire » de la chauve-souris. Voulant se rapprocher pour distinguer les mots de leur conversation, ils ont été découverts par le Barbier, et la chauve-souris s'est retirée. Alors, le Principal les a appelés, sans se fâcher, et les a invités à entrer chez lui, leur demandant ce qu'ils voulaient et pourquoi ils étaient là à écouter. Les Français lui ont répondu qu'ils avaient été informés par les Sauvages qu'il avait une communication familière avec *Giropary* et qu'ils désiraient « expérimenter » cela. Le Barbier leur a alors expliqué que l'Esprit de la chauve-souris lui avait dit « qu'il voulait dorénavant lui parler sous la forme de cet odieux oiseau, & Que cet Esprit aussi, quand il auroit envie de luy communiquer quelque chose de nouveau, l'appelleroit par son nom, & parleroit à luy dans la loge ou dans les bois […] ». Et le Barbier de conclure : « elle vient converser avec moy, nous discourons ensemble […][9] ».

Avec la ferme intention de déchiffrer les particularités de l'histoire de la chauve-souris diabolique, en défiant les « difficultés » imposées à la compréhension de ces témoignages, Yves d'Évreux s'interroge « comment le Diable contrefait la parole humaine » :

> […] veu qu'il n'a ny organes ny langue pour ce faire : ains sa parole n'est autre que la manifestation de son desir & volonté, lors qu'il parle aux autres

7 *Id.*, p. 282.
8 *Id.*, p. 294.
9 *Id.*, p. 296.

> Diables ses compagnons, & aux hommes par les impressions fantastiques qu'il estend à la veuë de l'imagination : Neantmoins la saincte Escriture nous aprend qu'il s'est servi de la langue du serpent pour seduire nostre premiere Mere : Dieu le permettant ainsi ; car il ne peut rien en la creature tant il est foible & indigent, sans la permission de Dieu : & avec cette permission il peut former un corps en l'air, & articuler ses affections & desirs sous telle langue qu'il luy plaist. Nous le voyons és possedez, par lesquels il discourt de plusieurs langues inconnues[10].

Le principe opéré dans ce passage est celui de la représentation, fondement même de la théologie-politique catholique moderne, selon lequel la substance sonore et la substance spirituelle de l'âme sont des signes et des effets de la Cause divine. L'efficacité de la représentation catholique est la manifestation de l'action de la lumière de la Grâce naturelle dans l'esprit (*syndérèse*), provenant de la Cause Première. En ce qui concerne la représentation des choses, les théories de l'époque moderne affirmaient, d'une manière générale, que l'imagination crée des images d'objets absents, de façon à agir sur l'esprit en sélectionnant des sujets et des tropes appropriés à partir d'une mémoire d'utilisations autorisées du signe. L'authenticité de l'imagination est donc associée au jugement dialectique de l'intellect, qui crée des anatomies, des définitions, des contre-définitions, en produisant la métaphore de l'objet, connu intellectuellement[11]. En l'absence de ces valeurs dans l'esprit, il n'y a donc pas d'intelligibilité possible des choses, puisqu'il n'y a aucun effet de la Cause Première comme Présence divine qui fait que le monde soit et qu'il désire l'Être. Si, comme l'affirme le père Yves, le diable a eu la permission du Créateur pour « former un corps en l'air, & articuler ses affections & desirs sous telle langue qu'il luy plaist », son imagination n'a rien d'authentique. C'est-à-dire que la contrefaçon de la voix humaine par *Giropary* a des effets matériels et formels, car elle altère la substance même du son et permet l'assomption des formes linguistiques diverses et changeantes, interférant ainsi dans l'acte intellectuel de « présentation » des choses et donnant forme à l'invisible et à l'indéterminé, et donc à ce qui est irreprésentable dans la représentation[12].

10 *Id.*, p. 298.

11 Hansen, João Adolfo, « Ler & ver : pressupostos da representação colonial », *Agudezas seiscentistas e outros ensaios : João Adolfo Hansen*, éd. Cilaine Alves Cunha et Mayra Laudanna, São Paulo, Edusp, 2019, p. 32.

12 *Ibid.*

À la contrefaçon de la voix humaine par *Giropary* s'ensuit la profusion des voix courantes, dans le récit du père Yves. La description du système des croyances indigènes donne l'occasion à son témoignage auditif, comme le montre la succession des formules employées, telles que « Cecy m'a esté rapporté assez souvent tant par Martin François Indien, que par les François […][13] ». La profusion des voix se manifeste également dans les occasions où le capucin accuse, par exemple, « un bruit général (qui court) dans tous ces pays » concernant l'activité du diable ; ou encore la rumeur, que le capucin lui-même a répandue (« je fis courir le bruit »), selon laquelle il y avait des lézards vénéneux dans une source d'eau proche de la loge de Saint François pour empêcher les femmes indigènes d'y aller se laver[14].

À partir de cette profusion de voix qui résonnent dans la colonie, le récit acquiert toute sa valeur de témoignage sur le vif lorsque le capucin dramatise sa démarche de prédicateur de la Parole. Le point de départ est son avis sur les jeunes du pays, où il mobilise les *topoï* de l'argumentaire sur la convertibilité des Tupinamba, toujours basé sur la douceur : « ils sont d'une humeur fort douce, d'une parole courtoise, craintifs, & desireux d'aprocher de vous & d'aprendre ce que vous leur voulez enseigner[15] ». Ce désir ardent d'entendre la Parole se manifeste dans une série de points de la religion chrétienne qu'ils acceptaient, ainsi que dans les diverses questions qu'ils posaient, auxquelles il n'y avait pas de réponse formelle de la part du missionnaire, mais seulement l'expression d'une correspondance dans la dynamique des échanges verbaux, comme on a pu l'observer dans le chapitre précédent, lorsqu'ils « faisoient paroistre exterieurement par leurs gestes & paroles le contentement qu'ils en recevoient[16] ». La promesse d'une réponse conduit immédiatement aux pages suivantes du récit où sont transcrites les conférences avec les Principaux des tribus locales qui se sont rendus au Fort Saint-Louis pour converser avec le capucin dans un objectif ouvertement déclaré : « Quand tu m'auras enseigné ce que c'est que *Toupan*, j'aurai plus d'autorité que je n'avais et serai bien plus estimé des miens que je n'étais », comme le dit *Pacamont*, le grand Barbier de *Comma*, au père Yves.

13 Yves d'Évreux, *Voyage dans le nord du Brésil*, *op. cit.*, p. 312.

14 *Id.*, p. 427 et p. 421, respectivement.

15 Yves d'Évreux, *Voyage au nord du Brésil (1615)*, *op. cit.*, p. 367 [p. 337r de l'exemplaire de New York].

16 *Id.*, p. 324.

Certes, ces pages exposent un exercice théologique et rhétorique inédit par rapport aux expériences décrites auparavant, celles du Mexique et du Japon. À part des courts-circuits chargés de sens, comme on aura l'occasion de le voir, il y a une convenance frappante dans les énoncés de part et d'autre de ces échanges, sous le signe de la sympathie des humeurs et de l'amitié. De plus, dans le récit d'Yves d'Évreux, tout s'accorde parfaitement avec le choix particulier de la transcription des conversations avec des interlocuteurs bien décrits et nommés. Ainsi, l'efficacité de l'artifice producteur d'*enargeia* est conditionnée par les formes de *familiaritas* très largement présentes dans ces discours. C'est en ce sens que le capucin détaille les « articles » de ces conférences, dont le premier porte sur l'amitié :

> Quiconque donc s'offre à servir son Dieu en la conversion de ces hommes Sauvages, il doit mouler ses paroles & actions sur la douceur que JESUS-CHRIST a pratiqué luy mesme en terre. TELS estoient les articles de nos conferences avec les Sauvages. Le I. Que nous taschions de leur faire concevoir vivement en leur cœur que nous estions leurs amis, & leurs fideles amis, voire plus que leurs Peres, Meres, ou autres Parens, en leur disans ces paroles & plusieurs autres, *Pera-oussou pare Koroyco*, Nous sommes vos amis, vos intimes. De ces paroles ils s'esjouissoient extremement & prenoient une grande confiance de converser avec nous : de sorte qu'ils nous estoient importuns, & ne nous donnoient aucun loysir, qu'ils ne fussent à nous regarder & considerer nos gestes. Je vous donneray des exemples de cecy[17].

Les conférences s'imposent comme une forme d'émulation d'un dialogue lettré au sein d'une forme de sociabilité établie à travers un dialogue agonal, dans lequel les points de vue se succèdent pour faire ressortir des opinions plus vraies. Sans aucun doute, ce type de conférence – renforcé une fois de plus par l'exigence de douceur – est tributaire par excellence des modèles dialogiques cicéronien et platonicien, comme il a été précédemment observé. À l'image des dialogues de Platon, il y a notamment la recherche de l'échange personnel, *ad hominem*, basé sur le dialogue maître-disciple, au sein d'un savoir « synoptique » dont l'objet est l'interaction ou la correspondance entre les types d'âmes et les types de discours[18].

17 *Id.*, p. 266.

18 Barthes, Roland, « L'ancienne rhétorique. Aide-mémoire », *Recherches rhétoriques*, Paris, Seuil, 1994, p. 262.

En ce sens, le dialogisme en tant que figure de l'élocution se retrouve, dans le discours missionnaire du père Yves d'Évreux, au service de l'attribution aux interlocuteurs indigènes de l'*ethos* de l'honnête homme. En effet, le processus de francisation des Tupinamba a été ouvertement inauguré avec l'envoi des ambassadeurs à Paris en 1614, en compagnie du père Claude d'Abbeville, culminant avec la cérémonie publique de leur baptême en présence de la reine régente et du roi Louis XIII. On sait, par exemple, à travers les interrogatoires des prisonniers français menés par les autorités ibériques après la bataille qui a mis fin à l'épisode colonial de Maragnan[19], à quel point l'image des Indigènes convertis et francisés a été diffusée[20]. Sur les sept prisonniers interrogés en 1615, trois font allusion au baptême solennel et au mariage des Tupinamba à Paris. En particulier, Jean Pache, âgé de 50 ans, originaire d'une ville entre « Champo » (la Champagne) et « Borgoña » (la Bourgogne), signale la présence dans le bateau qui l'emmène au Brésil de « trois femmes des Indigènes Tupinamba que le roi de France a fait baptiser, étant présent lui-même en personne avec grande solennité, donnant à chacun sa croix d'or[21] ». Au même moment, le livre du père Yves sortait des presses de François Huby à Paris, montrant la même image d'un Tupinamba éloquent, apte au dialogue et désireux de francisation.

Dans le premier traité du livre, trois chapitres fournissent dès leurs titres la clé de cette représentation, à partir d'une peinture de la société tupinamba visant à soutenir l'idée de leur capacité à la civilisation : « Qu'il est aisé de civiliser les Sauvages à la façon des François & de leur apprendre les métiers que nous avons en l'Europe » ; « Que les Sauvages sont tres aptes pour apprendre les sciences & la vertu » ; et la « Suite des matières precedentes ». Répondant ainsi à l'argumentaire colonialiste de son premier traité, le capucin construit un tableau descriptif des vices et des vertus des Indigènes, qui renforce l'idée qu'ils « sont fort aptes & aidez de la nature[22] », soutenu par l'argument catégorique de la

19 « 20 de Novembro de 1615. Interrogatorio aos prisioneiros francezes ao combate de Guaxenduba », *Documentos para a Historia do Brasil (1608-1625)*, éd. Barão de Studart, Fortaleza, Typographia Studart, 1904, vol. I, p. 169-183.

20 *Cf.* Daher, Andrea, *Les singularités de la France Équinoxiale*, *op. cit.*, p. 279.

21 *Id.*, p. 280 : « *tres mugeres de los Indios Tupinamba que el rey de francia hizo baptizar, hallandose presente en persona con grande solenidadad, dando a cada uno su Cruz de oro* ».

22 Yves d'Évreux, *Voyage dans le nord du Brésil*, *op. cit.*, p 66.

nécessité de la présence française à Maragnan comme garantie de leur intégration définitive à la civilisation[23].

Les conférences qui clôturent le récit du capucin vont encore plus loin dans le sens du rapprochement des Tupinamba de la capacité « conversationnelle » de l'honnête homme, même si leurs dispositions morales, physiques et cognitives portent encore quelques marques profondes de la sauvagerie d'antan.

UN *ETHOS* INDIGÈNE

Peu importe les variations des circonstances et la qualité de l'interlocuteur, la *dispositio* des conférences retranscrites par le père Yves dans les derniers chapitres de son livre reste pratiquement inchangée. Elle obéit à l'ordre de la description physique et morale de l'Indigène et des circonstances de la scène dans laquelle le dialogue se déroule, avant de passer à la transcription des questions et des réponses, détaillées point par point, le tout conclu par une réponse finale du capucin.

La différence principale par rapport aux harangues transcrites dans le récit de son coreligionnaire est que les discours des Indigènes chez Claude d'Abbeville sont composés en langue tupi – imprimés en italique –, ce qui accentue l'effet d'étrangeté. Il est possible d'imaginer que le lecteur chrétien français les recevait comme des sons, des bruits, de la pure *phoné*. En revanche, dans les conférences du livre du père Yves, la circulation des voix (et du sens) s'effectue en langue française, avec l'inscription ponctuelle de termes ou de phrases en tupi, ce qui suggère l'action immédiate du truchement. En bref, l'inscription de la langue étrangère dans les conférences d'Yves d'Évreux ne couvre pas la totalité de la « parole sauvage », comme c'est le cas dans le récit de Claude d'Abbeville, ce qui tend à provoquer un effet de présence plus prononcé chez ce dernier. À la lecture des harangues en tupi, la physicalité du son l'emporte sur la production de sens. Certes, dans le cas des conférences, l'effet de présence se concentre essentiellement dans le passage de la narration au dialogue, à travers l'utilisation des techniques

23 *Id.*, p. 74-98.

descriptives d'amplification et du temps verbal du présent de l'indicatif dans les discours, comme marque d'un « témoignage à chaud ».

Ainsi, comme on le verra en détail plus loin, la voix narrative et le discours direct se combinent dans les échanges reproduits dans le livre du père Yves. À la base de cette *mimésis*, il y a toujours l'action, mais il s'agit surtout de la manifestation des caractères de ceux qui parlent, ce qui fait de l'*ethos* un élément central de la représentation : chaque caractérisation se construit à travers la parole comme « expression » modélisée des caractères des interlocuteurs. L'interposition de la voix du narrateur (qui est en même temps l'un des intervenants, le père Yves) présente évidemment un certain degré d'éloignement par rapport aux caractères représentés, tandis que le Tupinamba qui parle les met particulièrement en évidence.

Aristote, dans le deuxième traité de son *Organon*, *De l'interprétation*, avance que les sons émis par la voix sont des signes des affections (*pathemata*) dans l'âme, et que les mots écrits sont des signes de ces mots émis par la voix. De même que les lettres ne sont pas les mêmes pour tous les hommes, les voix ne le sont pas non plus ; cependant, les *pathemata*, étant des signes immédiats, sont les mêmes pour tous[24]. Sous son autorité, les arts rhétoriques soutiennent, de manière générale, que la parole met en scène ces formes unitaires de *pathemata* dans l'âme. Parmi les différents discours, les récits mettaient en scène les affections des voix, les différenciant sonorement pour leurs destinataires selon les préceptes du style du genre dans lequel ils étaient énoncés. En tant que caractères, formes ou idées, ces affections correspondaient à des accents, des intonations, des intensités, des hauteurs et des durées des voix, manifestes dans des manières de dire ou dans des styles de genres discursifs (haut, moyen et bas, mais aussi sublime, ridicule, gracieux, sérieux, etc.). Cela concernait, bien entendu, la voix de l'orateur, mais également d'autres voix figurées dans les discours missionnaires.

Comme précédemment noté dans le cadre du théâtre jésuite, la prosopopée, une variante de l'allégorie (*fictio personae*), produit l'effet

24 Aristote, *De Interpretatione*, 16a, 3-7 : « Les sons émis par la voix sont les symboles des états de l'âme, et les mots écrits les symboles des mots émis par la voix. Et de même que l'écriture n'est pas la même chez tous les hommes, les mots parlés ne sont pas non plus les mêmes, bien que les états de l'âme dont ces expressions sont les signes immédiats soient identiques chez tous, comme sont identiques aussi les choses dont ces états sont les images. »

de faire parler un absent, créant ainsi une présence imitative qui se manifeste principalement à travers les traits vocaux. De même, dans les conférences rapportées par Yves d'Évreux, il est question d'étopée, qui implique l'imitation du caractère d'une personne par la présence de sa parole dans le discours indirect, grâce au dialogisme : c'est le propre de l'étopée, lorsque la description « anatomique » est complétée par une valeur éthique.

Du point de vue de la réception, les dialogues tenus entre missionnaires et Tupinamba à Maragnan se conformaient à une typologie en vigueur au XVIIe siècle qui opposait les figures du destinataire discret et du destinataire vulgaire, issues de l'ordre hiérarchique du social. Le destinataire visé par de tels récits – comme c'est aussi le cas d'autres genres, bien entendu, comme les lettres édifiantes –, pouvait être l'équivalent du « modèle culturel » du discret, qui était doté de jugement, d'érudition et de la maîtrise des techniques permettant d'identifier les éléments différenciateurs des affections de la voix. À son tour, le type vulgaire pouvait peut-être supposer quel était l'effet produit par les voix impliquées dans le dialogue, mais il n'avait certainement pas les moyens nécessaires pour les distinguer[25].

Le choix d'un type d'élocution « simple », en plus de répondre aux exigences de la « modestie affectée », atteint pleinement le but d'une réception plus large visée par ces discours supposément transcrits. Autrement dit, en insistant sur l'utilisation du *topos* de la simplicité élocutive, le père Yves élargit l'horizon de réception de ces discours, en les présentant aux lecteurs selon des termes qui opposent l'inutile « abondance des discours » à la grandeur de la « substance du fait ». Celle-ci réside, en somme, dans l'expression de l'*ethos* des Indigènes qui parlent : « Que si je ne rapporte mot à mot ces Conferences, ou que j'use de multiplicité de paroles, c'est assez que je n'offenceray en rien la substance du fait, & que cette abondance de discours sera du tout necessaire & requise, afin de vous faire entendre clairement leur intention & discours[26] ».

25 *Cf.* Hansen, João Adolfo, *Agudezas seiscentistas e outros ensaios : João Adolfo Hansen*, éd. Cilaine Alves Cunha et Mayra Laudanna, *op. cit.*, p. 97-122.

26 Yves d'Évreux, *Voyage dans le nord du Brésil*, *op. cit.*, p. 324.

PACAMONT : LES SIGNES DE LA PROVIDENCE

Le père Yves d'Évreux raconte avoir eu plusieurs échanges avec *Pacamont*, dont il décrit le contenu dans les chapitres XVI et XVII de son livre : « Conference premiere avec Pacamont grand Barbier de Comma » ; et « De la Seconde Conference que j'eus avec Pacamont[27] ».

Il y est décrit comme « le plus grand & le plus authorisé entre tous les Principaux de ces pays de Maragnan », se montrant ému par la volonté d'« experimenter ce qu'ils [les capucins] demandoient » avant de « s'offrir à eux ». De ce fait, il est allé volontairement à la rencontre des Français sur l'île de Saint-Louis. Voici la description détaillée du Principal de *Comma*, à l'ouverture de la première conférence :

> *Pacamont* est petit de corps, vil & abjet, tellement que qui ne le cognoistroit, on en feroit fort peu d'estat : Cependant c'est le plus grand & le plus authorisé entre tous les Principaux de ces pays de *Maragnan*, specialement en la Province de *Comma*, qui est une des plus belles, fertile & peuplee contree des *Tapinambos*. Il a si grande puissance là dedans, qu'à sa seule parole il remue tous les habitans, & y est craint extremement. Il est fin & rusé autant que Sauvage peut estre, & par ses ruses & finesses, il est parvenu à ceste sienne authorité, grandeur & credit. On le tient pour un souverain Barbier, tres-subtil sorcier, & fort familier aux Esprits, qui a la mort & la vie entre ses mains, donnant la vie & la santé à qui bon luy semble : grand soufleur, & entretenoit les simples par confessions, lustrations, encensemens, & semblables autres choses, ainsi que nous avons dict cy-dessus[28].

Le récit de son entrée au Fort Saint-Louis fait l'objet d'une moquerie de la part du capucin. Le propos de la dérision s'intègre parfaitement dans la description de la scène, qui se conclut, de façon « dissimulée », par un énoncé portant le sens inverse de la beauté de l'image évoquée :

> [...] il s'approche de la porte du Fort, en un carfour où estoient plusieurs François assemblez, considerans les façons de faire de cet homme : Lors il commanda à sa femme qu'elle se disposast à le porter jusques au logis du Gouverneur. A quoy elle obeit : Et ainsi montans sur elle à fourché, à la mode que les Indiennes portent leurs enfans, il entre au Fort & va trouver le dict sieur : sa femme estoit noire comme un beau diable, s'estant peinturee depuis la plante des pieds jusques à la teste au suc de *Junipap*. Pensez avant que de

27 *Id.*, p. 325 et 333, respectivement.

28 *Id.*, p. 325.

> pousser plus outre en matiere, si la compagnie peut s'empecher de rire, voyant un des Princes du Bresil monté sur un si beau Rousin [...][29].

La figure de l'ironie est généralement associée au ridicule, dont l'effet apparaît clairement dans la description ci-dessus : un objet est ridiculisé sous prétexte de le louer. Cette première situation, sous la plume du capucin, ouvre la voie à la plaisanterie qui devra caractériser la reproduction d'autres discours indigènes lors de ces conférences, comme on aura l'occasion de le voir plus loin. En ce qui concerne *Pacamont*, l'effet d'étrangeté du discours, empreint de moquerie, se reflète sur la description de sa femme.

En effet, lors de sa première rencontre avec le père Yves, ce Principal était arrivé accompagné de la plus forte de ses femmes – qui étaient autour de trente – et d'Indigènes couverts de plumes. Mais ils se sont retrouvés aussitôt tous les deux, en face à face :

> Je luy fis tendre incontinent un lit de coton tout blanc – dit le père Yves – où s'asseant, il demanda à l'un de sa compagnie son cofin de Petun lequel le luy alluma aussi tost & le luy donna : Et apres en avoir pris trois ou quatre fois, & rendu la fumee par les narines, il commença à me parler, (j'estois assis vis à vis de luy en un autre lit de coton, ayant mon Truchement près de moy) gravement & posement en ceste sorte[30].

Concernant la *dispositio* du texte, la reproduction des termes des échanges qui suit ces premières descriptions est ordonnée d'après des formules qui dénotent l'intervention immédiate du truchement, dans les termes du capucin qui scandent la narration : « Je dis à Migan qu'il luy fit entendre [...] » ; « [...] sois attentif à ce que je te feray dire par mon Truchement [...] » ; « Migan luy fit tres bien reconnoistre cela [...] », etc.

D'une manière générale, le dialogue explore les points clés de la « coutume indigène » par opposition à l'exposition de la doctrine chrétienne, alimentant ainsi les interventions d'Yves d'Évreux. Son interlocuteur indigène, placé dans une position méritoire par rapport à son autorité, reconstruit d'emblée, dans sa première prise de parole, la cosmogonie chrétienne, dans des termes qui actualisent le projet providentialiste

29 *Id.*, p. 326.
30 *Ibid.*

de l'histoire, en supposant l'inclusion des Tupinamba eux-mêmes dans la perspective salvifique :

> CE me seroit une grande douleur, si tu prisois quelqu'un plus que moy : Car j'ay tousjours faict estat des choses hautes. J'ay esté curieux de hanter les François et de les ouyr. Je sçay de mes ayeuls l'histoire de Noë lequel fit une barque, & mit ses gens dedans, & que Dieu feit plouvoir en si grande quantité par plusieurs jours, que la terre fut couverte d'eau, laquelle creusa par apres les terres, fit les montagnes, les valees, & la mer, & nous separa d'avec vous. Noë fut nostre Pere à tous. Je sçay aussi que Marie a esté Mere du *Toupan*, & qu'elle n'a este connue d'aucun homme : Mais Dieu luy-mesme s'est faict un Corps en son ventre. Et comme il fut grand, il envoya des *Maratas*, des Apostres, par tout : nos Peres en ont eu un, dont nous avons encore des vestiges[31].

Dans le discours de *Pacamont*, des signes exemplaires de la Providence divine se trouvent, chez les Tupinamba, orientés inéluctablement vers le mystère du salut. Il s'agit de la démonstration d'un savoir acquis, mais qui ne correspond pas à la résilience et à l'humilité nécessaires pour atteindre l'objectif du Principal de devenir chrétien. Par conséquent, la réponse du père Yves va dans le sens d'une démobilisation des intentions son interlocuteur, qui « ne cherchoit pas Dieu comme il falloit, parce qu'il pretendoit par le moyen du Baptesme de devenir plus grand & plus estimé entre les siens[32] ».

À l'issue de ces premiers échanges, une conclusion est adressée par le capucin à son lecteur – « Vous notez que [...] » –, évoquant point par point les « belles particularités » du discours de *Pacamont* qui seraient obscurcies, si elles n'avaient pas été élucidées à travers le dialogue. C'est précisément à ce moment que sont fournies les clés de compréhension de la « sauvagerie », c'est-à-dire du péché, point de départ de toute opération de conversion.

La première conclusion du capucin concerne la fausseté du zèle des « Sorciers » à maintenir leur autorité. La seconde pointe les « les effets de l'Esprit diabolique, qui sont la superbe & grande presomption se fourrant mesme parmy les choses sacrees ». La troisième démonte les versions précédemment données par *Pacamont* sur l'histoire de Noé et sur la Vierge Marie, à travers la recherche des origines de son discours,

31 *Id.*, p. 327-328.
32 *Id.*, p. 329.

ce qui amène le père Yves à émettre deux hypothèses. Elles seraient le résultat des échanges oraux entre Indigènes et Français sur les côtes brésiliennes dans le passé, dont les rapports étaient caractérisés notamment par la débauche : « si c'est des François, il n'y a pas grande aparence : car tous les François qui ont esté par devant nous, ne leur parloient que de saletez & concubinages ». Ou alors elles seraient ancrées dans une tradition indigène convergente, conjecture bien plus réconfortante aux yeux du convertisseur : « ou si c'est d'une antique tradition, il semble que cela soit : pour ce que dès lors que nous arrivâmes à Yuiret, *Japy Ouassou* nous fit presque un semblable discours au deluge & d'un Apostre qui estoit venu en leur terre, comme il est escrit au livre du R. P. Claude[33] ».

Ces avertissements conclusifs préparent le terrain pour le deuxième cycle de conversations, marqué par le succès inéluctable de la conversion. La reconnaissance des péchés par *Pacamont* dans la dynamique de la conférence – certainement beaucoup moins « obséquieuse » que dans le cas d'une disputation – devait être attestée, outre les paroles, par la performance corporelle, les gestes et les attitudes. En ce sens, dans le chapitre XVII, il est moins question de contrer les pratiques contre-nature des Tupinamba, comme ce fut le cas lors de la première rencontre, que d'exposer la vraie doctrine devant un interlocuteur visiblement contrit.

Les descriptions des scènes dans lesquelles se déroulent ces dialogues avec *Pacamont* sont également contrastées d'un chapitre à l'autre. Lors de leur deuxième rencontre, écrit Yves d'Évreux, « [*Pacamont*] ne voulut s'asseoir dans un lict, ains il me prit par la main, & me dit, *Ché assepiak ok Toupan*, je te prie mene moy voir la maison de Dieu : car là je te veux parler, selon tes discours d'hier au soir[34] ». La scène de la conversation édifiante est désormais celle où évoluent les gestes du Principal de *Comma*. Signe de confidence, le ton bas de la voix de *Pacamont*, qui parle au détriment des siens, est l'une des premières manifestations de la transformation survenue : « Aussi-tost que tout son monde fut entré – raconte le père Yves –, il les fit ranger vers la porte, & s'approchant de moy, il me dit tout bas à l'oreille : Ceux-cy ne sçavent rien & ne sont capables d'entendre parler de Dieu : partant, je veux que nous parlions ensemble tout bellement[35] ».

33 *Id.*, p. 332.
34 *Id.*, p. 333.
35 *Ibid.*

Il n'est donc pas étonnant que, lors de cette seconde visite, *Pacamont* apparaisse, selon le capucin, « fort modeste, accompagné de peu de gens, sans avoir tant de plumacerie, & ne me parloit plus arrogamment comme il faisoit au commencement[36] ».

Ces descriptions du changement de la complexion physique et de la disposition morale des Indigènes accentuent l'effet de présence par le recours à des techniques *ekphrastiques*, selon lesquelles des *topoï* de personne sont mobilisés à partir d'oppositions qui montrent successivement le laid et le beau, le mauvais et le bon, etc. Il s'agit de lieux rhétoriques qui produisent la *fides*, la reconnaissance et la confiance du destinataire dans la vraisemblance, le *décorum* et la proportion du discours, au service de la pragmatique de la conversion.

Par ailleurs, la matière de l'*ekphrasis* est justement la présentation de l'effet de présence de quelque chose d'absent, qui produit potentiellement cette reconnaissance de la part du destinataire des discours. La technique descriptive fonctionne par l'exposition des caractères et de l'action de la personne décrite à travers des oppositions contrastantes, comme l'explique J. A. Hansen :

> Pour tenir compte de cette matière, l'auteur applique les *topoï* épidictiques de l'*heuresis*, l'invention, et les mots appropriés de la *léxis*, l'élocution, connus du destinataire. Les *topoï* sont des arguments génériques pour exposer ou décrire des caractères, des passions, des actions ou des qualités des dieux, des hommes, des animaux et des choses, comme les *topoï* de personne – aspect physique, origine, patrie, ville, sexe, condition, âge, fortune, langue, habitude, éducation – appliqués selon l'opposition *kalón*/aiskhron, « beau/laid », et simultanément agathón/kakón, « bon/mauvais[37] ».

Ainsi, l'*ekphrasis*, en tant que technique descriptive, consiste à attribuer des qualités d'élocution à l'être décrit pour mettre en valeur son *ethos*. La raison des affections figurées dans les discours est rendue présente, c'est-à-dire présentée avec *enargeia* – autorité, clarté et acuité –, en activant chez le destinataire la mémoire des *topoï* mobilisés dans l'invention des discours. Cela signifie que la description produit un effet d'amplification et de détail qui est évalué mimétiquement par le destinataire lors de la mise en œuvre des ressources rhétoriques prescrites par l'imitation des autorités.

---

36 *Id.*, p. 340.

37 Hansen, João Adolfo, « Categorias epidíticas da *ekphrasis* », art. cité, p. 85-105.

Voici la définition d'*ekphrasis* dans les *Progymnasmata* de Théon :

> L'*ekphrasis* est un discours descriptif, comme on dit, ayant de la vivacité (*enargês*) et apportant ce qui se montre sous les yeux. Il y a des *ekphraseis* de personnes, d'actions, de moments, de lieux et de temps et de bien d'autres choses. [...] si nous décrivons des lieux ou des temps ou des personnes, nous tirerons la matière de la narration et du beau, de l'utile ou de l'inattendu. Les vertus (*aretai*) de l'*ekphrasis* sont avant tout la clarté (*saphêneia*) et l'évidence (*enargeia*) ; car l'expression devrait presque créer une vision à travers l'audition[38].

En ce sens, tout comme le temps verbal de la conversation qui la situe dans le présent des interlocuteurs, une place privilégiée est accordée aux images au moment de la deuxième conférence avec *Pacamont*, renforçant davantage l'effet de vivacité. Les images sacrées qui décorent la scène, décrites avec beaucoup de détails, guident les échanges verbaux de la conférence : « [... *Pacamont*] regardoit le Ciel & les pentes qui couvroient nostre Autel, lesquels estoient d'un beau damas à grand fueillage chamarrez & estofez de passement & franges de fin argent avec le devant d'Autel de pareille façon, & disant que tout cela estoit beau, & que nous servions le *Toupan* avec grande reverence[39] ».

Ayant demandé au capucin de lui fournir une image de la Vierge pour l'emporter avec lui dans sa province, *Pacamont* promet de la présenter avec les mêmes paroles qu'il avait entendues du capucin, redoublant de la promesse la démarche descriptive qui marque le présent de la scène : « Je rapporterois de mot à mot à mes semblables ce que tu me viens de dire, & luy ferois [à l'image] une plus belle loge que celle-cy[40] ».

La beauté de l'image de Notre-Dame, brodée et recouverte de perles, conduit le Principal à une véritable révélation. C'est le moment dans le récit où les langues parlées dans la conversation, le français et le tupi, s'exposent selon le transit d'un sens universel partagé entre elles :

---

38 *Progymnasmata, Greek Textbooks of Prose composition and Rhetoric*, Translated with Introductions and Notes by George A. Kennedy, éd. D. A. Russell, Atlanta, Society of Biblical Literature, 2003, chapitre I, « The Exercises of Aelius Theon », p. 43 : « *Ecphrasis (ekphrasis) is descriptive speech, as they say, vivid (enargês) and bringing what is being shown before the eyes. There are ecphrases of persons and actions and times and places and seasons and many other things* [...] *if we are describing places or seasons or persons we shall take material from narration and from the beautiful or useful or unexpected. Virtues (aretai) of an ecphrasis are, most of all, clarity (saphêneia) and vividness (enargeia) ; for the expression should almost create seeing through the hearing.* »

39 Yves d'Évreux, *op. cit.*, p. 339.

40 *Id.*, p. 335.

> Quelle est ceste femme si belle & ce petit enfant devant elle, qu'elle regarde les mains jointes ? Je luy fis dire que c'estoit la figure de Marie Mere de Dieu, & ce petit Enfançon, c'estoit le Fils de Dieu, quand il sortit du Ventre d'Icelle. Il redoubla ces paroles deux ou trois fois, *Ko ai Toupan Marie* ? Comment, est-ce là Marie Mere de Dieu ? *Kougnam Ykatou*, que c'estoit une belle femme[41].

Les paroles du Principal de *Comma* sont « lâchées » dans la conversation, scandées par des intervalles de respiration (*pneuma*), produisant un effet de révélation : « Il se tint par un espace de temps fort suspens, regardant fixement l'Image du Crucifix : puis en respirant, il lascha ses paroles : Comment, *Omano Toupan*[42] ? ».

Dans la *dispositio* de cette deuxième conférence, les questions du père Yves guident les réponses de l'Indigène, renforçant le dispositif de répétition selon lequel la question du maître se répète dans la réponse du disciple. Ce dispositif, on le sait, vise la cohérence et l'harmonie entre les voix du dialogue doctrinal, caractérisé par une structure sans doute beaucoup plus simple et plus concise que celle d'une conférence avec des interlocuteurs nommés et soumise aux procédés descriptifs de l'*ekphrasis*. Mais il est question, dans les deux cas, d'une sorte de duo verbal dans lequel les discours partagent, avec plus ou moins d'immédiateté, les lieux de la *devotio* catholique.

Dans cette perspective, le dialogue entre Yves d'Évreux et *Pacamont*, reproduit dans le chapitre XVII, semble atteindre une certaine fluidité, ce qui montre que la dissonance des premiers échanges présentés dans le chapitre précédant a été définitivement surmontée.

> Lors que je luy faisois tenir ce discours par mon Truchement il contemploit l'Image de Sainct François, & me dict, Qui est celui la qui est habillé comme toy ? C'est luy, dis-je, nostre pere à tous nous autres Païs, lequel s'est vestu en ceste sorte. Vit-il encore ? respondit-il, est-il en France ? Ta-il envoyé & les autres Pays qui sont venus ? Non, dis-je, il ne vit plus. Il est mort, car nous mourons tous. Il a laissé des successeurs qui nous ont envoyé. Il n'est plus en France. Il est là haut au Ciel avec Dieu, où nous esperons aller apres luy. N'avoit-il point de femme, dit-il, non plus que vous ? Non, luy dis-je, car generalement tous les Pays n'ont point de femme : d'autant qu'ils imitent le Fils de Dieu leur Roy, lequel vivant en ce monde n'avoit point de femme[43].

---

41 *Id.*, p. 336.
42 *Id.*, p. 333.
43 *Id.*, p. 335.

Malgré la consistance affichée, des courts-circuits ponctuels continuent d'alimenter cette seconde conférence, signes d'un processus de conversion à travers la parole qui doit suivre un long chemin jalonné par des conflits de sens. C'est précisément le cas d'une réponse du capucin qui évoque le corps du Christ ressuscité et élevé au Paradis, où les âmes des morts – « des nostres », selon lui – seront « lavez par le sang escoulé de ses playes », contrairement à celles des Indigènes qui, sous l'emprise de *Giropary*, brûleront dans les feux de l'enfer. Par la suite, *Pacamont* remet en question le caractère dogmatique de cet argumentaire : « Mais il faut, dit-il, qu'il sorty beaucoup de sang de son corps, & que vous le gardiez soigneusement, pour en laver tant de personnes ». Ce à quoi Yves d'Évreux donne une réponse quelque peu évasive : « Tu es encore trop grossier pour entendre ces mysteres[44]. »

LE GRAND BARBIER DE *TAPOUYTAPERE* : LES MOTS EMPHATIQUES

Le grand Barbier de *Tapouytapere* est décrit dans le chapitre XVIII comme « fort venerable, d'une belle stature & bien faict, bon guerrier, modeste, grave, & qui parle peu[45] ». Il était surtout un grand ami des Français, et ses « beaux enfants » voulaient devenir chrétiens.

Lorsqu'il s'est rendu au Fort Saint-Louis, il était accompagné d'un grand nombre d'Indigènes, environ trois ou quatre cents, destinés à travailler aux fortifications. Pendant le temps qu'il a passé là-bas il est resté assis, les regardant travailler et les exhortant à bien faire.

L'image illustre la fidélité du grand Barbier envers les Français, qui constitue la marque principale de son *ethos*, représentant la vertu qui soutient l'alliance amicale, comme l'exprime le père Yves à son propos : « nous l'aymions fort, tant pour sa bonté naturelle, que pour ce qu'il cherissoit les François, & leur avoit tousjours esté fidele[46] ». De ce fait, la description de la scène de leur rencontre correspond à celle d'une conversation entre amis, en face à face : « nous nous asseames l'un contre l'autre, & devisasmes de plusieurs choses indifferentes, specialement de la ferveur de ses gens, & notamment des petits enfans à charger la

44 *Ibid.*
45 *Id.*, 340. Le chapitre s'intitule « Conference avec le grand Barbier de *Tapouytapere* ».
46 *Id.*, p. 341.

terre[47]. » Il revient au fidèle ami des Français de tirer une première conclusion conséquente, énonçant ce que le capucin aurait dû dire, dans une véritable démonstration d'unisson : « Ils [les enfants indigènes] seront tous autres que nous, disoit-il, car ils deviendront *Karaibes*, marcheront vestus, & verront les Eglises de Dieu basties de pierre. » L'argument est naturellement complété par le capucin :

> Je luy fis faire cette responce, qu'à la verité leurs enfans seroient bien-heureux un jour : mais aussi qu'eux-mesmes pouvoient joüir de la mesme fortune ; que nous ne serions pas long temps sans qu'il vint du secours & des navires de France, [...] que lors on bastiroit des maisons à la façon des François ; l'on iroit avec eux à la guerre contre leurs ennemis, on feroit venir les Tapinambos & autres alliez d'iceux, cultiver la terre ferme ès environs de l'Isle, qu'ils pourroient voir tout cela, avant que de mourir[48].

Lors d'une seconde rencontre, en présence du truchement Migan, c'est le grand Barbier lui-même qui ouvre la conférence en énumérant ses péchés passés sous la forme de « plusieurs barberies – dit-il – qui m'ont rendu grand & authorisé parmy les miens ». Le récit atteint son apogée à ce stade, avec une intervention éloquente de Migan :

> Le Truchement m'ayant recité tout ce que dessus, adjousta & me dit, Cet homme a de grands sentimens de Dieu, & bien de la cognoissance : car il use des mots les plus emphatiques de sa langue pour mieux exprimer ce qu'il ressent & cognoist, & à grand regret que vous ne le pouvez entendre & comprendre ; voyez à luy respondre selon son desir. FAITES luy entendre, dis-je, ces paroles le plus eloquemment que vous pourrez sans vous haster[49].

Amplification, effet de présence : la voix emphatique du grand Barbier, « présente » mais incompréhensible aux oreilles du convertisseur qui ne maîtrise pas sa langue – tout comme celles du lecteur chrétien –, porte l'expression du plus haut désir de recevoir le christianisme.

La structure narrative de ce chapitre suit le même déroulement que celui des autres conférences : le discours initial du missionnaire est suivi par la reconnaissance par le grand Barbier de ses péchés, malgré sa « bonté naturelle » souvent réaffirmée, et culmine avec son désir de

47 *Ibid.*
48 *Id.*, p. 342.
49 *Id.*, p. 343.

« paix et douceur ». Les images sacrées et les ornements de la scène jouent le même rôle central que dans les échanges préalables avec *Pacamont*, jusqu'à la conclusion du dialogue.

Mais c'est un événement extérieur au débat qui devra guider le processus de conversion de l'interlocuteur du père Yves. Il s'agit de la conversion de Martin François et de la construction d'une chapelle dans son village, où l'Indigène – dont le nom chrétien, inscrit dans ces pages, porte ostensiblement la marque de la francisation – effectuait de nombreux baptêmes. Le fait provoque une grande surprise chez le grand Barbier de *Tapouytapere*, à qui le capucin s'empresse d'envoyer un message expliquant qu'il ne pouvait pas refuser à Martin François « d'avoir aupres de luy une maison de Dieu pour y faire ses prieres[50] ». La réponse aurait satisfait le grand Barbier, puisqu'elle exprimait la grandeur de l'exemplarité qui lui servait de réconfort, au-delà du fait que Martin François aurait également converti deux de ses enfants.

Encore une fois, c'est par l'exemplarité que le grand Barbier, en tant que père dévoué, envoie son fils aîné nommé *Chenamby* – qui veut dire, de manière significative, « mon oreille » –, rencontrer le père Yves. Il arrive avec sa femme et son petit enfant : « je veux estre Chrestien – dit-il – avec mon Pere, & ma femme que voicy, pareillement ce petit enfant qu'elle porte, lequel ayant attaint l'aage competant, je donneray aux Pays pour estre instruit par eux[51] ».

Il s'agit là d'un cas particulier, dans lequel la représentation des jeunes Indigènes, plus proches des chrétiens – qui auraient donc partiellement abandonné les « coutumes sauvages », sans encore assumer complètement l'*habitus* occidental – qualifie une autre modalité de dialogue avec le capucin :

> Ce *Chenamby* bredouilloit un peu le François, & l'entendoit aucunement, & ce par la peine & diligence qu'il y apportoit, conversant avec les François le plus qu'il luy estoit possible : Neantmoins je luy fis faire responce en sa langue par le Truchement : que j'estois bien aise d'entendre que son pere avoit bonne souvenance de nous : mais que mon principal contentement procedoit de la perseverance de la bonne volonté de son pere & de ses freres vers le Christianisme [...][52].

50 *Id.*, p. 345.
51 *Id.*, p. 347.
52 *Ibid.*

La description physique et morale de la famille du jeune *Chenamby*, de son fils et surtout de son épouse, permet de véhiculer dans le texte une typologie inédite. Loin de la désignation empirique, le système de similitudes identitaires exprimées dans les lieux communs de personne, qui caractérise les relations d'identification et de relation des Français avec les Indigènes, est ici appliqué en guise de conclusion. En définitive, la figure de la jeune femme indigène se distingue par des attributs chrétiens, décrits comme suit à la fin du chapitre :

> [Elle] estoit d'assez bonne grace, jeune & modeste en son maintien, & portoit en ses yeux je ne sçay quelle pudeur, n'osant me regarder à pleins yeux : & de plus elle cachoit du pied droict de son enfant son infirmité, ayant ce respect naturel de ne se presenter autrement devant moy, d'où je tiray un tres bon signe, & m'enquestay plus avant de ses humeurs & complexions : je trouvay qu'elle estoit fort bonne & charitable aux François, humble & obeissante à ses beau pere & mary : ce ne sont pas de petites vertus naturelles en une Indienne[53].

Avant de partir, Chenamby promet au père Yves qu'il ne prendra pas d'autre épouse et qu'il ne quittera jamais la sienne, ce à quoi le capucin répond qu'ils seraient mariés à l'église une fois devenus chrétiens. Le père Yves présentait ainsi à cet Indigène, qui s'engageait dans un processus de francisation, la vie d'un jeune homme chrétien. Celui-ci s'efforçait déjà de converser « le plus qu'il lui était possible » dans la langue de son interlocuteur. Cette mise en scène incluait également la consolation du père du jeune homme, le grand Barbier de *Tapouytapere*, qui espérait pouvoir voir – « avant de mourir », disait-il – la fortune de son fils et peut-être celle de tous les siens.

JACOUPEN : DEVISER DES CHOSES DIVINES ET DE LA VANITÉ DE CE MONDE

Avec *Jacoupen*, l'un des Principaux des *Canibaliers*, Yves d'Évreux dit avoir eu plusieurs échanges, marqués par une apparente équivalence amicale : « Ce *Jacoupen* prit la peine par plusieurs fois de venir de *Juniparan* me trouver, & deviser avec moy des choses divines, & de la vanité de ce monde[54] ».

---

53 *Ibid.*
54 *Id.*, p. 348 : « Conference avec *Jacoupen* ».

Ce Principal est décrit, tout d'abord, comme le père de l'Indigène chrétien *Acaiouy-Miry*, évoqué dans le récit de Claude d'Abbeville[55]. Au chapitre XIX de son livre, le père Yves se consacre à raconter la visite de *Jacoupen*, accompagné de son fils, pour demander le baptême. Par peur d'une mort subite sans avoir reçu le sacrement, ce dernier évoque l'hypothèse d'une attaque par une « once furieuse » pour justifier sa recherche du salut.

Dans sa harangue initiale, *Jacoupen* expose les détails de son passé sous l'emprise de *Giropary* et la protection apportée par ses alliés français. Le schéma de rupture par rapport à son passé ténébreux corrobore la nouvelle conscience du péché et entérine inévitablement la condition misérable de son peuple :

> Je pense & repense souvent à cela, depuis que vous autres Pays estes venus icy, il me ressouvient de la cruauté de *Giropari* envers nostre Nation : car il nous a faict tous mourir, & persuada à nos Barbiers de nous amener au milieu d'une forest incogneuë, où nous ne cessions de danser, n'ayans autre chose de quoy nous nourrir que le cœur des palmes, la chasse & le gibier dont plusieurs mouroient de foiblesse & debilité. Estans sortis de là, & venus dans les vaisseaux du *Mourouvichave* la Ravardiere en cette Isle de Maragnan, *Giropari* nous a dressé une autre embuscade, incitant par un François les *Tapinambos* à massacrer plusieurs de nos gens, & les manger : Que si vous ne fussiez venus, ils eussent parachevé de nous tuer tous : Ainsi sommes-nous miserables en cette vie[56].

Une fois de plus, en réponse à la harangue, le père Yves donne les clés de compréhension des épisodes racontés par son interlocuteur indigène – « il est nécessaire que j'explique ce qu'il veut dire » –, amplifiant la description de l'action du diable et celle des vices contre-nature qui marquent la guerre contre les ennemis et le cannibalisme en tant que rituel de vengeance. Ensuite, il fait remarquer à *Jacoupen* qu'il disposait également de son fils pour la conversion de son peuple : « [...] qu'il te l'enseigne & à tous ceux de ta Maison : car il pourra le faire plus aisement que nous, pour ce qu'il prononcera mieux les mots de vostre langue[57] ».

---

55 Yves d'Évreux, *Voyage au nord du Brésil (1615)*, *op. cit.*, p. 111 [p. 99v de l'exemplaire de New York].

56 *Id.*, p. 349.

57 *Id.*, p. 351.

Dans la réponse donnée par *Jacoupen* se trouve un *topos* fondamental des discours missionnaires, celui de l'inconstance des Sauvages. Sous la plume des capucins, ce *topos* connaît des développements assez particuliers, tel le plaidoyer de Claude d'Abbeville sur le caractère plutôt constant des âmes des Tupinamba. Chez Yves d'Évreux, c'est l'exemple d'*Acaiouy-Miry* qui ouvre la voie à la discussion sur le retour aux anciennes coutumes, énoncé par *Jacoupen* lui-même :

> CE que tu viens de me dire m'afflige, respondit-il, à sçavoir, de mon fils lequel au commencement qu'il fut faict Chrestien aprenoit bien : il sçavoit desja un peu lire en son *Cotiare*, & former son escriture, il estoit tousjours avec le Pere, le suivoit partout : mais il a tout quitté, s'adonnant à la liberté, oublié ce qu'il a apris, & quand il voit que le *Pay* le cherche, il s'en fuit au bois, cela me fait mourir, & ne gagne rien pour luy dire, je te prie de luy remonstrer, & luy faire recognoistre qu'il est enfant de Dieu, & que *Giropari* le veut seduire : Le voilà, parles à luy[58].

Acaiouy-Miry prêtera une oreille attentive aux paroles du capucin, manifestant le désir de s'améliorer. Le *topos* de l'exemplarité du sentiment paternel revient sous la plume du père Yves qui invite le lecteur à réfléchir au dévouement inébranlable de *Jacoupen* envers le bien-être spirituel de son enfant, comme cela avait été illustré aussi par le grand Barbier de *Tapouytapere* dans le chapitre précédent. L'éloge de l'*ethos* indigène évolue ensuite en une critique des valeurs occidentales, concernant les parents en France, « lesquels ne pensent de leurs enfans qu'en ce qui regarde les biens & corps, & negligent ceux de l'Esprit[59] ».

La critique clôt la première conférence et laisse la place à une seconde rencontre avec *Jacoupen*, dont la structure tripartite est donnée dès le départ : « nous tombasmes en divers discours de la création du monde, de la providence de Dieu en la conduitte des hommes, & de la vocation singulière & particulière[60] ».

Concernant l'immense étendue des êtres créés, l'Indigène conclut à la grandeur de *Toupan*. Quant à la conduite des hommes, une fois acquise la conscience de la grande diversité des nations dans le monde, il avance : « D'où cela peut il proceder ? Deux enfans naissent en mesme

58 *Ibid.*
59 *Id.*, p. 352.
60 *Ibid.*

temps, un François & l'autre *Topinambos*, tous deux infirmes & foibles, & nonobstant l'un naist pour avoir toutes ses commoditez : & l'autre pour passer sa vie pauvrement. » Sur le troisième point, la question demeure toujours posée : « les Pays sont hommes comme nous : d'où vient qu'ils parlent plustost à Dieu que les autres ? » La réponse du capucin touche alors au mystère de la Création : « Que nostre esprit est trop petit pour concevoir des choses si hautes, où le grand Dieu s'est réservé à luy seul[61] ».

Visiblement, il n'y a pas de questions sans réponse lors de ces conférences. En tout cas, le simple fait que *Jacoupen* ait pu « concevoir des choses divines et de la vanité de ce monde » constitue pour Yves d'Évreux une preuve concluante de la capacité des âmes indigènes à recevoir la foi que les *Pays* capucins sont providentiellement venus proclamer.

OROUBOUTIN : LA FERVEUR DE LA VOIX

Le Principal *Orouboutin* se distinguait par sa grande taille, sa silhouette assez mince, sa modestie et sa gentillesse. Il est resté malade depuis l'arrivée des Français en l'île de Maragnan jusqu'au moment où il est venu rendre visite au père Yves d'Évreux.

Dans le chapitre XX, la description de ses discours et de ses gestes est intensifiée par l'*énergeia*, créant un effet de visualisation de l'action : « quasi comme en tremblant », il entre dans la loge, s'assoit, comme d'habitude, sur le lit de coton préparé pour la conférence, et commence sa harangue. Tout d'abord, il s'excuse de son absence, due à la maladie dont il souffrait : « je n'ay laissé parmy ceste infirmité, d'avoir le desir de voir ta face, & entendre de ta bouche ce que mes semblables de mon vilage m'ont rapporté de vous autres Païs. La seconde chose qui m'amene est, pour t'offrir mes enfans[62]. »

Après la première question posée, Yves d'Évreux accentue la représentation du désir de conversion du Principal par l'excellence amplificatrice de sa plume, en des termes qui placent avec force le lecteur, inévitablement absent, au cœur de la scène :

> LE Lecteur sera adverty qu'il est aisé de representer par escrit les paroles & le discours de ce Sauvage, mais non pas les gestes & la vivacité de son esprit

61 *Id.*, p. 353.
62 *Id.*, p. 354.

> avec lesquels il m'entretenoit : je puis dire seulement que ses discours estoyent accompagnez de larmes & d'une voix pleine de ferveur & devotion, par laquelle il me faisoit voir ce qui estoit caché dans son interieur du touchement du Sainct-Esprit, & du desir ardent qu'il avoit d'estre Chrestien [...][63].

Les gestes d'*Orouboutin* étaient, en fait, ceux d'un homme malade qui surmonte son infirmité pour chercher la voie de la foi. Tout le dialogue repose sur cet accord initial entre alliés, dans lequel les excuses de son absence sont jugées inutiles par le capucin, et la confiance – « Prends courage & espere ce que je te dy », selon les termes du père Yves – ponctue chaque prise de parole. L'expression « entendre de ta bouche » est reprise dans les discours d'*Orouboutin* comme un *leitmotiv* de la conversation : « je n'ay point eu de repos, ceste fantaisie me travaillant incessament : Quand est-ce que tu iras trouver le Païs & que tu entendras de sa bouche ce que tes compatriotes te viennent dire[64] ? »

D'une part, selon l'Indigène, la fidélité de l'alliance amicale est aussi celle de la mémoire des paroles dites : « tu m'enseignes quelque chose de Dieu, je le tiendray ferme en mon esprit, & n'en oublieray un seul mot, ains fidelement je le raconteray à mes gens & à mes enfans[65] ». D'autre part, l'« impossibilité de dire », qui place plus vivement le lecteur dans la scène décrite, détermine le discours du capucin : « Il est impossible de dire l'attention & alteration avec laquelle il recevoit ces eaux sacrees du Redempteur[66]. »

La description physique et morale d'*Orouboutin* se développe progressivement, fonctionnant comme une description *ekphrastique* qui renforce la perception par le lecteur de ses « caractères » à travers la « physicalité » de ses gestes. Une fois de plus, cela vise à mettre en valeur l'*ethos* indigène : « il avoit ses espaules courbees, durant mon discours, & les yeux à demy tournez, & à peine osoit-il tirer son haleine & avaler sa salive. Vous eussiez entendu une Soury trotter dans nostre loge, pendant que je discourois ». À la suite de ces observations, la réponse du Principal met en perspective l'insignifiant – le silence de la scène, le petit bruit de la souris – et l'énormité des « grandes choses », celle de l'omniprésence divine :

63 *Ibid.*
64 *Id.*, p. 355.
65 *Id.*, p. 356.
66 *Ibid.*

> Enfin il me dit, Voila des choses grandes : jamais je n'en ay entendu de semblables : car Dieu n'a point parlé à nos Peres ny à nous, & pas un Karaïbe ne nous a entretenus de semblables propos. Tu me viens de dire que Dieu est par tout, & qu'on ne le peut voir, & neantmoins il voit tout, & nous entend, & que quelque part que nous allions, il est avec nous & marche devant nous[67].

Après le discours de son interlocuteur, le père Yves considère qu'il appartient au lecteur, si souvent sollicité lors de cette conférence, « [d'] excuser ce Sauvage qui n'est pas encore Chrestien, de ce qu'il parle de ceste sorte ». La prétendue « autorisation » demandée au lecteur laisse l'espace ouvert à une longue digression finale du Principal. Dans les images évoquées, le Fils de Dieu, monté corps et âme au ciel d'où il contemple tout, apparaît à l'écoute de tous : « il entend clairement toutes nos paroles, & que quand vous le priez en vos Eglises il vous entend & escoute, qu'il vient tous les jours sur vos Autels, où vous parlez à luy, & tous les *Karaïbes* librement, mesme sans ouvrir la bouche[68] ». Évidemment, les échanges entre les hommes restent toujours en deçà de l'incontestable omniscience de Dieu.

LA VAGUE : LE BRUISSEMENT DE LA LANGUE

Dans la quatrième et dernière conférence, un trait dissonant apparaît par rapport à la structuration générale de ces discours. Le dialogue s'engage avec *La Vague*, Principal de la contrée de *Comma*, considéré comme le « Père commun des François ». Une fois de plus, comme dans une relation en miroir, il avait recommandé à son propre fils d'aller vivre chez les Français[69]. Lorsque le jeune homme « balbutoit vingt ou trente mots François », il a été immédiatement emmené par son père à la rencontre des missionnaires. Dès le début, des signes d'ironie marquent le récit de cette affaire par le père Yves : « [*La Vague*] estime qu'il est temps d'amener ce grand Docteur aux Païs, c'est à dire à nous autres pour estre baptisé, & de là faict *Karaïbé*, François[70] ».

La harangue initiale que le Principal *La Vague* adresse au père Yves d'Évreux exprime inévitablement son désir ardent que son fils soit baptisé. Il évoque alors les efforts du jeune homme pour vivre parmi

67 *Id.*, p. 357.
68 *Id.*, p. 358.
69 *Id.*, p. 359.
70 *Id.*, p. 359.

les Français et assimiler la doctrine chrétienne, « qu'il en comprend beaucoup », dit-il. Dans la scène de la conférence, le Principal demande alors à son fils de s'approcher immédiatement et de raconter au capucin tout ce qu'il avait appris à dire en français. Le père Yves ne s'est pas empêché de mettre par écrit sa réaction :

> J'avois bien de la peine à me contenir de rire, & ne pouvois jouyr de mon Truchement, tant il estoit transporté de la passion de rire sur la simplicité de ce personnage [...]. Ce jeune homme son fils me recita la Doctrine qu'il avoit propre, disoit son pere, & suffisante à recevoir le Baptesme en cette sorte : *Bonjoure monseïeur comme re vo reporteré vou. Ben monseïeur, à vostre servirice, volé vou mangeare, Oy : du pain, peïsson, char, may teste, men chapeyau, pourpuin, Chausse, Chamise.* Je ne peus en entendre davantage, si je n'eusse voulu debonder ; Je luy fis donc dire, que c'estoit assez, que je voioy bien par là, qu'il n'avoit point perdu son temps[71].

Bien que la parole de l'Indigène soit suspendue par l'intervention du capucin, la narration de la scène se poursuit, dépassant la description précédente avec l'introduction de répétitions et d'onomatopées qui imitent la « parole sauvage », exposant ainsi son objet au ridicule et au sarcasme à venir :

> Le bonhomme plein de ferveur me prevint avant que je ne peusse achever ce que j'avois envie de luy dire, se leva de sa place, & alla prendre toutes les ustensiles de nostre chambre, & me disoit les monstrant l'un apres l'autre, il sçait bien comme cela s'apelle en François, & cela, cela & cela & s'aprochant de la table, il la pressoit avec ses deux mains, & disoit : Il sçait bien encore cela en François ; Puis s'adressant à son fils, il luy demanda : Est-il pas vray ce que je dy ? Le garson luy respondit : Oy & davantage ; qu'il apeleroit bien par son nom tel, tel & tel François, qu'il sçavoit bien le nom des armes, *Oune acrebouse qui fait pouf, oune espé, oune canone, qui fait patau.* Mais luy dit son pere, aprendras tu bien-tost le reste ? Oy. Voylà qui est bien dit le père : ne faille pas tous les jours à venir reciter ta leçon devant le *Pay*[72].

La parole de l'Indigène est parodiée par le père Yves, transcrite phonétiquement dans le récit, dans des circonstances ouvertement enjouées. Il s'agit évidemment d'un court-circuit linguistique, dans lequel la langue française n'est qu'un « bruissement » qui sort de la bouche d'un Indigène pas encore converti, témoignant de son inadéquation

71 *Id.*, p. 361.
72 *Ibid.*

– « la simplicité du caractère » – lors de conversations édifiantes. Bien entendu, la réponse finale du capucin est empreinte de douceur, tout en conservant le sarcasme :

> Leur ayant donné toute liberté de parler tant pour me remettre en bon estat de ne plus rire, que pour donner issu à leur ferveur, je commençay à leur faire entendre que ce n'estoit pas ce que je demandois, auparavant que de conferer le Baptesme, ains la connaissance de Dieu, & des autres choses qui dependent de nostre Religion[73].

Bien entendu, parmi les conférences, le discours de *La Vague* n'est pas le seul à provoquer des court-circuits de sens, souvent contredits et corrigés par le capucin. Cependant, il s'agit du seul discours équivoque sur le plan sonore, et donc le seul finalement « interdit » par le capucin.

La transcription de la diction du jeune indigène est soutenue par la prosopopée, faisant « sonner la voix d'un autre » et produisant l'*ethos* de celui qui parle par la personnification. Selon les principes de la *Politique* et de la *Rhétorique* aristotéliciennes, on le sait, les hommes ne parlent pas comme les femmes, les personnes âgées comme les enfants, ni même les maîtres comme les esclaves. C'est l'alternance des voix distinctives, en particulier dans le drame, qui crée la diversité et la spécificité des caractères des personnes représentées.

Dans le cas de la conférence, l'imitation de la voix de l'Indigène qui tente d'articuler le français permet d'opérer une première distinction entre le ton infantilisé[74] – et disons, inachevé – de la « parole sauvage » et la constance de celle du missionnaire. Tout d'abord, la représentation du « vray François », énoncée par le capucin, corrobore la radicalité de cette distinction, appuyée sur l'argument de la nécessité du sacrement

73 *Id.*, p. 361-362.

74 Pour ce qui est de la transcription de la parole enfantine, l'exemple du médecin du roi Louis XIII, Jean Héroard, en fournit une représentation contemporaine. Héroard croit entendre très tôt des mots prononcés par le Dauphin, dont les manifestations sont transcrites phonétiquement dans son *Journal*. Le 12 décembre 1601, il écrit que le Dauphin « commence à reconnoître et à nommer en son jargon », l'appelant « *Eouad* ». Dès septembre 1603, « il commence à parler par discours ». C'est alors que sa parole enfantine est représentée à plusieurs reprises, comme c'est le cas le 1er juillet 1605 : « Il développe les portraits du Roi et de la Reine, les baise disant en se jouant : *Velà moucheu papa et velà madame maman.* » Héroard, Jean, *Journal de Jean Héroard sur l'enfance et la jeunesse de Louis XIII (1601-1628)*, éd. E. Soulié et E. de Barthélémy, Paris, Firmin-Didot, tome 1, 1868.

du baptême comme porte d'entrée pour l'assujettissement au grand roi de France, garant de la protection de tous : « le vray François est plus François pour la pieté & Religion, que non pas pour son origine, puis que Dieu l'a bien-heuré tant, que d'estre vassal & suject d'un Roy tres-Chrestien, premier fils de l'Eglise, & à jamais son tres-fidele Protecteur[75] ».

Ensuite, la voix du père, véhiculant le langage légitime qui est le sien, assure une autre distinction au sein des échanges initiés par l'intervention du capucin : « Mais toy dis-je, ne penses tu point à te faire le bien que tu procure à ton fils ? Helas ! ce dit-il, je suis trop vieux. Je ne pourrois plus rien apprendre : c'est a faire à ces jeunes gens à estre *Karaïbes*[76] ».

Le risque avec la diction hésitante et imparfaite en langue française du jeune homme – entendue comme « bruissement » – est celui de la perte totale, c'est-à-dire le risque d'hérésie. L'argument introduit la discussion sur la langue dans laquelle il faut apprendre « la science de Dieu », fortement ancrée dans le présupposé théologico-politique de la légitimité de l'usage de la langue même du catéchumène dans la catéchèse[77]. C'est en ce sens qu'Yves d'Évreux corrige le parcours de la discussion, qui semble aller à la dérive, en s'adressant toujours au Principal *La Vague* :

> Tu as la langue si eloquente pour deviser un jour entier si tu voulois. Considere combien il y a que tu m'entretiens & combien de paroles tu as proferé. Il ne te faut apprendre la cinquiesme partie des propos que tu m'as tenu à present, afin d'estre Chrestien, & si ce sont paroles de ton langage sous lesquelles nous avons compris ce que Dieu nous a laissé sous nostre langue. Vous aprenez si aisement des chansons, & haranguez si longuement des affaires de vos Ancestres : Tu pourra donc facilement apprendre ce que tu veux que ton fils sçache[78].

Outre les distinctions entre jeunes et vieux, Français et Sauvages, langue française et langue tupi, le caractère généralement hétérodoxe des discours des Principaux qu'Yves d'Évreux a rencontrés à Maragnan est évident : ils sont remplis d'équivoques linguistiques, de déclarations ambiguës, d'allusions à des principes chrétiens mal connus, bien qu'ils soient toujours basés sur le désir de conversion de leurs énonciateurs.

75 *Id.*, p. 360.
76 *Id.*, p. 362.
77 *Cf.* DAHER, Andrea, *L'Oralité perdue*, *op. cit.*, p. 45-76.
78 Yves d'Évreux, *Voyage dans le nord du Brésil*, *op. cit.*, p. 362.

Cela crée d'emblée un effet de « foisonnement des discours » et, en fin de compte, une certaine « épiphanie de la voix » indigène, sans que l'on puisse négliger pour autant sa propre condition contradictoire de parole écrite.

Les échanges avec le père Yves d'Évreux, qui se déroulent apparemment comme l'équivalent d'une conversation amicale, s'imposent dans le contrôle absolu d'une mise en scène qui a pour but le triomphe final de l'inclusion des Tupinamba dans la perspective eschatologique de l'histoire de l'humanité et de la promesse chrétienne du salut que les capucins sont venus leur annoncer.

Par ailleurs, dans le récit, la scène finale de la rencontre avec *La Vague* est empreinte d'une atmosphère de célébration. Comme il l'a fait avec *Pacamont*, le père Yves propose à son hôte « du *Kaoüin* brûlant, c'est à dire de l'eau de vie », justifiant ce geste habituel par le caractère même d'une conversation entre amis : « C'est tousjours la coustume des François de tirer la bouteille de leur cofre, quand leurs amys les viennent voir [...] Il fallut ainsi faire pour gaigner ces hommes à Dieu, & nous les obliger en tout ce que nous pouvions, suivant leur naturel, quand Dieu n'y estoit point offencé[79] ».

La voix gutturale de l'Indigène qui parle en tupi dramatise son état d'ivresse : « Apres avoir haussé la volte pour le second coup, il commença à prononcer de la gorge ces paroles, *Goy Y katou de Katogne Kaouïn tata*, ô qu'il est bon & tres-bon le vin de feu, ou le vin qui brusle[80] ».

Yves d'Évreux commence à réfléchir, par la suite, à la façon de ranger sa bouteille. Il a fait comprendre au Principal que l'eau-de-vie qu'ils buvaient n'était pas semblable à celle qu'il avait l'habitude de consommer, et qu'il devait prendre soin de sa santé, lui offrant encore un dernier verre pour conclure la soirée. *La Vague* revient le lendemain, et le père Yves – « allant au devant de ce que je doutois », dit-il – lui fait voir une bouteille cassée, feignant d'être contrarié par l'eau-de-vie répandue. La remarque du capucin, qui est la dernière phrase connue du livre, dont les dernières pages manquent, redouble curieusement l'expression douloureuse de la perte : « Voila que c'est : si tu eusse voulu nous l'eussions beuë, & rien n'eut esté[81]... ».

79 *Id.*, p. 363.
80 *Ibid.*
81 *Ibid.*

ÉPILOGUE

La traversée des ruines

La voix est toujours présente de manière furtive. En raison de son caractère éphémère, il n'est pas surprenant que ses registres soient très rares, car les conditions de la performance orale n'ont pas de raison d'être consignées. On peut imaginer, à travers l'investissement missionnaire dans la langue et la parole, les nombreuses tactiques vocales adoptées par ceux qui imitaient la parole dictée, produisant un mélange de discours dans un mélange de voix. Dans un rare témoignage de ces sonorités, Francisco de Cervantes raconte que les Indigènes du Mexique, « entre les prières sacrées qu'ils chantent, mêlent des chants de leur gentilité et, pour mieux dissimuler leur œuvre damnée, commencent et finissent avec des paroles de Dieu, interposant les autres païennes en abaissant la voix pour ne pas être compris et en l'élevant au début et à la fin lorsqu'ils disent "Dieu"[1] ».

De même, il est possible de conjecturer que les voix qui répétaient les énoncés des dialogues doctrinaux composés en tupi cherchaient sans doute à marquer des significations dissimulées ou, au contraire, ouvertement exhibées lors de la répétition mimétique. De telles conjectures sur les modalités particulières de vocalisation de ces dialogues suggèrent les tactiques adoptées par les catéchumènes au moment de leur réception, compte tenu de leur grande stabilité discursive.

En effet, la fonction mnémotechnique commandait les usages oralisés les plus divers des formes dialogiques mises par écrit. Des colloques modèles, comme celui de Jean de Léry, constituent en ce sens un premier type d'échanges possibles, véritable méthode linguistique

---

1 De Salazar, Francisco de Cervantes, *Crónica de la Nueva España*, Madrid, Hispanic Society of America, 1914, p. 62 [vers 1562] : « *entre las sacras oraciones que cantan mesclan cantares de su gentilidad, y para cubrir mejor su dañada obra, comienzan y acaban con palabras de Dios, interponiendo las demás gentílicas, abaxando la voz para no ser entendidos y levantándola en los principios y fines, cuando dicen "Dios"* ».

et comportementale pour ceux qui embarquaient vers l'inconnu. Les *autos*, comédies et intermèdes traversaient également la mer, notamment imprimés sur des feuilles volantes appelées « *folhetos de cordel* ». Ces pièces étaient acquises par les membres de l'équipage et les passagers des navires au Portugal, souvent jouées à bord et prêtes ensuite à être représentées sur la terre ferme une fois le bateau arrivé à destination. On connaît plus d'une dizaine de pièces de ce « théâtre à bord », jouées entre le XVIe et le XVIIIe siècles sur des navires portugais, mais beaucoup d'autres ont certainement existé sans laisser de traces[2].

La perte de ces vestiges écrits témoigne de la nature de leurs usages pratiques très larges et sans doute très intenses. C'est le cas notamment des catéchismes et des *autos* jésuites, conservés pour des raisons étrangères à leurs fonctions originales, et qui ont permis de reconstruire dans cet essai la scène mystique qui leur offrait les circonstances de temps et de lieu. Les catéchismes renvoient immédiatement à la scène restreinte où le catéchiste et le catéchumène imitent des énoncés qui leur sont forcément antérieurs et, du moins pour le second, extérieurs. Dans les *autos*, la voix qui énonce chaque réplique se conforme à l'allégorisation des personnages. Plus que dans la scène mystique des dialogues doctrinaux, la présence de la voix dans les circonstances festives de ces mises en scène coloniales suggère l'adaptation et l'improvisation fréquente des répliques.

Dans la longue durée de leurs réceptions, ces formes textuelles permettent de conjecturer les conditions particulières du transit vocal produit par les pratiques lettrées dont elles sont issues. Sans doute, avant le XVIIIe siècle, pour tous ceux qui avaient entre les mains les doctrines en tupi ou un extrait d'une pièce d'Anchieta, considérés comme des reliques, l'audition restait la fonction par excellence de la mémoire du fondement de ces discours à finalité salvifique. Ensuite, la duplicité du canon religieux et littéraire a définitivement déterminé la forme assumée par ces genres dialogiques devenus « auctoriaux », les éloignant de l'effet de présence des voix impliquées. À partir du XXe siècle, la constitution particulière du *corpus* des œuvres complètes de José d'Anchieta s'accompagne de l'avènement d'un corps de spécialistes, composé de philologues, d'historiens et de tupinologues, investis dans l'édification des *Monumenta Anchietana*.

---

2 Moura, Carlos Francisco, *Teatro a bordo de naus portuguesas nos séculos XV, XVI, XVII e XVIII*, Lisbonne, Instituto Luso-Brasileiro de História, Liceu Literário Português, 2000.

À leur tour, les conférences avec les Principaux des tribus de Maragnan, transcrites par le capucin Yves d'Évreux au début du XVIIe siècle, composent une scène mystique totalement différente de celle des jésuites portugais, fondée sur l'alliance amicale avec les Tupinamba dans la colonie française. Le résultat est un modèle dialogique susceptible de devenir l'objet d'une instrumentalisation documentaire, participant d'une « ethno-graphie » antérieure à l'ethnographie, sans la préfigurer véritablement en tant que telle.

L'histoire de la *Suitte de l'histoire des choses mémorables advenues à Maragnan* porte les marques des aléas auxquels le livre du père Yves d'Évreux a été exposé depuis sa publication. Tout d'abord, les exemplaires sont censurés et détruits dans les ateliers d'impression de François Huby à Paris sous la commande du « parti espagnol » qui défend l'alliance avec l'Espagne, déterminant la fin de l'entreprise coloniale française au Brésil. Deux siècles plus tard, en 1835, le bibliophile « brésilianiste » Ferdinand Denis trouve sur les étagères de la Bibliothèque Sainte-Geneviève celui qui est alors considéré comme le seul exemplaire survivant, sauvé « par des moyens subtils » par François de Razilly, qui l'avait offert au roi Louis XIII en 1617, accompagné d'une lettre. « Sa première naissance étouffée aussitôt qu'elle avait vu le jour », comme l'écrivait Razilly, il revient à Denis d'accorder au récit une seconde vie, en le rééditant en 1864[3]. Aujourd'hui, on sait qu'il existait deux autres exemplaires originaux dans les mêmes conditions, dont l'un a été détruit lors des bombardements de 1944, complétant ainsi la trajectoire de cet objet « utopique ». Quoi qu'il en soit, la découverte et l'édition subséquente du livre du père Yves par Ferdinand Denis ont permis à l'ethnologue Alfred Métraux de l'inclure dans le *corpus* de sources documentaires de sa thèse publiée en 1928 et à Hélène Clastres de proposer une édition modernisée du récit en 1985[4].

Logiquement, la « nouvelle matérialité » engendrée dans les éditions contemporaines de ces textes « coloniaux » a pu répondre aux exigences

3 Yves d'Évreux, *Voyage dans le nord du Brésil fait durant les années 1613 et 1614 par le Père Yves d'Évreux. Publié d'après l'exemplaire unique conservé à la Bibliothèque Impériale de Paris. Avec une introduction et des notes par M. Ferdinand Denis, Conservateur à la Bibliothèque Sainte Geneviève*, Librairie A. Franck, Leipzig & Paris, 1864.

4 Métraux, Alfred, *La civilisation matérielle des tribus Tupi-Guarani*, Paris, Librairie Orientaliste P. Geuthner, 1928 ; et son complément : *La Religion des Tupinamba et ses rapports avec celle des autres tribus Tupi-Guarani*, Paris, E. Leroux, 1928. Yves d'Évreux, *Voyage au nord du Brésil. Fait en 1613 et 1614*, éd. Hélène Clastres, Paris, Payot, 1985.

imposées par la modernité, en construisant les canons littéraires et disciplinaires académiques. Cependant, l'exploration du livre d'Yves d'Évreux, entravée par la frustration des feuillets manquants, ainsi que celle des *autos* du père Anchieta, avec des formes tronquées et lacunaires qui s'éloignent de l'idéal d'intégralité exigé par la monumentalisation de son œuvre, rend encore plus complexe la recherche des indices de la présence de la voix dans les interstices de la matérialité de ces discours.

Partant du principe que le passage à l'écrit ne se faisait pas dans ces matériaux à partir de la création individuelle comme dans le régime de discours contemporain – où, la plupart du temps, l'écriture commande et précède l'éventuelle oralisation –, les conditions de composition hétérogènes en circonstances festives et en temps divers, typiques des *autos* ; la présence de protocoles d'exécution rigides, typiques des catéchismes ; ainsi que la force *ekphrastique* de certaines descriptions, typiques d'une « ethno-graphie » française, codifient leurs usages oraux « premiers » selon la performance gestuelle et la voix. Comme dans la poésie, les dispositifs rhétoriques viennent suppléer dans l'écriture ce qui est censé manquer lorsque ces discours circulent hors du présent de leur « mise en scène », en particularisant les sens et les formes tels qu'ils devaient être informés par le corps et la voix. Ainsi, un double référentiel de vraisemblance se manifeste : dans leur présent, ces discours servaient à faire référence aux lieux bibliques, liturgiques et scolastiques structurés par la représentation catholique et substantialisés dans l'invention rhétorique. Par la suite, dans des réceptions ultérieures, ils renvoient à une supposée « mise en scène première » dans les circonstances coloniales, les rendant reconnaissables pour les audiences situées en dehors de leur contexte immédiat. Mais cela ne permet pas de supposer une quelconque liberté accordée au corps qui parle dans un passé lointain, même dans la « transcription » des énoncés des Indigènes et la description vivifiante des scènes des conférences faites par le père Yves d'Évreux.

L'exercice entrepris dans cet essai a donc permis d'aller au-delà des évidences qui portent encore la marque du caractère anachronique des réceptions de ces discours.

Premièrement, il a été possible de définir les différents statuts de la voix à partir d'une première opposition. À travers une archéologie des modèles lettrés et une généalogie des concepts et des catégories impliqués dans la pragmatique des discours, il a été possible de décrire les modalités de la présence de la voix du missionnaire, *consueta*, ainsi que le « bruissement de la langue » indigène, *peregrina*. Elles demeuraient plus ou moins audibles, selon la force de leur effet, soit celui produit par l'énonciation d'un locuteur nommé dans les récits français, soit celui d'une « voix off » d'un Indigène fictionnalisé, notamment dans les matériaux doctrinaux jésuites.

Deuxièmement, cette archéologie a permis d'enlever les couches de sens dans les discours pour rendre compte des signes d'euphémisation de la présence de la voix, résultat à long terme de la monumentalisation et de l'instrumentalisation documentaire des textes d'un « passé colonial » que l'on cherche à conserver dans le présent. Dans les catéchismes et les *autos* portugais, la force canonique de l'auctorialité littéraire, en totale connivence avec la sanctification de celui qui était leur *auctor*, José de Anchieta, a été le moteur de l'effacement des formes les plus évidentes de mobilisation de l'*enargeia*. Quant au *corpus* français, représenté d'abord par le récit de Claude d'Abbeville dès 1614, l'efficacité des artifices narratifs faisait résonner les voix en tupi des harangues indigènes. Sans aucun doute, les effets de ces discours se sont fait sentir de manière plus durable en France, dans les lignées de représentations qui sont parties de la figure d'un Tupinamba doté de parole au XVIIe siècle pour aboutir au « Sauvage » doté de bonté naturelle au XVIIIe siècle. Ces effets auraient été considérablement amplifiés, suppose-t-on, si les dialogues transcrits par Yves d'Évreux avaient été connus depuis cette époque. L'instrumentalisation documentaire que la mise en scène mystique des capucins a favorisée à partir du XIXe siècle, lorsque le livre du père Yves a été publié, achève le passage – apparemment « naturel » – d'une « ethno-graphie de la similitude » à l'ethnographie comme discipline axée sur l'altérité en tant que différence culturelle.

Troisièmement, il a été possible d'établir, d'un point de vue normatif, les critères de comparaison entre différents discours. Bien que les discours des Indigènes dans les récits français présentent des différences évidentes par rapport aux matériaux jésuites – ne serait-ce que par le caractère narratif de *diégésis* des premiers, opposé au principe de *mimésis* plus actif dans les seconds –, dans les deux cas, une mise en scène dramatique est instituée à la base, liée aux circonstances mystiques du travail catéchétique. Le drame garantit, d'une part, l'ostensibilité de la voix d'un Indigène nommé qui prend la parole au nom des siens dans les conférences transcrites par le père Yves d'Évreux ; et d'autre part, il assure la présence insinuante d'un « bruissement de la langue » dans des genres dialogaux où il n'y a pas de « prise de parole » volontaire de la part des Indigènes, qui restent des locuteurs hypothétiques dans les catéchismes ou des personnages allégoriques dans les *autos* du père Anchieta.

Il s'agissait donc de qualifier, à travers la présence – ou l'absence – de la voix, les divers « Indigènes de papier », ou plus particulièrement les diverses formes de soumission de la « parole sauvage » dans la construction des représentations des Indigènes dans les discours, notamment celles des convertis. La clé pour comprendre la construction de la figure de l'Indigène converti réside dans l'implication de la faculté de la volonté dans le processus de conversion. Peut-être pour cette même raison, il n'y aurait pas de place dans le *corpus* de missives et de rapports jésuites pour la description des « scènes de la conversion », comme celles de la répétition mimétique des catéchismes. En effet, il n'y avait pas d'accord ouvertement établi entre les parties impliquées dans l'accomplissement du dialogue doctrinal, mais plutôt une supposée volonté de conversion de la part des Indigènes qui se contentaient d'en répéter les énoncés. La scène où sont posées les questions et les réponses des doctrines est avant tout une scène de dépassement du passé « sauvage » par le biais de la langue et de l'effet d'actualisation du temps présent de ce qui est dit. Dans les matériaux français, l'effet de présence est plutôt autoptique, plaçant supposément le lecteur de ces récits dans la scène de l'expérience des missionnaires d'où résultent leurs « notations ». Dans ces dispositifs autoptiques français, l'oreille commande largement les échanges oraux, car ils se produisent dans l'immédiateté de la cession de la parole. C'est dans ce sens que les discours des Indigènes aboutissent à la reconnaissance de leur capacité d'élocution comme condition de leur convertibilité.

Dans le cas français, la tendance à la projection utopique se fait également ressentir. Du point de vue de la voix, l'utilisation du présent de l'indicatif dans les harangues et les conférences positionne le lecteur devant l'évidence du témoignage des échanges comme s'il les entendait. La langue tupi est ainsi présente sur la page imprimée d'abord comme son (*phonê*), devenant ensuite porteuse de sens grâce à l'opération de traduction par un truchement. Dans la familiarité de la conversation amicale, la disponibilité apparemment totale de l'oreille du missionnaire est alors projetée vers le lecteur, à qui le père Yves s'adresse d'ailleurs ouvertement, mettant en place le dispositif d'autopsie des discours, entendus à différents niveaux, et projetant utopiquement l'union mystique franco-tupi.

Dans les doctrines jésuites, il en va autrement de l'utilisation du présent de l'indicatif, qui « présentifie » la scène de la conversion et oriente la capture prétendument totale de la parole. Dans ce cas, l'opération est prospective. Elle part du présent de l'énonciation, mais elle est toujours tournée vers la rémission du passé, sans possibilité de constituer une « épreuve » de la scène à travers des dispositifs autoptiques. La scène dialogique dans les catéchismes, ainsi que dans les *autos*, est toujours la réitération d'une vérité qui précède de loin toute expérience.

Dans les formes textuelles catéchétiques jésuites, celui qui parle sans que la parole ne lui soit cédée est l'Indigène « domestiqué » (« *manso* »), qui répète les énoncés dans sa langue grammaticalisée et dictionnarisée, et est encadré dans l'ordre colonial par les réductions, à l'opposé de la figure de l'Indigène « farouche » (« *bravio* »), qui résiste à la conquête loin des côtes où se produisent les contacts. Dans les récits français, l'Indigène est celui qui parle avec douceur et se fait entendre dans une liberté supposée par la « cession de la parole ». Mais c'est cette même prise de parole qui ouvre la voie à l'exposition au ridicule des « façons de parler simplistes » des Indigènes, le sarcasme du capucin pouvant ainsi encadrer le discours de son interlocuteur par rapport à la bonne proportion du vernaculaire français.

Enfin, avec cet essai, il a peut-être été possible de dissiper l'illusion de la pureté de la voix que les réceptions de ces textes pourraient laisser supposer. En ce sens, le cas français est plus pertinent. Des lecteurs du XVIIe siècle qui avaient entre les mains les missives et le récit de Claude d'Abbeville, à ceux qui, à partir du XIXe siècle, ont connu le récit d'Yves d'Évreux, la présence de la langue tupi « reste un élément sonore propre à la profération[5] », bien que son sens soit toujours donné par l'interprétation ou par l'interlocution réitérative du missionnaire. Mais il n'y aurait jamais, dans ces dialogues mis par écrit, un régime d'« oralité pure », dans le sens où ces discours sont toujours autorisés

5 Moreira, Marcello, « Uma história das práticas letradas : homenagem a Andrea Daher por Roger Chartier, Hélio Guimarães, e Marcello Moreira », *Topoi*, Rio de Janeiro, v. 20, n° 41, mai/août, 2019, p. 297.

par la modélisation rhétorique et variables selon les conditions dramatiques de la performance, combinées à la dissonance propre au domaine de la voix. L'illusion de la voix qui converse, libre de toute contrainte, est peut-être le produit de la prosopopée qui permet, dans ces récits, de construire l'*ethos* de l'interlocuteur indigène à partir d'un « corps cinétique dont les états pathétiques [...] ne peuvent correspondre qu'aux nombreuses doctrines sur l'*actio*[6]. »

Dans les catéchismes et les *autos* jésuites, la modélisation est beaucoup plus évidente et la capture du corps parlant sans doute plus efficace. L'événement oral était toujours une voix singulière animée par les affections de l'âme, qui étaient figurées, on le sait, selon les préceptes de style des genres et différenciées phonétiquement par des accents, des intonations, des intensités. Aujourd'hui inaudible, cet ensemble événementiel était collectivement reconnaissable aux oreilles, parsemé de courts-circuits de sens, non moins sonores, qui le caractérisaient.

Il a donc été nécessaire de considérer « la fin d'un monde », comme le suggère l'épigraphe de Paul Zumthor à l'ouverture de ce livre. « En quête de voix vives, il a fallu traverser trop de champs de ruines[7] », insiste-t-il ensuite, tel un archéologue paradoxal de la voix. Des feuillets disparates investis comme reliques manuscrites de José de Anchieta aux exemplaires lacérés du livre d'Yves d'Évreux, les ruines explorées ici signalent la possibilité de rechercher des indices des « voix coloniales » dans le filigrane des discours. C'est précisément là que l'on a tenté de couvrir les conditions de la transmission de la Parole par les missionnaires et celles des « bruissements » de la parole indigène. La première était alimentée par les traités théologico-politiques et les arts de la grammaire, de la rhétorique et de la poétique, la seconde à peine insinuée dans la normativité rhétorique ou dans les lieux communs de la *descriptio* missionnaire.

Les présupposés qui structurent ces discours tels qu'ils nous arrivent montrent combien la rhétorique consistait en une pragmatique qui actualisait les classifications sociales. Lorsqu'ils sont considérés dans des termes qui reflètent la représentation de la réalité et l'expression psychologique de l'auteur, la valeur qu'avait l'oralité dans la dynamique des pratiques lettrées coloniales est vidée de sens. Chercher dans ces écrits

6 *Id.*, p. 290.
7 Zumthor, Paul, *Introduction à la poésie orale*, Paris, Seuil, 1983, p. 281.

du passé la présence de la voix, c'est ainsi proposer une construction possible de l'historicité de l'oralité dans et par l'écriture, et imaginer que ce qui était autrefois audible, et qui résiste dans les ruines des mondes révolus, insinue toujours la présence vivante de la voix dans la lettre morte des discours.

REMERCIEMENTS

Merci à Roger Chartier, qui sait écouter avec les yeux.

BIBLIOGRAPHIE

OUVRAGES ANCIENS

ANCHIETA, José de, S. J., *Arte de Grammatica da lingoa mais usada na costa do Brasil* [...], *Em Coimbra, por Antonio de Mariz*, 1595.

ANCHIETA, José de, S. J., *Cartas, Informações, Fragmentos históricos e Sermões (1554-1594)*, Rio de Janeiro, Civilização Brasileira, 1933.

ANCHIETA, José de, S. J., *De Gestis Mendi de Saa*, São Paulo, Edições Loyola, 1970.

ANCHIETA, José de, S. J., *Diálogo da fé*, São Paulo, Edições Loyola, 1988.

ANCHIETA, José de, S. J., *Doutrina cristã. Catecismo brasílico*, São Paulo, Edições Loyola, t. 1, 1992.

ANCHIETA, José de, S. J., *Doutrina cristã. Doutrina autógrafa e confessionário*, São Paulo, Edições Loyola, t. 2, 1992.

ANCHIETA, José de, S. J., *Poesias*, São Paulo, Comissão do *IV Centenário da Cidade de São Paulo*, 1954.

Aqui se contiene una disputa, o controversia : entre el Obispo don fray Bartholome de las Casas, o Casaus, obispo que fue de la ciudad Real de Chiapa, que es en las Indias, parte de la nueva España, y el doctor Gines de Sepulveda Coronista del Emperador nuestro señor [...], Sevilla, Sebastian Trujillo, 1552.

ARISTOTE, *Œuvres complètes*, éd. Pierre Pelegrin, Paris, Flammarion, 2014.

AZPICUELTA, Navarro *et al.*, *Cartas avulsas*, Belo Horizonte / São Paulo, Itatiaia/ Edusp, 1988 [1931].

BERREDO, Bernardo Pereira de, *Annaes Historicos do Estado do Maranhão* [...], *Lisboa, Na officina de Francisco Luiz Ameno, 1749.*

BLUTEAU, Raphael, *Vocabulario Portuguez e latino*, Lisboa, Officina de Pascoal da Sylva, Impressor de Sua Magestade, 1720.

BODIN, Jean, *Six Livres de la République* [...] *À Paris, Chez Jacques du Puys*, 1576.

CARDIM, Fernão, S. J., *Tratados da terra e gente do Brasil*, Rio de Janeiro, J. Leite & Cia., 1925.

Cartas dos primeiros Jesuítas do Brasil, éd. Serafim Leite, São Paulo, Comissão do IV Centenário da cidade de São Paulo, 3 vols., 1954.

Cartas que os padres e irmãos da Companhia de Jesus escreverão dos Reynos de Japão & China aos da mesma Companhia da India, & Europa des do anno de 1549 até o de 1580, Primeiro tomo [...], *Impressas por mandado do Reverendissimo em Christo Padre dom Theotonio de Bragança, Arcebispo d'Evora* [...] *Em Evora, por Manoel de Lyra, 1598.*

Catecismo na Língua Brasílica, no qual se contem a summa da Doutrina Cristã. Com tudo o que pertence aos Mistérios de nossa santa Fé e bons costumes. Composto a modo de Diálogos por Padres Doutos, & bons línguas da Companhia de Jesus. Agora novamente concertado, ordenado, e acrescentado pelo Padre Antônio d'Araújo, Teólogo e língua da mesma Companhia. Com as licenças necessárias, Lisbonne, Pedro Crasbeeck, 1618.

Catecismo Brasilico da doutrina christãa [...] *pelo Padre Antônio de Araújo da Mesma Companhia. Emendado nesta segunda impressão Pelo Padre Bertholameu de Leam da mesma Companhia.* Lisbonne, Miguel Deslandes, 1686.

CAXA, Quirício, « Breve Relação da vida e morte do Padre José de Anchieta », *Primeiras biografias de José de Anchieta*, São Paulo, Loyola, 1988.

CICÉRON, *De l'Orateur*, éd. É. Courbaud, Paris, Les Belles Lettres, 1927.

CLAUDE D'ABBEVILLE, *L'Arrivée des peres capucins en l'Inde Nouvelle appellée Maragnon* [...], Paris, Abraham Le Febvre, 1612.

CLAUDE D'ABBEVILLE, *Histoire de la mission des Peres Capucins en l'Isle de Maragnan et terres circonvoisines* [...], Paris, François Huby, 1614.

Constitutions de la Compagnie de Jésus, Paris, Desclée de Bower, 1988.

CRUCÉ, Émeric, *Nouveau Cynée ou Discours d'Estat représentant les occasions et moyens d'establir une paix générale et la liberté de commerce pour tout le monde*, Paris, J. Villery, 1623.

DE SALAZAR, Francisco de Cervantes, *Crónica de la Nueva España*, Madrid, Hispanic Society of America, 1914 [vers 1562].

Los diálogos de 1524 segun el texto de fray Bernardino de Sahagún y sus colaboradores. Edicion facsimilar del manuscrito original, paleografia, versión del náhuatl, estudio y notas de Miguel León-Portilla, Mexique, Universidad Nacional Autónoma de México / Fundación de Investigaciones Sociales, 1986.

Le Dictionnaire de l'Académie française [...], Paris, Veuve de Jean-Baptiste Coignard, 1694.

Documentos para a Historia do Brasil (1608-1625), éd. Barão de Studart, Fortaleza, Typographia Studart, vol. I, 1904.

FOUQUELIN, Antoine de, *La rhetorique françoise d'Antoine Foclin de Chauny en Vermandois* [...], Paris, André Wechel, 1555.

FRÓIS, Luís, S. J., *Historia de Japam*, éd. critique par José Wicki, S. J., Lisbonne, Biblioteca Nacional, vol. 2, 1981.

JAVIER, Francisco, « Carta aos seus companheiros da Europa, 29 de enero de

1552 », *Cartas y Escritos de san Francisco Javier*, Madrid, Biblioteca de Autores Cristianos, MCMLXXIX.

[La Mothe Le Vayer], *Discours de la contrariete d'humeurs qui se trouve entre certaines Nations, & singulièrement entre la Françoise & L'Espagnole* [...], Paris, E. Richer, 1636.

Léry, Jean de, *Histoire d'un voyage fait en la terre du Bresil, autrement dicte Amerique* [...] *par Jean de* [...] *A La Rochelle, Pour Antoine Chuppin. M. D. LXXVIII.*

Léry, Jean de, *Histoire d'un voyage fait en la terre du Brésil*, Genève, Droz, 1975 [1580].

Léry, Jean de, *Histoire d'un voyage en terre de Brésil*, éd. critique par Frank Lestringant, Paris, Le Livre de Poche, 1994.

Lope de Vega, *Arte nuevo de hacer comedias en este tiempo*, Madrid, Catedra Ediciones, 2009 [1609].

Loyola, Ignace de, S. J., *Écrits*, Paris, Desclée de Brouwer, 1991.

Mendes Pinto, Fernão, *Peregrinação*, Lisbonne, Conseil Européen, 1983.

Nicot, *Thresor de la langue française*, Paris, David Douceur, 1606.

Nóbrega, Manoel da, S. J., « Diálogo sobre a conversão do gentio », éd. Serafim Leite, *Cartas dos primeiros Jesuítas do Brasil*, São Paulo, Comissão do IV° Centenário da cidade de São Paulo, volume II, 1954, p. 229-245.

Papéis da conquista do Maranhão, éd. critique par Andrea Daher, Rio de Janeiro, Academia Maranhense de Letras, 2010.

Progymnasmata, Greek Textbooks of Prose composition and Rhetoric, Translated with Introductions and Notes by George A. Kennedy, éd. D. A. Russell, Atlanta, Society of Biblical Literature, 2003.

Quintilien, *The Institutio Oratoria of Quintilian with an English Translation by H. E. Butler*, Cambridge, Harvard University Press, Loeb Classical Library, 4 vol., 1963.

Ratio Studiorum. Plan raisonné et institution des études dans la Compagnie de Jésus, Paris, Belin, 1997.

Rhétorique à Herennius, Paris, Les Belles Lettres, 1989.

Rodrigues, Pero, S. J., « Da Vida do padre José de Anchieta », *Primeiras biografias de José de Anchieta*, São Paulo, Loyola, 1988 [1607].

Vasconcelos, Simão de, S. J., *Chronica da Companhia de Jesu do estado do Brasil e do que obraram seus filhos n'esta parte do novo mundo* [...], *Na Officina de Henrique Valente de Oliveira Impressor del Rey*, Livres I et II, 1663.

Vasconcelos, Simão de, *Vida do veneravel Padre Ioseph de Anchieta* [...] *Lisboa, Na Officina de Ioam da Costa, Anno 1672.*

Vicente, Gil, *Autos, éd. Cleonice Berardinelli, Rio de Janeiro, Casa da Palavra, 2012.*

Vieira, Antonio, S. J., *Sermões*, São Paulo, Hedra, 2 vols., 2001.

YVES D'ÉVREUX, *Suitte de l'histoire des choses plus mémorables advennues en Maragnan, ès années 1613 & 1614. Second Traité. À Paris. De l'Imprimerie de françois Huby. M. DC. XV. Avec privilege du Roy.*

YVES D'ÉVREUX, *Voyage dans le nord du Brésil fait durant les années 1613 et 1614 par le Père Yves d'Évreux. Publié d'après l'exemplaire unique conservé à la Bibliothèque Impériale de Paris. Avec une introduction et des notes par M. Ferdinand Denis, Conservateur à la Bibliothèque Sainte Geneviève*, Librairie A. Franck, Leipzig & Paris, 1864.

YVES D'ÉVREUX, *Voyage au nord du Brésil. Fait en 1613 et 1614*, éd. Hélène Clastres, Paris, Payot, 1985.

YVES D'ÉVREUX, *Voyage au Nord du Brésil* (1615), éd. Franz Obermeier, Kiel, Westensee-Verlag, 2012.

YVES DE PARIS, *L'Agent de Dieu dans le monde* [...], Paris, Denis Thierry, 1656.

YVES DE PARIS, *La conduite du Religieux* [...], Rennes, P. Garnier, 1653.

YVES DE PARIS, *La Théologie naturelle.* [...], Paris, N. Buon, 4 tomes, 1633-1638.

OUVRAGES CRITIQUES

ASENSIO, Eugenio, « La lengua compañera del Imperio. Historia de una idea de Nebrija en España y Portugal », *Revista de Filología Española*, vol. XLIII, n. 3/4, 1960, p. 399-413.

AUERBACH, Erich, *Figura. La Loi juive et la Promesse chrétienne*, Paris, Macula, 2003.

AUERBACH, Erich, *Mimésis. La représentation de la réalité dans la littérature occidentale*, Paris, Gallimard, 1977.

AYGON, Jean-Pierre, « Le dialogue comme genre dans la rhétorique antique », *Pallas*, Palladio Magistro : Mélanges Jean Soubiran (2002), Presses Universitaires du Midi, n. 59, 2002, p. 197-208.

AZOULAI, Martine, *Les péchés du Nouveau Monde. Les manuels de confession des Indiens (XVIe-XVIIe siècle)*, Paris, Albin Michel, 1993.

BARTHES, Roland, *Le Bruissement de la langue*, Paris, Seuil, 1984.

BARTHES, Roland, « L'ancienne rhétorique. Aide-mémoire », *Recherches rhétoriques*, Paris, Seuil, 1994, p. 254-337.

BOURDIEU, Pierre, *Ce que parler veut dire. L'économie des échanges linguistiques*, Paris, Fayard, 1992.

BOURDIEU, Pierre, *Questions de sociologie*, Paris, Les Éditions de Minuit, 1984.

BRÉHIER, Émile, *La philosophie du Moyen Âge*, Paris, Albin Michel, 1949.

BUARQUE DE HOLANDA, Sergio, *A Visão do Paraíso. Os Motivos edênicos no descobrimento e colonização do Brasil*, São Paulo, Companhia Editora Nacional, 1985.

CATTO, Michela, « Les deux voies des catéchismes : les controverses et l'endoctrinement. France et Italie », *Hétérodoxies croisées. Catholicismes pluriels entre France et Italie, XVIe-XVIIe siècles*, éd. Gigliola Fragnito et Alain Tallon, Rome, Publications de l'École française de Rome, 2015.

CAZANAVE, Claire, « Le dialogue au XVIIe siècle en France : un genre français moderne ? Éléments pour une mise au point », *Dix-septième siècle*, 2005/3, n. 228, Presses Universitaires de France, 2005, p. 427-441.

CAZANAVE, Claire, *Le dialogue à l'âge classique. Étude de la littérature dialogique en France au 17e siècle*, Paris, Honoré Champion, 2007.

CÉARD, Jean, « Premiers lecteurs français de l'*Utopie* de Thomas More », *Morus. Utopia e Renascimento*, n° 8, 2012, p. 27-39.

CHARTIER, Roger, *La main de l'auteur et l'esprit de l'imprimeur*, Paris, Gallimard, 2015.

CLASTRES, Hélène, *La Terre sans Mal. Le prophétisme tupi-guarani*, Paris, Seuil, 1975.

CONDE DE LA VIÑAZA, *Bibliografia Española de Lenguas Indigenas de America*, Madrid, Est. Typ. Sucesores de Rivadeneyra, 1892.

DAHER, Andrea, *Les Singularités de la France Équinoxiale. Histoire de la mission des pères capucins au Brésil (1612-1615)*, Paris, Classiques Garnier, 2002.

DAHER, Andrea, *L'Oralité perdue. Essais d'histoire des pratiques lettrées (Brésil, XVIe-XIXe siècles)*, Paris, Classiques Garnier, 2012.

DAHER, Andrea, DE SÁ, Luiz César, « A cena monumental de Valladolid », *A memória na ordem do escrito. Das práticas letradas dos séculos XVI e XVII à literatura moderna*, dir. Marcello Moreira, São Paulo, Intermeios, 2021, p. 47-67.

DAINVILLE, François de, *L'Éducation des Jésuites (XVIe-XVIIIe siècles)*, Paris, Éditions de Minuit, 1978.

DE CERTEAU, Michel, *L'Écriture de l'histoire*, Paris, Gallimard, 1975.

DE CERTEAU, Michel, *La Fable Mystique*. Paris, Gallimard, 1982.

DE CERTEAU, Michel, *L'Invention du quotidien. 1. Arts de faire*, Paris, Gallimard, 1990.

DE CERTEAU, Michel, *Le lieu de l'autre. Histoire religieuse et mystique*, Paris, Gallimard/Seuil, 2005.

DEMONET, Marie-Luce, « L'utopie comme comble de la fiction à la Renaissance », *Morus. Utopia e Renascimento*, n° 6, 2009, p. 78-88.

DESCOLA, Philippe, *Par-delà nature et culture*, Paris, Gallimard, 2005.

DHÔTEL, Jean-Claude, *Les origines du catéchisme moderne*, Paris, Aubier-Montaigne, 1967.

DOMPNIER, Bernard, « Pastorale de la peur et pastorale de la séduction : la méthode de conversion des missionnaires Capucins », *La Conversion au* XVII*e siècle. Actes du XII*e *Colloque du Centre Méridional de Rencontres sur le* XVII*e siècle* (1982), Marseille, CMR, 1983, p. 257-273.

DOMPNIER, Bernard, « Mission lointaine et mission de l'intérieur chez les capucins français de la première moitié du XVIIe siècle », *Les réveils de la conscience missionnaire en France*, Actes du Colloque de Lyon, Paris, Beauchesne, 1984, p. 91-106.

DOMPNIER, Bernard, « La mémoire pour exemple. Les capucins du XVIIe siècle et la biographie », *Poétique et narration. Mélanges offerts à Guy Demerson*, dir. François Marotin et Jacques-Philippe Saint-Gérand, Paris, Honoré Champion, 1993, p. 593-604.

La Douceur en littérature de l'Antiquité au XVI*e siècle*, dir. Hélène Baby et Josiane Rieu, Paris, Classiques Garnier, 2012.

ELIAS, Norbert, *La civilisation des mœurs*, Paris, Calmann-Lévy, 1973.

ELIAS, Norbert, *La dynamique de l'occident*, Paris, Calmann-Lévy, 1975.

ESCRIBANO, Federico Sánchez, Mayo, Alberto Porqueras, *Preceptiva dramática española del Renacimiento y el Barroco*, Madrid, Editorial Gredos, 1972.

Festa, cultura e sociabilidade na América portuguesa, dir. Iris Kantor, Itzván Jancsó, São Paulo, Hucitec / Edusp / Fapesp / Imprensa Oficial, 2 vol., 2001.

FORTUNATI, Vita, « Utopia as a Literary Genre », éd. Vita Fortunati, Raymond Trousson, *Dictionary of Literary Utopias*, Paris, Honoré Champion, 2000, p. 634-643.

FRÉDÉRIC, Madeleine, *La Répétition : Étude linguistique et rhétorique*, Tübingen, Max Niemeyer Verlag, 1985.

FUMAROLI, Marc, *L'âge de l'éloquence. Rhétorique et* res litteraria *de la Renaissance au seuil de l'époque classique*, Paris, Albin Michel, 1994.

FUMAROLI, Marc, « Le Corps éloquent : une somme d'*actio* et *pronuntiatio rhetorica* au XVIIe siècle. *Les Vacationes autumnales* du P. Louis de Cressolles (1620) », XVII*e siècle. Rhétorique et geste de la voix à l'âge classique*, juillet/septembre 1981, nº 132, 33e année, nº 3, p. 237-264.

GILSON, Étienne, *Introduction à l'étude de Saint Augustin*, Paris, Vrin, 1987.

GILSON, Étienne, *L'esprit de la philosophie médiévale*, Paris, Vrin, 1989.

GOODY, Jack, *La raison graphique. La domestication de la pensée sauvage*, Paris, Minuit, 1979.

GOODY, Jack, *La logique de l'écriture*, Paris, Armand Colin, 1986.

GOODY, Jack, *The Interface Between the Written and the Oral.* New York / Port Chester / Melbourne / Sydney, Cambridge University Press, 1987.

GOYET, Francis, *Le sublime du « lieu commun ». L'invention rhétorique dans l'Antiquité et à la Renaissance*, Paris, Honoré Champion, 1996.

GRIGERA, Luisa Lópes, *La retórica en la España del siglo de Oro*, Salamanca, Ediciones Universidad de Salamanca, 1994.

HANKE, Lewis, *Aristotle and the Americain Indians, a Study in Race Prejudice in the Modern World*, London, Hollis & Carter, 1959.

HANKE, Lewis, *La humanidad es una*, Mexique, Fondo de Cultura Económica, 1985.

HANSEN, João Adolfo, « Barroco, neobarroco e outras ruínas », *Teresa. Revista de Literatura Brasileira*, São Paulo, Departamento de Letras Clássicas e Vernáculas da USP / Editora 34, vol. 2, 2001, p. 10-66.

HANSEN, João Adolfo, *A sátira e o engenho. Gregório de Matos e a Bahia do século XVII*, São Paulo, Companhia das Letras, 1989.

HANSEN, João Adolfo, *Alegoria. Construção e interpretação da metáfora*, São Paulo / Campinas, Hedra / Editora da Unicamp, 2006.

HANSEN, João Adolfo, « Sobre "o juízo", panegírico de Emanuele Tesauro », *RÉTOR* 8 (1), 2018, p. 30-57.

HANSEN, João Adolfo, *Agudezas seiscentistas e outros ensaios : João Adolfo Hansen*, éd. Cilaine Alves Cunha, et MayraLaudanna, São Paulo, Edusp, 2019.

HANSEN, João Adolfo, Pécora, Alcir, « Categorias retóricas e teológico-políticas das Letras seiscentistas na Bahia », *Desígnio*, São Paulo, vol. 5, 2006, p. 87-110.

HUCHON, Mireille, « Le doux dans les rhétoriques et poétiques françaises du XVIe siècle », *Le doux aux XVIe et XVIIe siècles. Écriture, esthétique, politique, spiritualité.* Colloque des 28 et 29 mars 2003. Cahiers du GADGES n° 1, 2003, p. 9-28.

L'État baroque (1610-1652), dir. Henry Méchoulan, Paris, Vrin, 1985.

Langues et cultures en Amérique Espagnole coloniale, dir. Marie-Cécile Benassy-Berling, Jean-Pierre Clément, Alain Milhou, Paris, Presses de la Sorbonne Nouvelle, 1993.

LAUSBERG, Heinrich, *Elementos de Retórica Literária*, Lisbonne, Fundação Calouste Gulbenkan, 2004.

LEITE, Serafim, *História da Companhia de Jesus no Brasil*, Lisbonne / Rio de Janeiro, Portugália / Civilização Brasileira, 1938.

LEITE, Serafim, S. J., *Suma Histórica da Companhia de Jesus no Brasil (1549-1760)*, Lisboa, Junta de Investigações Ultramar, 1965.

LEMOS BARBOSA, *Pequeno vocabulário tupi-português*, Rio de Janeiro, Livraria São José, 1951.

LESTRINGANT, Frank, *Le Huguenot et le Sauvage*, Paris, Aux Amateurs de Livres, 1990.

LESTRINGANT, Frank, *Jean de Léry ou l'invention du sauvage. Essai sur l'Histoire d'un voyage faict en la terre du Brésil*, Paris, Classiques Garnier, 2016.

LESTRINGANT, Frank, « Les débuts de la poésie latine au Brésil : le *De Rebus Gestis Mendi de Saa* (1563) », *De Virgile à Jacob Balde. Hommage à Mme Andrée Thill*, éd. G. Freyburger, s. l., Publication du Centre de recherches et d'études rhénanes, Université de Haute-Alsace (diffusion Les Belles Lettres), 1987, p. 231-245.

LLORENTE, Luis Resines, *Catecismos americanos del siglo XVI*, Salamanca, Junta de Castilla y Léon, Consejería de Cultura y Turismo, 2 vols., 1992.

Magna voce. Effets et pouvoirs de la voix dans la philosophie et la littérature antiques, dir. Anne-Isabelle Bouton-Touboulic, Paris, Classiques Garnier, 2020.

MARIN, Louis, *De la représentation,* Paris, Seuil/Gallimard, 1994.

MARSH, David, « Dialogue and discussion in the Renaissance », *The Cambridge History of Literary Criticism, The Renaissance.* Cambridge, Cambridge University Press, 2008, volume 3, p. 265-270.

MARTINS, Mario, *Teatro quinhentista nas naus da Índia*, Lisboa, Edições Brotéria, 1973.

MARTINS, Mario, *O teatro nas Cristandades Quinhentistas da Índia e do Japão*, Lisboa, Edições Brotéria, 1986.

MASSAUT, Jean-Pierre, « La conscience erronée », *La liberté de conscience (XVIe-XVIIe siècles). Actes du Colloque de Mulhouse et Bâle (1989)*, éd. Hans R. Guggisberg, Frank Lestringant et Jean-Claude Margolin, Genève, Droz, 1991, p. 237-255.

MÉTRAUX, Alfred, *La civilisation matérielle des tribus Tupi-Guarani*, Paris, Librairie Orientaliste P. Geuthner, 1928.

MÉTRAUX, Alfred, *La Religion des Tupinamba et ses rapports avec celle des autres tribus Tupi-Guarani*, Paris, E. Leroux, 1928.

MOREIRA, Marcello, Critica Textualis in Caelum Rovocata ? *Uma proposta de edição e estudo da tradição de Gregório de Matos e Guerra*, São Paulo, Edusp, 2011.

MOSS, Anne, *Les recueils de lieux-communs. Apprendre à penser à la Renaissance*, Genebra, Droz, 2002.

MOURA, Carlos Francisco, *Teatro a bordo de naus portuguesas nos séculos XV, XVI, XVII e XVIII*, Lisbonne, Instituto Luso-Brasileiro de História, Liceu Literário Português, 2000.

NOVIKOFF, Alex J., *The Medieval Culture of Disputation : Pedagogy, Practice, and Performance*, Philadelphie, Pennsylvania Press, 2013.

ONG, Walter, *Ramus method and the decay of dialogue. From the art of discourse to the art of reason.* Chicago/Londres, The University of Chicago Press, 1983 [1958].

ONG, Walter, *Orality and Literacy. The Technologizing of the Word*, Londres / New York, Routledge, 1996.

ONG, Walter, *The Presence of the Word. Some Prolegomena for Cultural and Religious History*, New York, Global Publications, 2000.

Oral por escrito. A oralidade na ordem da escrita, da retórica à literatura, dir. Andrea Daher, Chapecó/Florianópolis, Argos/UFSC, 2018.

PÉCORA, Alcir, *Máquina de gêneros*, São Paulo, Edusp, 2001.

PÉCORA, Alcir, « Vieira, o índio e o corpo místico », *Tempo e história*, dir. Adauto Novais, São Paulo, Companhia das Letras, 1992, p. 31-65.

PÉRIGOT, Béatrice, *Dialectique et littérature : les avatars de la dispute entre Moyen Âge et Renaissance*, Paris, Classiques Garnier, 2005.

PLANCARTE, Alfonso Mendéz, « Estudio preliminar », *Obras completas de Sor Juana Inés de la Cruz, Volume III, Autos y loas*, Mexique, Fondo de Cultura Económica, 1995, p. VII-XCVIII.

The Sacred Made Real. Spanish Painting and Sculpture 1600-1700, Londres, National Gallery Company, 2009.

SALAZAR, Philippe-Joseph, *Le culte de la voix au XVIIe siècle. Formes esthétiques de la parole à l'âge de l'imprimé*, Paris, Honoré Champion, 1995.

SALAZAR, Philippe-Joseph, « La voix au XVIIe siècle », dir. Marc Fumaroli, *Histoire de la rhétorique dans l'Europe moderne (1450-1950)*, Paris, PUF, 1999, p. 787-821.

TEDLOCK, Dennis, « El surgimiento de la antropología dialógica en las Americas », dir. Miguel Léon-Portilla, *Motivos de la antropologia americanista : Indagaciones en la diferencia*, Mexico, Fondo de Cultura Economica, 2001, p. 460-500.

« Uma história das práticas letradas : homenagem a Andrea Daher por Roger Chartier, Hélio Guimarães e Marcello Moreira », *Topoi*, Rio de Janeiro, v 20, n° 41, mai/août, 2019, p. 268-301.

ZUMTHOR, Paul, *Essai de poétique médiévale*, Paris, Seuil, 1972.

ZUMTHOR, Paul, *Introduction à la poésie orale*, Paris, Seuil, 1983.

ZUMTHOR, Paul, *La lettre et la voix. De la « littérature » médiévale*, Paris, Éditions du Seuil, 1987.

ZUMTHOR, Paul, *Performance, réception, lecture*, Longueuil, Le Préambule, 1990.

INDEX DES NOMS

INDEX DES MATIÈRES

TABLE DES MATIÈRES

DEUXIÈME PARTIE

LA CONFÉRENCE DANS LA SCÈNE MYSTIQUE CAPUCINE

COLLECTION
« GÉOGRAPHIES DU MONDE »

Cette collection d'études et de documents envisage la littérature géographique sous le signe du pluriel et de la varietas. Délaissant le récit de voyage au sens strict, elle s'intéresse aux arts, aux techniques et aux mythes qui, depuis cinq siècles, ont successivement modelé l'image du monde, ordonnant d'autre part sur un modèle spatial la façon de penser l'histoire et la diversité des cultures.

Retrouvez tous les titres de la collection en scannant ce code QR :

Et pour recevoir nos dernières actualités, abonnez-vous ici :

IMPRIM'VERT®

Achevé d'imprimer par Corlet,
Condé-en-Normandie (Calvados),
en Mars 2025
N° d'impression : 187257 - dépôt légal : Mars 2025
Imprimé en France